江西理工大学优秀博士论文文库

江西省高校人文社科重点研究基地《环境资源法学文库》主编／王世进

我国环境治理中的政府环境责任研究

WOGUO HUANJING ZHILIZHONG DE
ZHENGFU HUANJING ZEREN YANJIU

朱国华　著

中国社会科学出版社

图书在版编目（CIP）数据

我国环境治理中的政府环境责任研究／朱国华著．—北京：中国社会科学
出版社，2017.11

（江西理工大学优秀博士论文文库 江西省高校人文社科重点研究基地
《环境资源法学文库》）

ISBN 978 – 7 – 5203 – 1116 – 8

Ⅰ.①我… Ⅱ.①朱… Ⅲ.①国家行政机关 – 环境管理 – 法律责任 – 研究 –
中国 Ⅳ.①D922.680.4

中国版本图书馆 CIP 数据核字（2017）第 238487 号

出 版 人	赵剑英
责任编辑	梁剑琴
责任校对	季 静
责任印制	李寡寡

出 版	中国社会科学出版社
社 址	北京鼓楼西大街甲 158 号
邮 编	100720
网 址	http://www.csspw.cn
发 行 部	010 – 84083685
门 市 部	010 – 84029450
经 销	新华书店及其他书店

印刷装订	北京君升印刷有限公司
版 次	2017 年 11 月第 1 版
印 次	2017 年 11 月第 1 次印刷

开 本	710×1000 1/16
印 张	15
插 页	2
字 数	225 千字
定 价	65.00 元

内 容 摘 要

　　环境问题是困扰人类的大问题，我国也不例外。长期以来我国依靠"资金高投入、资源高消耗、环境高污染"换取"经济高增长"，虽迅速提升了我国的经济实力，成为世界第二大经济体，但却付出了巨大的环境代价。

　　为了解决环境问题，发展出政府管制模式，但出现政府失灵；为了克服政府失灵，发展出市场调控模式，继之出现政府与市场双失灵；环境多元治理模式是为克服政府与市场失灵，在公共治理理论基础上发展出的环境治理模式，但也存在失灵的风险。环境元治理与环境善治理论的出现，为解决治理失灵提供了理论工具。环境元治理与环境善治理论均要求将政府请回治理，并让政府承担治理责任，由此政府环境责任就成了保障环境元治理与环境善治实现，避免环境治理失灵的关键。

　　政府环境责任的理论基础主要有公共物品理论、委托代理理论、公共选择理论、环境权理论与责任政府理论。政府环境责任包括政府的第一性责任即政府环境职责，第二性责任即政府环境法律责任。

　　在服务型政府理念下理解政府环境职责，就能将不对应政府环境职权的职责包括在内。政府环境职责设计主要包括政府环境职责分配与政府环境职责分类两个方面。政府环境职责分配包括政府环境职责的第一次分配，解决政府、市场、社会之间的环境职责划分问题；政府环境职责的再分配是政府内部分配，解决政府纵向职责分配的"职责同构"与横向分配的"职能交叉"问题，以实现行政机关之间职责明晰。政府环境职责的分类包括政府环境质量保障、政府环境监督管理、政府保障环境信息公开、政府保障与促进公众参与、政府环境纠纷解决五大基本职责。

政府环境法律责任的基本框架包括政府环境宪法责任、政府环境行政责任、政府环境民事责任、政府环境刑事责任。要顺利实现政府环境法律责任的追究，就必须完善政府环境责任问责机制。我国政府环境责任问责机制存在同体问责不力、异体问责薄弱、社会参与问责不足问题。要解决这一问题就应当通过问责信息公开与共享、问责案件对接、环境组织与公众对问责的参与等方面对行政机关问责、权力机关问责、司法机关问责进行重塑。社会参与问责嵌入行政机关问责、权力机关问责、司法机关问责，可形成行政机关、权力机关、司法机关问责的平衡，并能监督各问责主体积极开展问责，确保政府环境责任问责顺利实现。

全文结构安排如下：

第一章绪论部分从选题背景出发，介绍研究意义，对国内外研究进行综述，并对研究思路与主要内容、研究方法与主要创新点进行介绍。

第二章对世界环境问题与我国环境问题进行概括，由此分析解决环境问题的政府管制模式与政府失灵，市场调控模式与政府、市场双失灵，多元治理模式与治理失灵，并提出发展了的环境治理理论：环境元治理与环境善治。通过环境元治理与环境善治引出政府应当承担环境责任。

第三章对政府环境责任的概念进行界定，并分析了政府环境责任的理论基础，包括：公共物品理论、委托代理理论、公共选择理论、环境权理论与责任政府理论。

第四章对政府环境职责开展研究，根据服务型政府理论对政府环境职责进行界定，并对政府环境职责分配与政府环境职责分类进行深入细致的研究。其中政府环境职责分配包括政府环境职责在政府、市场、社会之间的第一次分配与政府内部纵向、横向再分配；政府环境职责分类包括政府环境质量保障职责、政府环境监督管理职责、政府保障环境信息公开职责、政府保障与促进公众参与职责、政府环境纠纷解决职责五大基本类型。

　　第五章对政府环境法律责任进行探讨，分析政府环境法律责任的概念与基本框架，并对政府环境宪法责任、政府环境行政责任、政府环境民事责任、政府环境刑事责任开展研究，发现不足并提出完善意见。

　　第六章对政府环境责任问责机制的概念与构成要素，我国政府环境问责不力的表现与原因，解决政府环境问责不力的具体措施开展研究，通过问责信息公开与共享、问责案件对接、环境组织与公众对问责的参与等方面对行政机关问责、权力机关问责、司法机关问责进行重塑。

目 录

第一章

绪　　论

第一节　问题的提出

改革开放以来，我国经济迅猛发展。2010 年，我国成为世界第二大经济体。但我国过去经济的发展是"三高换一高"：用"资金高投入、资源高消耗、环境高污染"换取"经济高增长"。"三高换一高"的经济粗放式发展带来的是巨大的环境损失。根据国家环保总局原副局长王玉庆估计，我国环境损失占 GDP 比重可能达到 5%—6%。[①] 我国 2014 年GDP 增速为 7.3%，如果去除环境损失，实际 GDP 增长已所剩无几。

为了应对环境危机，我国自 1989 年起就通过环保立法建立起环境污染防治规划制度、环境影响评价制度、"三同时"制度、排污收费制度、排污许可制度、污染物排放总量控制制度、限期治理制度、清洁生产制度等。但上述制度并未得到有效执行，出现了严重的有法不依、执法不严、违法不究现象。根据《2014 年中国环境状况公报》，"各地查处违法企业 10 万余家次，罚款达 20 多亿元。各地环保部门向公安机关移送涉嫌环境违法犯罪案件 2180 件，是过去 10 年总和的 2 倍"。2014 年"浙江省移送案件 1036 件，约占全国总数的50%，广东、河北、福建移送案件均超过百件"[②]。但 20 亿元的罚款

---

① 中国日报网：《原环保局副局长：环境损失占 GDP 比重可能达 6%》（http：// www. chinadaily. com. cn/hqgj/jryw/2012 - 03 - 13/content_ 5397247. html）。

② 人民网：《2014 年全国环境违法案件处罚 31. 7 亿元同比增长 34. 4%》，（http：// env. people. com. cn/n/2015/0414/c1010 - 26844195. html）。

根本无法弥补每年 3 万多亿元的环境损失，① 这同时也说明我国存在大量的环境违法犯罪行为并未得到追究。即使在迎接新环保法实施的2014 年，在查处环境违法与犯罪上也仅是广东、浙江、福建、河北等省比较积极，大部分地方政府仍未积极采取行动；《2014 年中国环境状况公报》所述的移送涉嫌环境违法犯罪案件是过去 10 年总和的2 倍，说明在过去的 10 年中，政府打击环境犯罪不力，存在严重的不作为现象。根据最高人民法院公报，我国环境案件总数从 2012 年的 17201 件上升到 2014 年的 94157 件；污染环境罪案件数量从 2012年 32 件上升到 2014 年的 988 件；而环境监管失职罪案件数量仅从2012 年的 14 件上升到 2014 年的 23 件。2014 年环境案件总数量相当于 2012 年的近 5.5 倍，污染环境罪案件总数量相当于 2012 年的近 31倍。但环境监管失职罪案件却不到 2012 年的 2 倍。这些数据说明，我国对政府环境刑事责任的追究不力。

地方政府是环境保护的主要力量，环境违法与犯罪的查处不力主要是地方政府片面追求经济增长，忽视环境保护造成的。在财政分权体制下，上下级以及同级政府间存在税收竞争。收入分权越大，政企关系越密切，政府为了获得更多的财政收入就会对污染企业容忍与保护；支出分权越大，政府越注重生产领域投入，环保投入越小。② 因此，虽然中央政府必须平衡经济发展与环境保护的关系，但地方政府则由于政府间的税收竞争，偏重经济发展而忽视环境保护。此外，我国目前主要是以 GDP 考核地方政府政绩，这就进一步加剧了地方政府的经济发展偏好。

为了改变地方政府对经济发展的片面追求，提高地方政府环境保护的积极性，我国于 2004 年启动了绿色 GDP 核算，2006 年国家环保总局和国家统计局联合发布了《中国绿色国民经济核算研究报告

---

① 2014 年我国 GDP 为 636463 亿元，如果按 5% 的环境损失计算，2014 年的环境损失为 3 万多亿元。

② 陈宝东、邓晓兰：《财政分权体制下的城市环境污染问题研究——来自中国 73 个城市的经验数据》，《大连理工大学学报》（社会科学版）2015 年第 3 期。

2004》，但这也是目前官方公布的唯一的绿色 GDP 核算报告，绿色
GDP 在地方政府的争议下未能推行。2013 年十八届三中全会明确提
出"要纠正单纯以经济增长速度评定政绩的偏向"，一些县市取消了
GDP 考核，2015 年环保部再度启动绿色 GDP 研究。但是，取消 GDP
考核并未受到地方政府的欢迎，截至 2014 年 8 月，全国 2000 多个县
市中仅有 70 多个县市取消 GDP 考核，其中福建占了 34 个，接近全
国的一半，全国大部分地方仍然"唯 GDP 论英雄"。[①] 此外，GDP 考
核取消之后，尚未出现成熟的替代性政府绩效考核标准，绿色 GDP
考核尚处在研究与试点阶段，是否能够成功，还很难预知。

　　中央政府与地方政府的财政分权体制是多数国家普遍的做法，因
此这一体制不可能得到实质改变，地方政府片面追求经济增长而忽视
环境保护的原动力将会长期存在。地方政府政绩考核的改革只能从一
定程度上缓解地方政府对经济增长的片面追求，在地方政府事权较
多、财政压力较大的情况下，很难将经济发展与环境保护放在同等重
要的位置。所以，要改变地方政府片面追求经济发展的观念，政绩考
核只是一个方面，关键是要强化政府环境责任，并通过环境多元治理
理念的引入，让多元治理主体之间相互监督，从而促成政府环境责任
实现。2015 年正式实施的新环保法即体现了政府环境责任的设计与
环境多元治理的设计。首先，新法改变了旧法偏重政府环境职权与企
业环境责任的设计缺陷，重视政府环境职责与政府环境法律责任的设
计。其次，新法"改变了以往环境保护主要依靠政府和部门单打独斗
的方式，提出多元共治、社会参与的现代环境治理理念"[②]。新环保
法的实施促成了政府环保工作三个转变："一是工作主体由过去单纯
抓企业向既抓企业也要落实地方责任转变；二是目标上从抓总量到向
突出质量转变；三是工作方式上从自上而下向自上而下与自下而上相

---

　　① 网易新闻：《中国超 70 个县市已取消 GDP 考核》（http：//news. 163. com/14/0825/
09/A4G1U6E100014JB6. html）。

　　② 刘宇男：《新〈环保法〉：建立多元共治的环境治理新机制》，《四川日报》2014 年
12 月 31 日第 3 版。

结合转变。"① 但是，新环保法对政府环境责任的设计过于原则，可操作性不强，并且过于偏重政府环境职责，忽视政府环境法律责任；过于偏重政府环境行政责任，忽视其他法律责任；对政府环境法律责任的承担主体规定过于模糊，难以避免"替罪羊"现象。而在环境多元共治方面，新法规定也较为原则，并未形成健全的环境多元治理模式。所以，我国在环境多元治理方面主要依靠的是政策推动，政府在环境多元治理方面未尽到职责也很难追究法律责任。

2015 年，与"长牙齿"的新环保法的硬手段相配合实施的是环境污染第三方治理。环境污染第三方治理于 2013 年党的十八届三中全会首次提出，2015 年 1 月，国务院办公厅出台了《关于推行环境污染第三方治理的意见》，各省、直辖市也出台了配套的实施意见，政府开始在环境污染治理领域引入第三方治理机构治理环境污染。虽然新环保法未对环境污染第三方治理作出明确规定，但环境污染第三方治理在一定程度上体现了环境多元治理理念。同时，新环保法用"损害担责"原则代替了旧环保法"谁污染，谁治理"原则，为环境污染第三方治理扫清了法律障碍。环境污染第三方治理可以吸纳社会资本进入环境污染治理领域，能够解决我国政府环保欠账多、环保投入小的问题；能够通过第三方治理机构的治理服务提高治理效率；能够形成政府、排污者、第三方治理企业相互监督的局面。从理论上讲，政府可以从监管众多的排污者转变为监管少数的第三方治理机构，实现环境污染的良好治理，从而减少政府的执法成本。但由于我国立法缺乏对第三方治理企业法律责任方面的规定，第三方治理企业仅承担违约责任，法律责任仍然由排污者承担。所以政府既要监管排污企业，还要监管第三方治理企业，政府环境监管范围不仅没有减少，反而增加，政府的执法成本也并未降低。目前，我国开展的环境污染第三方治理存在第三方治理企业法律责任缺失的问题。在生活污染治理领域，我国第三方治理开展得比较成功；但在生产领域，即使

① 陈芳：《2016 全国环境保护工作会议召开十三五思路确定》（http://news. ifeng. com/a/20160111/47028482_ 0. shtml）。

将来为第三方治理企业匹配了法律责任，在财政分权体制下，地方政府也难免为了政绩，从环境污染治理政府管制模式下的政企勾结异化为环境污染第三方治理模式下的政、企、第三方之间的勾结。因为，环境污染第三方治理是市场为主导的环境多元治理，社会参与度相对较低，目前很难形成社会对政府与企业（包括排污企业与第三方治理企业）的有效监督。

党的十八届三中全会公报首次提出国家治理体系与治理能力现代化，标志着我国从管理向治理理念的转变；在对政府职责的表述方面，十八届三中全会在"宏观调控、市场监管、公共服务、社会管理"四大职责之外又增加了"环境保护"作为政府的第五大职责。因此，我们应当把握十八届三中全会精神，将多元治理、元治理、善治理念引入环境治理，从而实现从环境管理向环境治理的转变，并根据环境治理理念设计政府环境职责，匹配相应的环境法律责任，从而确保政府对环境治理模式的贯彻与执行，避免政府重新滑入政府管制模式的深渊。

党的十八届四中全会作出的《中共中央关于全面推进依法治国若干重大问题的决定》（以下简称《决定》）提出"法律是治国之重器，良法是善治之前提"，并提出"用严格的法律制度保护生态环境"。而善治的关键是法治，严格的环境法律制度的关键是政府环境责任的法治化，否则再严格的环境法律制度也难以执行。因此，《决定》中对政府责任的规定较多，包括宪法责任、执法责任、重大决策责任等，并提出强化对行政权力的制约和监督，包括党内监督、人大监督、民主监督、行政监督、司法监督、审计监督、社会监督、舆论监督。此外，《决定》提出了系统治理、依法治理、综合治理、源头治理等治理理念，重视社会主体自我约束、自我管理，重视发挥社会规范在社会治理中的积极作用；重视公众的公共事务知情权、参与权与监督权。十八届四中全会的《决定》无论是在环境治理上还是在政府环境责任上均提供了充足的政策依据。因此，将环境治理的理念贯彻于政府环境责任的立法，最大限度地实现政府环境责任法治化，将有利于环境治理的顺利推行。

第二节　研究意义

一　理论意义

以环境治理的理念研究政府环境责任，可以将政府环境责任的研究从法学领域扩大到公共管理学领域，打破传统的、单一的法学视角，并通过公共管理学中的公共治理理论对政府环境责任理论进行丰富和完善。

第一，多学科交叉研究，有助于法学理论的丰富和发展。环境治理中的政府环境责任涉及公共治理理论、责任政府理论、环境责任理论、法律责任理论等。公共治理理论属公共管理学理论，责任政府理论属于行政法学理论，环境责任理论涉及环境法学理论，法律责任理论属于法理学范畴。公共管理学、行政法学、环境法学、法理学等多学科交叉，有助于学科间理论的相互渗透，打破单一学科的禁锢，形成各学科你中有我、我中有你的局面，从而通过多学科的运用，克服单一学科无法解决的理论问题，丰富和发展法学理论。

第二，有助于克服政府环境责任研究的偏颇，完善政府环境责任理论。虽然目前已经有不少关于政府环境责任的论述，但是一方面，多数学者仅从环境管理的理念出发，以环境污染政府管制模式为框架研究政府环境责任；另一方面，学界偏重于第一性政府环境责任与问责制的研究，对第二性政府环境责任（政府环境法律责任）的研究不充分，存在诸多研究盲点。环境治理中政府环境责任研究是从环境治理理念出发，以环境多元治理模式为框架研究政府环境责任，因此能够克服研究理念的偏颇。另外，对政府环境职责与政府环境法律责任以及问责机制开展全面的研究，能够克服研究内容的偏颇，使政府环境责任理论得到进一步的完善和发展。

二　实践意义

第一，有助于将环境治理理论应用于政府环境治理实践。要将环境治理理论应用于政府环境治理实践，必须首先从政府环境责任入手。因为如果政府环境责任的设计仍秉承传统的环境管理理念，则政府无责任推行环境多元治理，同时政府也会出于对管制手段的路径依赖，难以摆脱管制的惯性力量，环境多元治理也就难以推行。而在环境治理理念下设计政府环境责任，则能够将政府推行环境治理的责任融入其中。政府只有承担了推行环境多元治理、元治理、善治的责任，才能真正实现从环境管理向环境治理的转变，环境治理理论才能在政府转变环境治理理念的前提下，在实践中得到具体落实与应用。

第二，有助于明晰政府环境职责，实现法定职责。2015 年 3 月，李克强总理在十二届全国人大三次会议政府工作报告中提出："公布省级政府权力清单、责任清单，切实做到法无授权不可为、法定职责必须为。"政府环境责任中的政府环境职责是政府第一性的环境责任。只有明晰了政府环境责任清单（第一性责任），才能明确政府及职能部门的职责范围，并划清政府与市场和社会、政府间、职能部门间的职责边界，既能使政府清晰明确地掌握其在环境治理中的必为职责，又能避免"踢皮球"现象发生。

第三，有助于政府环境问责，实现对政府环境法律责任的追究。我国政府环境问责以同体问责为主，异体问责为辅。目前我国政府环境责任同体问责存在严重的"官官相护"情况，同体问责不力；而异体问责受行政机关问责信息垄断以及政府在人、财、物上对异体问责主体的钳制，也相当薄弱，难以发挥其应有的作用。而通过引入环境治理理念，在政府环境问责机制中嵌入社会公众参与，则能补强权力机关问责与司法机关问责的能力，从而实现行政机关问责、权力机关问责、司法机关问责之间的平衡。只有社会参与的嵌入，才能有效监督各问责主体，实现问责的公正性、民主性与有效性，顺利实现对政府环境法律责任的追究。

第三节　相关文献研究述评

一　环境治理理论

（一）国外学者对环境治理理论的研究

环境治理理论源自西方公共治理理论。为解决公地悲剧、囚徒困境与集体行动逻辑，西方学者提出了不同方案并付诸实践；西方对公共事务的管理理论也经历了从传统公共行政学到公共治理理论的变迁。进入 20 世纪 90 年代后，治理理论成了当今西方学界最流行的理论之一，主要包括多中心治理理论、社会资本理论、协商民主理论、"第三条"道路理论、政策网络理论等。

迈克尔·波兰尼最早在《自由的逻辑》一书中提出"多中心"一词，并用"多中心"来证明自发秩序合理性与社会管理可能性限度。波兰尼将社会秩序分为指挥秩序与多中心秩序。指挥秩序凭借终极权威，利用上下级服从关系，通过自身分化整合，维持自身协调运转。多中心秩序中各行为单位通过一般规则相互关联整合；但却有各自独立的利益，并受特殊规则限制而相互调适。波兰尼开创了多中心理论逻辑分析的先河，但文特森·奥斯特罗姆与埃莉诺·奥斯特罗姆夫妇则对多中心治理理论进行了实证检验，更强调多中心的互动、创立治理规则与治理形态的能动性。"'多中心'意味着许多在形式上相互独立的决策中心……它们在竞争性关系中相互重视对方的存在，相互签订各种各样的合约，并从事合作性活动，或者利用核心机制来解决冲突。"[①] 多中心治理理论不承认只有一个最高权威，而是承认多个权力中心，并形成"多中心"治理网络，共同承担公共事务治理职责。

社会资本理论是由布迪厄、科尔曼、帕特南建立的理论体系，布迪

---

① ［美］奥斯特罗姆、帕克斯、惠特克：《公共服务的制度建构——都市警察服务的制度结构》，宋全喜、任睿译，上海三联书店 2000 年版，中文版序言第 11—12 页。

厄基于社会网络分析对社会资本开展研究，科尔曼从社会结构的功能定义社会资本，认为社会结构不仅是实现个人利益的资源，也是实现集体行动的资源。帕特南提出了社会资本的三个组成要素：信任、规范和网络。"与物质资本和人力资本相比，社会资本指的是社会组织的特征，例如信任、规范和网络，它们能够通过推动协调和行动来提高社会效率，社会资本提高了投资于物质资本和人力资本的收益。"①

协商民主理论（deliberative democracy）②由约瑟夫·比塞特（Joseph Bessette）首次提出，经过伯纳德·曼宁与乔舒亚·科恩发展以及罗尔斯和哈贝马斯的加入，目前已成为西方政治学说的焦点。协商民主包括三种含义：作为政府形式的协商民主、作为决策形式的协商民主与作为治理形式的协商民主。根据协商民主理论，公共协商不是为了追求个人利益，而是通过公共理性达成政策以最大限度满足所有公民愿望。公共协商必须通过参与机会平等的协商论坛，比如，参与式预算、公民大会、市镇会议、评议会、委员会等，为所有人提供表达诉求的平等机会。

"第三条道路"理论的奠基人是被称为布莱尔首相精神导师的安东尼·吉登斯，他通过《超越左与右：激进政治的未来》《第三条道路：社会民主主义的复兴》《第三条道路及其批评》三本著作全面系统地论述"第三条道路"理论。"第三条道路"理论间接阐述了治理理论，强调政府改革应"少一些管理，多一些治理"，政府不是行动的包办人，而是牵头人，要建立政府与市民社会之间的互动与合作，建立政府间及政府各机构间的合作，实现国际和全球治理。③

政策网络理论起源于20世纪50年代，是在政府失灵和市场失灵

---

① ［美］罗伯特·帕特南：《使民主运转起来》，王列等译，江西人民出版社2001年版，第195页。

② Joseph M. Bessete, Deliberative Democracy: The Majority Principle in Republican Government, How Democratic Is the Constitution?, Robert A. Goldin and William A. Schambra eds., Washington: American Enterprice Institure, 1980, pp. 102 – 106.

③ 张晓慧：《西方国际关系理论思潮专题之五——"第三条道路"理论》，《国际资料信息》2002年第11期。

背景下，伴随着"亚政府""铁三角"与"议题网络"理论而产生的政策网络治理流派，是公共治理的新模式与新框架。Kenis 和 Schneider 认为政策网络是与官僚组织与市场三足鼎立的国家治理模式。政策网络治理具有行动主体相互依赖、网络成员持续互动、互动依照"游戏规则"与互信、国家干预之外的社会实质性自治四大特征。[①]政策网络治理主体强调政策制定与执行的主体不仅是政府，还包括非政府组织、私营部门与公民个人等，他们都承担公共事务治理责任，但政府在政策网络中起主导作用；政策网络治理是由激励、沟通、契约等第二代治理工具取代规制性和强制性的第一代治理工具；政策网络是由各治理主体围绕公共事务进行协商对话、讨价还价、谈判妥协等，以实现集体选择和集体行动，制订共同治理目标，并构建纵向、横向或纵横相结合的组织网络，形成不同于科层与市场的彼此依赖、相互合作、互惠互利、资源共享的机制与组织结构；信任机制、协商机制、学习机制是确保政策网络有效运转的基础。

（二）国内学者对环境治理理论的研究

国内学者对公共治理理论的论述也比较多，主要有毛寿龙、李梅、陈幽泓在《西方治道理论变革》中提出的治道理论；俞可平《治理与善治》一书对世界银行善治理论的发展；沈荣华、周义程从权力的角度阐述的治理理论；徐勇提出的集权治理与分权治理理论[②]；楼苏萍、孔繁斌等以政府为主导的治理理论等[③]。

就环境治理而言，环境治理存在三种主要的模式：政府强制模式、市场调控模式与多元治理模式。目前，国内外学者大多采用公共治理理论，支持环境多元治理模式。

---

① R. A. W. Rhodes, *Understanding Governance*: *Policy network*, *Governance*, *Reflexivity and Accountability*, Open University Press, 1997, pp. 36 – 37.

② 徐勇认为公共权力是治理最为核心的概念，公共权力集中于少数人乃至个别人手中，称为集权治理，而公共权力依其性质和职能，分别由不同的人执掌，称为分权治理。

③ 楼苏萍、孔繁斌等主张一方面以政府为主导，通过引入社会中的诸如第三部门、市民社会等参与群体和参与者来实现治理；另一方面通过政府内部诸如沟通机制、层级结构的改革来实现治理。

李雪梅在《基于多中心理论的环境治理模式研究》中提出："我国现行的环境治理模式是一种行政单中心模式，该模式面对转型时期出现的各种变化，其所固有的在主体构成上的要素缺陷必然导致包括权力结构、行为结构等在内的结构性缺陷，并最终导致在激励作用和管理效率等方面功能性的削减与不足。"① 该学者介绍了当前在公共管理领域、经济学领域和政治学领域都很有影响的多中心理论，分析了多中心理论在我国环境治理模式研究上的适用性以及应用中需要注意的问题，并在此基础上提出了我国环境治理多中心模式的框架。

谭九生在《从管制走向互动治理：我国生态环境治理模式的反思与重构》一文中主张："政府环境管制是当前我国生态环境治理的主流模式，然而存在着政府替代还是市场修正的逻辑悖论、政府管制对生态环境治理的能力不足、公共利益核心价值观的缺失、管制政策对公民参与回应性不足等问题。从而，导致了我国以政府环境管制为主流的治理模式受到越来越多的质疑与批评。未来我国的生态环境治理应当以管制为逻辑起点，建构一种新的以自上而下治理、自我治理、合作式治理为基础的生态环境互动治理模式。"② 该学者对政府环境管制模式的理论基础与存在的缺陷进行了分析，并探索了我国生态环境治理模式，包括政府视角的自上而下治理、行业协会视角的自我治理、社会与政府互动的合作式治理。

薛世妹在《多中心治理：环境治理的模式选择》中针对环境治理模式中存在的治理主体单一化、手段单调化、治理机构不健全、治理法规不完善、环保资金投入不足等问题，综合政府在环境治理上存在的不足与困境，提出"多中心治理"模式；构建基于政府、企业组织、社会组织、公民个体的多维治理网络；重新界定政府的角色定位，将市场、社会组织以及公民引入治理当中，还权于市场和社会；

---

① 李雪梅：《基于多中心理论的环境治理模式研究》，博士学位论文，大连理工大学，2010 年。

② 谭九生：《从管制走向互动治理：我国生态环境治理模式的反思与重构》，《湘潭大学学报》（哲学社会科学版）2012 年第 5 期。

充分发挥除政府之外的企业组织、社会组织以及公民在环境治理中的作用，形成多中心治理模式，以期实现环境"善治"。[①]

胡小军在《环境公共治理中的若干问题研究》中论述了我国20多年以来政府、市场、环境NGO和公民社会在我国环境治理中的作用、功能、角色定位、参与方式以及各自的局限性。并在此基础上，就我国环境治理结构的演变和发展情况进行了总结，指出我国环境治理结构的演变大致经历了以行政控制和命令手段为主导的一元治理、法治和市场手段相结合的二元治理以及政府、市场和公民社会互动与合作的多元治理三个阶段，而我国当前正处在由传统环境管理模式到现代环境治理模式的过渡阶段；对我国现阶段环境治理结构的主要特征进行了分析，指出环境治理结构表现出空间上的不平衡性、时间上的动态性、结构的不稳定性以及各主体之间相互关系的复杂性等诸多方面的特征；论文最后还就如何构建一个更加合理、有效和均衡的环境治理结构提出了相应的对策和建议，认为政策法律体系、行政支持体系、社会支持体系、市场支持体系以及科技支持体系的建立和完善是实现环境善治和可持续发展的基础。[②]

无论是环境多中心治理、环境互动治理还是环境善治，其本质都是环境多元治理。因此，我国学者在环境治理方面普遍支持多元治理模式。

环境治理模式的选择是研究政府环境责任的前提，因为在不同的环境治理模式下，政府所承担的环境责任也不相同。所以，对环境治理模式的研究非常必要。

二　政府环境责任理论

（一）国外学者对政府环境责任理论的研究

国外学者多以公共财产理论、环境公共委托理论、环境权理论与

---

① 薛世妹：《多中心治理：环境治理的模式选择》，硕士学位论文，福建师范大学，2010年。

② 胡小军：《环境公共治理中的若干问题研究》，硕士学位论文，兰州大学，2007年。

责任政府理论论证政府环境责任的理论基础。

1960 年西德一名医生向欧洲人权委员会控告，认为向北海倾倒废物的行为侵犯基本人权，这一控告引发了美国大讨论。根据美国法律，公民对与自己无关之财产无权提出权利请求，而环境属于传统法学理论中的无主物，因此，公民无权提出权利请求。据此，萨克斯提出环境公共财产理论、环境公共委托理论，认为环境不是自由财产，而是属于全体国民的公共财产，共有人将其委托给国家进行管理。①此后，学者在萨克斯理论的基础上提出"公民享有在良好的环境中生活的权利"这一原则，环境权是公民最基本的权利之一，应受法律保护。环境权提出后，受到《东京宣言》《人类环境宣言》《欧洲自然资源人权草案》（《世界人权宣言的补充》）、《非洲人权宪章》《美洲人权公约》的确认，许多国家和地区也通过立法确认了环境权。1829年在英国的一次政治辩论中，责任政府（responsible government）这一概念首次使用。1829 年之后英属北美宪法改革人士反复提出"英国政府应该接受'责任政府原则（the principle of responsible government）'"②，此后英国率先形成责任政府制度。英国政治家和学者通过对本国制度的概括，形成责任政府理论。1964 年英国宪法学者博迟的《代议制和责任制政府——论英国宪法》一书对责任政府理论进行了系统总结。由于历史时期不同，各国国情不同，责任政府理论也各不相同。但责任政府理论无疑是政府承担环境责任最为直接的理论依据。比如，美国学者爱蒂丝·布朗·魏伊丝在《公平地对待未来人类：国际法、共同遗产与世代间衡平》一书中提出政府在保护资源、保证平等使用、避免负面影响、防止灾难、减少损失以及提供紧急援助方面政府应当承担的环境责任。美国学者罗杰·芬德利和丹尼尔·法伯在《环境法概要》中提出"任何个人可以通过起诉来终止任何

---

① ［日］宫本宪一：《环境经济学》，林玉译，生活·读书·新知三联书店 2004 年版，第 65—66 页。

② A. H. Birch, *Representative and Responsible Government—An Essay on the British Constitution*, Toronto：University of Toronto Press, 1964, p. 132.

违反环境法的政府行为"①。

（二）国内学者对政府环境责任理论的研究

1. 政府环境责任定义方面

在政府环境责任定义方面，学者们形成了基本一致的看法。"政府环境责任包括政府环境职权或政府环境权力、政府环境职责或政府环境义务，以及政府因违反有关其环境职权、环境职责的法律（包括不履行政府环境职责和义务、不行使政府环境职权和权力、违法行使政府环境职权等）而依法承担的政府环境法律责任。"② "政府环境责任指政府在环境领域承担的第一性环境义务和第二性环境义务。"③ "第一性环境义务是指法律规定的政府在环境保护方面的义务和权力。第二性环境义务指因政府违反上述义务和权力的法律规定而承担的法律后果。"④ "政府环境责任，就是指政府及其工作人员根据其所承担的职能和职责在环境保护领域内所确定的分内应做的事，以及没有做或没有做好分内应做的事时所要承担的不利后果，主要包括积极和消极两个层面的政府环境责任。"⑤ "积极层面上的政府环境责任旨在确定'政府分内应做的事'。它与政府的社会定位直接相关。"⑥ "《环境保护法》还明确了消极层面上的政府环境责任。和这一环境责任相关的一个概念是行政问责制。行政问责制是指特定的问责主体对各级政府及其行政公务人员承担的各种职责和义务的履行情况进行监督和审查，对不履行或者不正确履行的，依据法定程序追究其责任，使其承

---

① Joseph Raz, *The Authority of Law*: *Essays on Law and Morality*, Oxford: Clarendon press, 1979.

② 蔡守秋：《论政府环境责任的缺陷与健全》，《河北法学》2008 年第 3 期。

③ 张建伟：《论政府环境责任的完善》（http://www.riel.whu.edu.cn/article.asp? id = 30280）。

④ 王凤远：《从阳宗海砷污染事件看政府环境责任的实现》，全国环境资源法学研讨会论文，桂林，2011 年 8 月，第 741 页。

⑤ 许继芳：《建设环境友好型社会中的政府环境责任研究》，上海三联书店 2014 年版，第 43 页。

⑥ 钱水苗：《政府环境责任与〈环境保护法〉的修改》，《中国地质大学学报》（社会科学版）2008 年第 2 期。

担否定性后果。"① 从上述定义可以看出，政府环境责任包括两个部分，一部分是政府环境职责，也就是政府第一性环境义务；另一部分是政府环境法律责任，也就是政府的第二性环境义务。

2. 政府环境责任理论依据方面

在政府承担环境责任的理论依据方面，吴志红的《行政公产视野下的政府环境法律责任初论》一文提出行政公产理论是政府承担环境责任的理论依据。该学者提出行政公产包括两种：公用公产和共用公产，主张环境属于共用公产，并主张环境权属于第三代人权；环境的特点决定其只能作为行政公产由政府提供，并将环保确认为政府的一项基本职责，才能最终保证和提升社会公众的生活质量；环境的行政公产属性决定了政府的环境法律责任不可或缺，政府也应为其环境职能承担相应的法律责任。②

在政府承担环境法律责任的理论依据方面，赵美珍、郭华茹的《地方政府环境监管法律责任探讨》提出地方政府承担环境监管法律责任的 4 项理论依据。一是委托代理理论。认为人民与政府之间属于授权与被授权关系，实质上是委托代理关系，但政府存在失责可能。③为了有效促使政府尽职尽责，必须对代理人进行激励与约束，当代理人违背委托人利益而谋求自身利益时，应受法律制约与制裁，承担法律责任。二是公共物品理论。认为环境产品和环境服务是典型的公共物品，而公共物品的提供者只能是政府。地方政府负责良好生态环境的生产、提供、分配和监管，如果失职，就应该承担环境法律责任。三是公共选择理论。"政府及其公务人员也具有自身的利益目标，其中不但包括政府本身应当追求的公共利益，也包括政府内部工作人员的个人利益，此外还有以地方利益和部门利益为代表的小集团利益

---

① 许继芳：《建设环境友好型社会中的政府环境责任研究》，上海三联书店 2014 年版，第 44 页。

② 吴志红：《行政公产视野下的政府环境法律责任初论》，《河海大学学报》（哲学社会科学版）2008 年第 3 期。

③ 转引自周晓丽、毛寿龙《责任政府：理论逻辑与制度选择》，《河南大学学报》（社会科学版）2008 年第 4 期。

等。政府部门及其代理人也存在追求自身权益最大化的问题。"① 如果不能对监管者通过环境法律责任进行有效制约和制裁，监管者出于其自身利益最大化的需求，就可能制定不合理的政策，进行不公正的监管。四是环境法治理论。"环境法治的主旨是把政府作为环境法治客体，使政府行为接受环境法律规范的约束。环境法治之所以要约束政府影响环境的行为，原因在于环境质量的不断退化，环境污染和生态破坏的进一步加剧，人与自然关系的矛盾激化，经济和社会可持续发展受到的严重环境挑战，其根本责任在于政府。"② 熊超、韦吉璟在《地方自治政府环境法律责任探究——以广西为例》中提出地方政府承担环境责任的理论依据除上述理论外，还包括政府职责本位理论、生态法学理论、环境治理理论（善治论）、环境权理论。其中环境权理论要求自然人享有在适宜环境中生存、发展的权利，作为人民的代理人——政府则有义务有责任为人民创造一个适宜生存和发展的环境。③

上述学者所引用的政府环境法律责任的理论依据都有一定的道理，政府无论从与人民的委托代理关系上、环境的公产性质或公共物品的性质上、公共选择上、环境法治上、环境权的保障上还是环境善治上，都应当承担环境保护的第一性义务与第二性义务，也就是承担政府环境责任。

3. 政府环境职责方面

在政府环境职责方面，覃西藩在《地方政府环境责任论：以融水县融江水质调查为例》中主张包括四个方面：环境管理职责、环境公共服务职责、环境协调职责与维护环境公平正义职责。④ 韩杰在《政

---

① 转引自黄锡生、邓禾《行业与规制：建设"两型社会"法制保障研究》，科学出版社 2010 年版，第 68 页。

② 转引自张建伟《政府环境责任论》，中国环境科学出版社 2008 年版，第 47 页。

③ 熊超、韦吉璟：《地方自治政府环境法律责任探究——以广西为例》，《广西教育学院学报》2012 年第 4 期。

④ 覃西藩：《地方政府环境责任论：以融水县融江水质调查为例》，硕士学位论文，广西大学，2012 年。

府环境法律义务》中提出三项政府环境义务：规划决策义务、环境管理义务、推动公众参与义务，并对各项义务进行了细分，但未全面涵盖政府的环境职责。① 刘茂峰、刘武松、费林在《政府在生态环境保护中的职能探讨》中论述了政府的六项环境职能：政府具有科学规划，强化指导的职能；制定政策，有效调控的职能；完善法律，突出法治的职能；多向融资，竞争管理的职能；健全监督网络，深化生态宣传的职能；加大科技投入，启动技术引擎的职能。② 周霞、李永安在《论政府环境责任及其体系之完善》中提出了三项政府环境职责：提供环境公共产品和服务；决策过程中执行环境影响评价；加强环境保护的领导、协调与指导。③ 张丽娟在《论科学发展观下的政府环境职责》中提出三项职责：政府应当提供环境保护所需要的制度体系；对环境保护实施必需的监督管理；扩大并完善公众参与环境保护的途径。④ 孔云峰、李曦在《浅析法律视角下的政府环境义务分类》中将政府的环境义务分为：指引、教育义务；预防、规划义务；监督、管理义务；评价、强制义务。⑤

4. 政府环境法律责任方面

在政府环境法律责任方面，有学者将政府环境法律责任按类型划分为政府环境行政法律责任、政府环境民事法律责任、政府环境刑事法律责任三大类。⑥ 有学者将政府环境法律责任分为四类：政府的环境宪法责任、政府的环境行政责任、政府的环境民事责任、政府的环

---

① 韩杰：《政府环境法律义务》，硕士学位论文，重庆大学，2013 年。

② 刘茂峰、刘武松、费林：《政府在生态环境保护中的职能探讨》，《中国环境管理》2002 年第 8 期。

③ 周霞、李永安：《论政府环境责任及其体系之完善》，《延边党校学报》2010 年第 4 期。

④ 张丽娟：《论科学发展观下的政府环境职责》，《成人高教学刊》2008 年第 2 期。

⑤ 孔云峰、李曦：《浅析法律视角下的政府环境义务分类》，《黑龙江省政法管理干部学院学报》2012 年第 5 期。

⑥ 许继芳：《建设环境友好型社会中的政府环境责任研究》，上海三联书店 2014 年版，第 83 页。

境刑事责任。① "法律责任最主要、最基本的分类，是按照部门法界限，划分为私法责任和公法责任；进而结合违法行为性质划分为：违宪、行政、刑事和民事责任。"② 因为新环保法规定了应当引咎辞职，这是对官员行政责任的规定。但如果地方政府首长拒不引咎辞职，则应由权力机关罢免，此时就会涉及宪法责任。此外，政府还要承担环境立法责任，而环境立法责任属于宪法责任。因此，四类说更符合我国的法律实践。

5. 政府环境责任问责方面

"代表性、回应性、责任性已成为当代公共行政的重要价值。"③ 近年来，全球范围内所掀起的持续性的公共改革浪潮中，其中一个重要趋势就是强化对政府及其官员的责任规制。联合国在其《千年宣言》中明确提出，"公共部门要向公众负责，公共部门的人员应满足公众增加发言权和加强问责制的要求，要提高政府和官员的公共行政能力和责任。这种问责制要求有效地管理其有限的资源，而且管理方式要明智，着重关键目标，符合民主要求"④。有学者从立法机关问责方面研究环境法律责任的实现。"在立法机关问责机制的构建上，美国的做法具有借鉴性。与美国的立法机关问责体制相比，中国立法机关问责体制亟待完善。中国立法机关环境问责机制的构建，还需要具备以下几个基本条件。第一，要有组织机构保障。第二，要畅通环境问责调查渠道。第三，要畅通公民推动立法机关问责环境问题的渠道。"⑤ 也有学者提出多元问责机制，包括立法机关的政治问责机制、司法机关的法律问责机制、传媒与公众的社会问责机制、行政机关的

---

① 吴志红：《行政公产视野下的政府环境法律责任初论》，《河海大学学报》（哲学社会科学版）2008 年第 3 期。

② 张越：《法律责任设计原理》，中国法制出版社 2010 年版，第 22—23 页。

③ ［美］戴维·奥斯本、彼德·普拉斯特里克：《摒弃官僚制：政府再造的五项战略》，谭功荣等译，中国人民大学出版社 2002 年版，第 3 页。

④ 王彬彬、朱益芳：《行政问责之规范理路：法制、制度与机制的三维建构》，《西安外事学院学报》2008 年第 3 期。

⑤ 张雷：《政府环境责任问题研究》，知识产权出版社 2012 年版，第 164—169 页。

行政问责机制。① 有学者专门对公众问责法律机制开展研究，该学者以行政公开原则、公众参与原则作为立法完善的基本原则，将行政法理念和环境法理念两者有机结合，提出合理的立法完善路径：建议出台专门的环境教育法，明确公民的环境权，构建环境行政公益诉讼制度，完善政府环境信息公开制度等措施，为公众对政府环境责任问责提供畅通的问责渠道。② 另外，一些学者提出了政府环境问责主体、对象、范围、程序、责任形式等构成要素，并针对我国政府环境问责制度存在的问题提出针对性的对策建议。③

综观学者对政府环境责任的研究，很少有学者从环境治理的角度探索政府的环境责任问题。而要贯彻环境治理的理念，必须探索政府在环境治理理念下的环境职责；研究政府违反此种环境职责所应承担的环境法律责任；并探讨如何在环境治理理念下，通过社会公众参与多元问责机制，实现对政府环境法律责任的追究。

第四节　研究思路和主要内容

一　研究思路

环境治理中政府环境责任研究是在环境治理而不是环境管理理念下设计政府环境责任。因此，第一步应当选择环境治理模式。在选择环境治理模式的基础上，要以环境治理理念对政府环境责任进行设计，必须弄明白政府环境责任是什么的问题。所以，第二步应当探讨政府环境责任的理论基础。在明确政府环境责任本体的基础上，应当在环境治理理念下对政府环境第一性责任进行设计。所以，第三步应当根据环境治理理念对环境治理中的政府环境职责进行分配与分类。

---

① 许继芳：《建设环境友好型社会中的政府环境责任研究》，上海三联书店 2014 年版，第 167—173 页。

② 郭媛：《政府环境责任公众问责法律机制研究》，硕士学位论文，山西财经大学，2012 年。

③ 严平艳：《我国政府环境责任问责制度研究》，硕士学位论文，重庆大学，2013 年。

仅有政府环境职责并不能确保政府环境责任的履行，在政府违反其职责时，应当通过第二性责任的承担予以制裁，以教育政府严格履行第一性职责。所以，第四步应当对环境治理中的政府环境法律责任进行设计。明确了政府环境法律责任，并不意味着能够顺利追究其法律责任，还应有配套的问责机制保障其得到落实。所以第五步应当对政府环境责任问责机制开展研究。整个研究应当以环境治理模式的选择为逻辑起点，层层递进，完成环境治理理念下的政府环境责任设计。

理论研究必须建立在对实务充分了解的基础上，因此应当广泛参与环境污染治理方面的调查与实践。在参与肖萍教授主持的中国法学会部级法学研究课题"城乡一体化的农村污染防治制度研究"的研究过程中，笔者跟随课题组到江西省环保厅、南昌市与青山湖区环保部门展开调查。此外，笔者还组建鄱阳湖生态卫士队对鄱阳湖水污染展开调查，并对环保团体进行走访式调查；亲自参与南昌市前湖周边大气污染的调查与举报，对政府部门及污染企业的治理行为进行监督。通过调查与实践，笔者产生了对环境治理理论与政府环境责任理论的更深层理解，从而为本书的研究与写作打下了基础。

二　主要内容

1. 理论基础部分。（1）环境问题与环境治理理论。本研究以环境问题与环境治理理论为逻辑起点，探索了世界环境问题与我国环境问题以及由此发展出的各种解决环境问题的模式，包括政府强制模式、市场调控模式、多元治理模式。虽然环境多元治理模式能够在一定程度上解决政府失灵、市场失灵与政府、市场双失灵问题，但仍会存在治理失灵的问题。为了解决治理失灵，发展出了环境元治理与环境善治理论。因此，从广义的环境治理理论的角度看，还应当对环境元治理与环境善治进行探讨。（2）政府环境责任理论。环境元治理理论与环境善治理论均要求将政府请回环境治理，但不是让其成为环境治理的"家长"，而是让其作为"同辈中的长者"承担责任，由此根据治理理论与公共物品理论、委托代理理论、公共选择理论、环境权理论、责任政府理论等，形成了政府环境责任理论。

2. 政府环境责任设计。（1）政府环境职责设计。政府环境职责是政府第一性环境责任，我国以前是以环境管理的理念设计政府环境职责。我国正处在环境管理向环境治理转型期，因此应当运用环境治理理论对政府环境职责进行设计，包括政府环境职责的概念、政府环境职责的分配与政府环境职责的分类。（2）政府环境法律责任设计。在政府环境法律责任的基本框架上，学者有不同的看法。有的包括政府环境宪法责任，有的不包括政府环境宪法责任。因此，在对法律责任进行法理学分析与实践分析的基础上，应当确立政府环境法律责任的四大类型，包括政府环境宪法责任、政府环境行政责任、政府环境民事责任与政府环境刑事责任。在确立其基本框架的基础上，要对其存在的问题进行分析，并进一步提出完善措施。

3. 政府环境责任问责机制。有学者主张将社会问责机制列入政府环境问责机制，但社会参与问责必须借助行政机关、权力机关、司法机关问责机制发挥作用，并不存在独立的社会问责机制。因此，在对政府环境责任问责任机制界定的基础上，应将其分为行政机关问责、权力机关问责、司法机关问责三类，并通过社会参与问责的嵌入，针对上述问责机制存在的问题加以完善。

第五节　研究方法和主要创新点

一　研究方法

1. 文献研究法。文献研究法主要指收集、鉴别、整理文献，并通过对文献的研究形成对事实的科学认识的方法。第一步要确定选题，第二步通过图书馆、互联网、数据库等途径运用工具查找，通过参考文献追溯、查找、鉴别出有价值的文献，第三步整理文献，第四步撰写综述并修改综述，最后通过精心研读文献，形成对我国政府环境责任相关理论的科学认识，并对学者的研究成果进行比较梳理，以资借鉴。

2. 实地调查法。实地调查是在调查计划指导下，调查人员直接向被调查者收集第一手资料的交互过程。首先通过对政府、人大、环境保护部门及鄱阳湖周边地区进行走访和调查，掌握一手资料；其次以普通人的身份对环境违法现象进行举报，观察政府及其相关部门的反应，开展参与式调查。通过实地调查，形成调查数据，为进一步的研究提供实践性资料。

3. 实证研究法。实证研究法是通过实际发生的客观现象，归纳出对人们实在、有用、确定、精确的知识的研究方法，是从现象通过归纳掌握本质的研究方法。在论证政府为主导、市场为主导、社会为主导的环境多元治理模式时，运用了实证研究方式。此外，还通过许多官方统计数据，揭示存在的问题。

4. 理论分析法。理论分析法，是在感性认识的基础上通过理性思维认识事物的本质及其规律的一种科学分析方法。在对环境治理情况调查形成感性认识，并形成理论假设的基础上，运用公共管理理论、行政法学理论、环境法学理论、法理学理论进行归纳、演绎等逻辑推演，对假设进行理论论证。

5. 学科交叉研究法。环境治理中的政府环境责任研究跨公共管理学、法理学、行政法学、环境法学、刑法学、宪法学与民法学等多个学科领域，通过多学科交叉研究解决环境治理中政府环境责任这一跨学科领域的复杂问题。

二　主要创新点

1. 在政府环境责任的设计上充分贯彻环境治理理念。目前学界对政府环境责任的研究多停留在环境管理思维上，无法体现环境治理理念。而环境治理理念的缺失会在政府环境责任设计上充满政府强制色彩，不利于政府环境管制模式向环境多元治理模式转型。因此，只有将环境治理理念运用于政府环境责任的研究，才能设计出适应环境多元治理的政府环境责任，并对环境多元治理的治理失灵通过政府环境元治理与政府环境善治方面的政府环境责任设计进行预防。

2. 在服务型政府理念下探讨政府环境职责。不同政府理念对政府职责的理解也不相同。管制型政府是在职权优先原则下界定政府职责，服务型政府是在职责优先原则下界定政府职责。因此应在服务型政府理念下界定政府环境职责，从而得出与管制型政府下不同的结果，为不对应职权的职责的确立打下理论基础，从而拓展政府环境职责的外延。

3. 在政府职能转变与政府职能配置的基础上提出政府环境职责分配理论。政府职能转变虽然包括政府、市场、社会之间的职责分配与政府内部的职责分配，但毕竟指的是改革的过程；政府职能配置仅指政府内部的职责配置。而政府职责分配理论既包括了政府职责在政府、市场、社会间的第一次分配，也包括了政府内部职责的再分配。

4. 在公共事物理论、委托代理理论、公共选择理论、环境治理理论等基础上推导出政府环境职责分类。运用政府环境职责分类将政府环境职责分为政府环境质量保障职责、政府环境监督管理职责、政府保障环境信息公开职责、政府保障与促进环境公众参与职责、政府环境纠纷解决职责五种基本职责，从而为进一步的分析打下基础。

5. 将社会参与问责嵌入权力机关问责、行政机关问责、司法机关问责构成的政府环境责任问责机制。社会参与问责嵌入政府环境责任问责机制既体现了环境治理在政府环境责任问责中的运用，也能够实现权力机关、行政机关、司法关问责的平衡，有效监督各问责主体，解决同体问责不力与异体问责薄弱的问题。

第二章

环境治理理论的兴起与发展

第一节 环境治理理论的兴起

环境治理理论是随着环境问题的日益严重与公共治理理论的发展而兴起的一种理论，属于公共治理理论的一个分支。随着政府强制模式的政府失灵、市场调控模式的政府、市场双失灵，环境问题成为单纯依赖政府或市场，或者政府与市场的结合均无法解决的难题。而公共治理理论在环境领域的运用，则自然促动了环境治理理论的产生、兴起与发展。

一 环境问题

（一）世界环境问题

环境是以人类为中心的外部世界的总称，包括自然生态环境与社会环境。人们所使用的环境问题这一表述，仅指自然生态环境问题。而自然生态环境问题又分为由于环境自身变化而形成的第一环境问题与由于人类活动引起的第二环境问题。环境科学所说的生态环境问题仅指第二环境问题，即由人类活动而造成的环境污染与生态破坏问题。[①] 因此，环境问题是自人类产生以来相伴而生的问题。

环境问题可分为三个历史阶段：早期环境问题阶段、城市环境问题阶段和环境问题全面爆发阶段。

---

① 肖建华、赵运林、傅晓华：《走向多中心合作的生态环境治理研究》，湖南人民出版社 2010 年版，第 2—3 页。

第一个阶段：早期环境问题阶段（从人类产生至工业革命以前）。从人类产生到工业革命是一个非常漫长的时期。人类经历了从采集狩猎、游牧再到农耕定居的转变，并经由种植、养殖和渔业第一次劳动大分工，从完全依赖大自然转变为自觉利用自然资源。人类的生产力逐渐提高，人口也迅速增加，于是出现了烧荒垦荒与兴修水利等活动，引起了土壤荒漠化等问题。比如，中东两河流域的古美索不达米亚平原就是因为不合理开垦与灌溉变为不毛之地；中国 960 万平方公里的国土则因秦汉、宋元、明清三次大迁徙，1/3 的土地变成了荒漠。但从全球范围讲，这一阶段的环境问题并不严重，主要问题是环境破坏，环境污染问题基本都能通过环境自净能力而解决。

第二个阶段是城市环境问题阶段（从工业革命至 20 世纪 80 年代）。从工业革命到 20 世纪 80 年代南极上空出现臭氧洞期间，环境问题主要集中在城市。工业革命通过工业技术革新，大大提高了人类社会生产力，并在世界范围内形成工业化浪潮。工业化的伴生问题是城市化，城市成为工业企业和人口的聚集区。随着燃煤量和燃油量的飙升，城市饱受空气污染之苦，许多工业城市出现了光化学烟雾事件。比如，雾都伦敦、美国洛杉矶、日本东京。此后，大部分工业城市又出现了严重的水污染、垃圾污染、工业"三废"污染、汽车尾气污染等，比如，泰晤士河污染、莱茵河污染、日本水俣病与骨痛病事件等。20 世纪六七十年代，发达国家开始治理城市环境污染，并通过向发展中国家转移重污染企业以减少本国污染。这虽然解决了其自身的城市污染问题，但发展中国家的城市污染却日益严重。这一阶段以环境污染为主，环境破坏处于次要地位，并且污染主要集中在工业城市。

第三个阶段是环境问题全面爆发阶段（从 20 世纪 80 年代至今）。1984 年英国科学家发现"臭氧洞"，这一发现于 1985 年得到美国科学家证实。自此时起，人类环境问题全面爆发，全球环境遭到空前污染和破坏，相继出现十大全球性环境问题：温室效应、臭氧层破坏、酸雨、有毒化学物质扩散、人口爆炸、土壤侵蚀、森林锐减、沙漠化、水资源污染与短缺、生物多样性锐减。上述环境问题的影响已经达到了影响几代人甚至几十代人的地步。这一阶段城市和农村均受到严重污染。一是政府出于治理城市污染的需要,将污染严重的工业与城市垃圾转移至农村,造成农村污染与环境破坏;二是为了应对人口快速增长所形成的粮食危机,石油密集型农业在全世界范围内得到普遍推广,农药、化肥过量使用非常严重,农业面源污染问题已经成为环境问题中的突出问题。这一阶段城市环境问题与农村环境问题并行、工业污染与农业污染并行、环境污染与环境破坏并行,环境问题日益严峻,已经危及人类的生存。

(二) 中国环境问题

首先,在工业环境问题上,我国呈现出结构型、压缩型与布局型特点。第一,我国结构型环境问题是指我国的经济结构中工业占主导地位,并且重工业或高能耗企业所占的比重较大,造成我国资源高消耗与环境高污染。国外一般先发展轻工业与加工业,此类工业污染较轻;后发展重工业与基础工业,此类工业污染较重。但我国改革开放之前的30年是以重工业为主,20世纪80年代以轻工业为主,20世纪90年代后又重新调整为以重工业为主。因此,我国的经济结构中工业占主导,工业中的重工业或高能耗企业占比较大。我国"工业一次性能源消耗量中煤炭消耗所占比重高达80%以上。我国的煤炭、石油、钢等能源消耗世界第一,但单位GDP能耗是发达国家的8—10倍,污染是发达国家的30倍,劳动生产率是发达国家的1/30,化学需氧量排放世界第一,二氧化硫排放量世界第一,碳排放世界第一"[①]。我国处于资源环境密集的重化工工业化发展阶段,不仅能耗高,而且污染严重。此外,中国是处在国际产业链末端的制造业大国,地方政府出于GDP政绩需要注重制造业并盲目引进高污染外资企业,不仅在国际产业链中获利空间较小,而且污染严重。第二,我国压缩型环境问题是指我国环境问题具有明显的时空压缩性特征。在时间上,发达国家几百年的工业化过程,我国仅用几十年的时间完成。发达国家工业化产生环境问题分阶段产生,分阶段解决,而我国

---

① 刘建涛:《我国环境问题的文化沉思》,博士学位论文,大连海事大学,2013年。

工业化产生的环境问题集中爆发，集中解决。在空间上，发达国家通过生态殖民，将环境问题转嫁到发展中国家，而我国则承受着生态殖民。作为负责任的大国，我国也不愿将环境问题转嫁到其他国家。发达国家对我国的生态殖民包括高污染产业向我国转移，垃圾废物向我国转移等。高污染产业向我国转移上文已提及；就垃圾废物而言，从1997—2005 年 8 年间，英国运往我国的垃圾数量涨了 158 倍，2005年共计向我国运送垃圾的数量为 190 万吨。[①] 2012 年 6 月 6 日《钱塘江晚报》报道，宁波海关查获了日本运往我国的 1127 吨废五金，并且这些废五金的辐射值超标 200%。[②] 另据联合国一份报告，全球大约 70% 的电子产品最后均会以电子垃圾的形式流入我国。[③] 在我国人口压力与经济发展双重压力下，我国不仅承受着本国环境问题，还承受着发达国家转嫁给我们的环境问题。第三，我国布局型环境污染问题是指我国将高污染、高风险企业沿水而建，这些企业造成我国江河湖海水污染严重，并随时有可能成为突发性环境事故的"定时炸弹"。目前长江沿江分布有 40 多万家化工企业、五大钢铁基地、七大炼油厂以及仪征、南京、上海等石油化工基地。我国"平均每两三天发生一起与水相关的污染事故……这是一个布局和结构的问题，因为我们所有高污染、高风险的企业都建在水边。先不说钢铁厂、冶炼厂等，仅石化化工企业一项，1 万个在长江，4000 个在黄河，还有2000 个在人口密集区与饮用水水源地。其中 81% 地处环境敏感区域，45% 存在高风险隐患"[④]。这些污染企业运行的污水处理设施老旧，处理能力下降，很多企业将未经有效处理的污水直排到江河，造成我

---

① 央视国际：《英国运往中国垃圾数量 8 年增长 158 倍》（http：//news. cctv. com/financial/20070122/100018. shtml）。

② 周皓亮、李竹青、罗凤凤：《宁波海关查获日本辐射物》，《钱江晚报》2012 年 6 月6 日第 16 版。

③ 中国产业洞察网：《全球大约 70% 的电子产品以垃圾的形式流入中国》（http：//www. 51report. com/news/hot/2013/3023274. html）。

④ 环保 114 水处理网：《中国环境问题的思考》　（http：//www. hb114. cc/siteall/hb114shui/newsInfo_ 95365. html）。

国江河湖海水质污染严重。此外，我国重大水污染事件频发，严重影响了社会稳定、经济发展与公众健康。我国江河湖海水污染表面上看是企业的问题，但本质上却是政府产业布局问题，政府难辞其咎。

其次，在城市环境问题上，我国面临严重的大气污染、垃圾围城、水污染、噪声污染、绿地减少、城市环境基础设施落后、热岛效应等问题。根据《2014 年中国环境状况公报》，我国 2014 年开展空气质量新标准监测的地级及以上城市当中空气质量超标的城市占 90.1%；城市生活垃圾无害化处理为 90.3%；城市污水处理率为 90.2%；粪便处理率为 44.7%；昼间监测的 327 个城市中，区域声环境质量一级的占 1.8%，同比下降 1.0 个百分点，二级的占 71.6%，同比下降 2.5 个百分点，城市区域声环境质量总体下降。此外，城市绿地（城郊农田、城郊天然植被和市区园林绿地）被工厂、住宅、道路、广场等替代，自然植被被砍伐，城市绿地正成为尖锐的环境新问题；我国目前 1/3 的城市排水设施老化，5% 城市没有排水管网，1/4 城市垃圾粪便不能日清，垃圾处理设施与污水处理设施时断时开；大多数城市总体规划未考虑通风廊道，通风不畅、污染气体无法及时疏散，热量散发较慢，形成热岛效应。我国城市环境问题主要与我国工业化进程加快有关。工业化伴随的是大量农村人口向城镇转移，迫使城镇化进程加快。而城镇化的加快带来的是城镇的粗放式建设，城镇环境规划、城镇环境基础设施、城镇环境治理等难以跟进，造成城市环境问题日益严重。

最后，在农村环境问题上，我国存在农村生活垃圾与生活污水处理率低、农业面源污染严重、水土流失严重等问题。根据《2014 年中国环境状况公报》，全国对生活垃圾进行处理的行政村有 25.7 万个，占行政村总量的 47.0%，对生活污水进行处理的行政村为 5.5 万个，占行政村总量的 10.0%；首次全国土壤污染状况调查（2005 年 4 月—2013 年 12 月）结果显示，全国土壤总的点位超标率为 16.1%；全国化肥当季利用率只有 33% 左右，普遍低于发达国家 50% 的水平；中国是世界农药生产和使用第一大国，但有效利用率只有 35% 左右；每年地膜使用量约 130 万吨，超过其他国家的总和。

2014年全国废水中化学需氧量为2294.6万吨，农业源为1102.4万吨，占总排放量的半壁江山；氨氮排放总量为238.5万吨，农业源占75.5万吨，工业源占23.2万吨，农业源排放量相当于工业源的3倍多。根据第一次全国水利普查水土保持情况普查成果，中国现有土壤侵蚀总面积294.91万平方千米，占普查范围总面积的31.12%。我国农村环境问题之所以如此严重，一方面是由于工业和城镇污染向农村转移；另一方面是由于先进的环境友好型的农业生产技术未得到推广与普及。另外，则是政府对农村环境治理的歧视，这也是产生农村环境问题的根本原因。首先，在制度上，我国立法与政策多注重城镇与工业环境治理，农村环境治理方面的立法与政策多在城镇与工业环境治理为导向的制度框架下运行。其次，在投入上，政府均偏重城镇与工业环境治理投入，忽视农村环境治理投入。以2014年为例，全国农村投入环境卫生的资金为169.9亿元，而2014年全国工业污染治理项目、"三同时"项目、城市环境基础设施建设项目投资总额为9575.5亿元，与之相比，农村环保投入捉襟见肘。最后，在环境监管上，我国环境监管力量主要集中在城镇。根据环保部《农村环境质量综合评估技术指南》编制组介绍，"目前，我国绝大多数农村的环境监管处于空白状态"①。因此，农村环境问题已成为我国环境问题中的焦点问题。

虽然在"十二五"期间，我国环境污染和生态破坏加剧的趋势有所好转，部分地区和城市环境也有所改善。但整体上我国仍处于高污染水平，全国环境质量与发达国家相比还存在着很大的差距，一些地区的环境污染与破坏还有加重的趋势。

二　环境管理中的政府管制模式与政府失灵

（一）政府管制模式的概念与特征

在环境问题刚刚出现时，并不存在环境管理与环境治理，治理环

---

① 新浪财经：《农村环境整治7年耗资315亿　脏乱差仍未改观》（http：//finance. sina. com. cn/china/hgjj/20151026/174423582677. shtml）。

境污染与环境破坏全凭企业自觉。在环境污染与环境破坏行为不受政府与社会制约的情况下，虽有企业能够自觉治理环境污染与环境破坏，但大部分企业并不会自觉治理环境，因此也无法形成固定的模式。环境属于公共物品，如果治理环境污染与环境破坏全凭企业自觉，"搭便车"现象就会普遍存在。因为环境公共物品此时还没有价格，企业不承担任何环境成本，所以等价交换原则就会失灵，从而无法发挥作用。在此情况下，企业就会过度利用资源、过度污染与破坏环境，从而给人们带来非自愿承担的环境成本，这就是负外部性。由于环境系统具有复杂性，环境污染与环境破坏衍生的环境效应具有滞后性，人们对环境问题所造成的损害很难认识，甚至产生环境问题的企业有时也很难认识其自身所产生的污染后果。随着环境问题日益严重，人们开始关注环境问题。但企业对环境信息天然垄断、政府出于经济发展需要对企业进行保护、缺乏有效制裁环境污染与破坏者的法律等原因，人们很难采取有效的环保行动。比如，1956 年爆发的日本水俣病事件，1956 年就已确认日本氮肥公司的污染物为病源，但日本政府纵容该企业排污至 1968 年，直到 2004 年日本最高法院才判决日本政府承担行政责任。因此，环境公共物品无价格以及企业垄断环境信息所造成的环境信息不对称，会导致市场运行机制中的价格机制、供求机制、竞争机制、风险机制无法体现环境因素，从而出现企业自觉治理全面失灵、生态环境日益恶化。为了遏制环境日趋恶化的趋势，人们开始呼吁政府介入，将环境公共物品委托给政府生产、提供、配置与监管。在民众与学界的压力下，政府开始出台环境法律法规与政策，政府管制模式应运而生。

　　"政府管制，是指政府或其他公共机构凭借其法定的权力，制定一定的法律、法规和政策等权威性的规则，并将其付诸实施，对社会主体的行为进行约束限制和规范的一种管理、控制行为。"① 因此，环境管理中的政府管制模式是指政府及政府相关职能部门通过制定与执行权威性的规则，对社会主体的环境行为进行直接或间接干预的一

---

① 赵成根：《新公共管理视角的政府管制模式转型分析》，《学海》2006 年第 3 期。

种管理、控制行为。政府管制模式不仅在世界各地普遍存在，而且基于我国计划经济的影响，此种模式备受我国政府青睐，成为我国解决环境问题的主流模式。

政府管制源于对市场失灵的修正。亚当·斯密认为完全竞争的市场模式不可能存在，由于外部性、信息不对称以及天然垄断，市场失灵时常会发生。基于公共选择理论"经济人"视角，环境属于公共产品，虽然市场规律有助于优胜劣汰，但单凭市场提供公共产品，难以排除个人利益对公共利益的侵害。因为企业具有逐利性，谋求其自身利益最大化，而不是谋求公共利益最大化。而政府作为公共利益的代表，可以对市场失灵所造成的环境公共利益与个人利益的冲突进行有效调解与纠正。生态环境问题是负外部性的典型表现，环境问题的市场解决方案是基于产权的私有由市场与个人谈判来解决负外部性问题。但此种方案交易成本过大，因此政府必须介入。科斯指出："政府不是建立一套有关各种可通过市场交易进行调整的权利的法律制度，而是强制性地规定人们必须做什么、不得做什么。"这种政府介入负外部性治理的理论为政府管制模式提供了理论支持。此外，由于个人与市场信息不对称，个人难以及时全面地掌握环境信息，所以政府应当介入以保障与维护处于信息不对称劣势地位的弱势群体的利益。

政府管制模式具有如下特征：第一，政府权力的无限性。政府拥有环境管理的全部权力，包括制定规则与执行规则的所有权力。其他主体都必须接受和服从政府的环境管理，而无法参与环境管理；或者虽有参与权，但实践当中被政府排斥。第二，政府干预的直接性。政府干预包括直接干预和间接干预，直接干预是政府通过暴力和强制对其他主体的环境行为进行干预；间接干预是政府通过行政指导、行政合同、行政奖励、财税与金融支持等影响其他主体的环境行为，鼓励其积极治理污染。但是，政府管制模式中，政府直接干预占据主导地位，而间接干预则处于次要地位。第三，环境管理的行政性。政府环境管理的手段包括行政手段、经济手段与法律手段。但在政府管制模式中，政府更偏重的是行政手段，经济手段与法律手段处于辅助地位，并且经济手段与法律手段的目的多是为行政手段服务。比如，经济手段中的收费与罚款多是为了支撑其行政经费，财税与金融支持多是为了实现其行政管理绩效；法律手段中立法多是为其行政提供依据，刑事追诉多是为了震慑与教育污染者从而便于政府行政管理。此外，经济手段与法律手段也多在行政手段下运行，比如，经济手段多出自行政决策与行政立法，法律手段也多出自行政立法。

（二）政府管制模式的优势

政府管制模式优势在于：第一，环境问题涉及政治、经济、文化与社会等各个领域，任务复杂艰巨，不仅涉及中央政府与地方政府职能，也涉及政府各部门职能，是一个全局性、系统性、协调性与综合性工作，因此只有政府才有能力组织与协调各方资源解决环境问题。第二，通过政府管制模式解决环境问题，可以通过立法将环境公共物品委托给政府，明确政府环境第一生产者、提供者、监管者的身份以及政府环境责任，使环境公共物品受到法律的有效保护，避免传统产权理论所产生的"公地悲剧"问题。第三，政府可以通过庇古税的方式，根据排污者造成的危害大小对其进行征税，通过税收的方式来弥补私人成本和社会成本之间的差距，将"外部不经济"的成本转嫁给企业，解决负外部性问题。① 第四，通过收取庇古税、排污费、罚款等方式筹集资金，政府就能运用上述资金为社会生产、提供环境公共产品，并对环境进行监管。第五，政府可以利用其权力，对排污者的排污行为进行直接干预，并在排污者违法犯罪的情况下直接进行制裁，这一点任何其他组织机构和个人都无法做到。第六，政府拥有协调配置资源的权威，能够有效解决跨境、跨区域、跨流域环境污染问题，并能够快速应对各类突发环境事件，而这些问题其他组织机构和个人也很难做到。

（三）政府管制模式的弊端与政府失灵

虽然政府管制模式具有一定的优势，但其弊端与缺陷则表现得更为明显，并且饱受质疑与批评。政府管制模式的正当理由是市场失

---

① Piguo A. C., *Economics of Welfare* (4th edition)，London：Macmillan，1932.

灵，但市场失灵并不意味着政府拥有无限的权力去包办和代替市场。市场无形之手解决不了的问题，政府有形之手也未必能够解决。因此，政府介入环境问题的解决应当是有限度的，而不是无限度的。政府应当将其权力主要限定在对市场缺陷的修正上。市场修正之后仍无法解决的问题，政府也并不一定全部包办：适宜政府解决的由政府解决，适宜社会解决的交给社会解决，适宜政府—社会、政府—市场、政府—市场—社会联手解决的则应当联手共同解决。

美国著名行政学家戴维·H.罗森布鲁姆、罗伯特·S.克拉夫丘克在《公共行政学：管理、政治和法律的途径》中对美国管制行政实践进行了如下批判：(1) 管制的成本太大；(2) 管制抑制经济绩效；(3) 管制产生延误与繁文缛节；(4) 不胜任问题；(5) 腐败；(6) 过度扩大的管制范围；(7) 管制程序失去控制；(8) 缺乏管制绩效标准。结合环境管理中的政府管制模式而言，主要存在以下弊端：第一，政府能力不足。政府能力不足主要体现为财政无力支撑、知识欠缺、制度失灵、信息不完全。政府包揽环境问题的解决，就必须投入大量的人力、物力与财力，最终必然造成政府财政无力支撑；现代科技日新月异，环境问题也日趋复杂，政府不可能掌握解决环境问题的全部知识，环境问题就必须通过分工合作才能完成；政府的制度存在着真空，或者虽有制度但可操作性不强，或者有些问题根本不适宜通过制度解决，因此制度失灵在所难免；政府存在着决策信息获取困难与信息获取与处理成本高昂的问题。企业作为政府管制模式下的对立面会向政府掩盖信息、社会受到政府的压制也不会积极为政府提供信息、下级政府为了政绩也存在信息隐瞒与欺骗情况，许多政府管制方面的决策都是在信息不完全的情况下作出的。因此，政府在环境问题的解决上存在能力不足的问题，政府管制模式不可能有效解决环境问题。第二，权力寻租。政府拥有环境管理的所有权力，政府运用公共权力约束与限制其他主体意味着政府强制性配置社会资源。但政府具有理性经济人属性，不可能中立、公正地代表社会公共利益实施管制。中央政府与地方政府都有各自的利益，各职能部门也存在其部门利益，官僚集团有官僚集团的利益，官僚个人还有其私人利益。

在所有环境权力为政府垄断的情况下，政府会封闭管制信息，社会很难做到有效监督。权力导致腐败，绝对的权力导致绝对的腐败。政府这种无限的环境管制权力在缺乏有效监督的情况下，权力寻租就在所难免。比如，企业通过游说、承诺政治支持、行贿等手段买通管制者从而获得竞争优势甚至垄断地位；政府通过选择性执法、滥用自由裁量权甚至非法行使职权获得灰色收入等。权力寻租最终会导致管制规则的制定与执行失灵，政府管制会异化为管制者的牟利工具。第三，消极怠工。由于中央政府与地方政府利益不同，中央政府处于宏观管理者的地位，更倾向于经济与环境的协调发展；地方政府基于财政分权，更倾向于追求 GDP，普遍忽视环境问题的解决，甚至还成为污染企业的"保护伞"。我国大部分环境管理是通过中央政府的高压推行的，呈现运动式环境管理的特征。但有时在中央政府的高压下，地方政府也未必会采取行动。比如，2010 年的"环保风暴"，地方政府基本上未积极响应中央号召，出现了中央政府不得不甩开地方政府直接查处环境违法的现象。此外，由于地方政府对环境监管部门的干涉以及部门之间环境职权的交叉，各环境监管职能部门不作为甚至相互之间"踢皮球"的现象还比较严重。第四，过度管制束缚企业发展与经济活力。恰如管制经济学家佩尔兹曼所言，在管制过程中既存在管制者的成本，也存在被管制者的成本。企业为了应对与规避管制，也需要支付成本。因此，过度的管制会制约企业发展。据美国企业研究所的经济学家默黑·威廉博姆统计，由于美国环境管制，1967—1974年企业负担增加了 50%，企业丧失了价格优势。另外，过度的管制还有可能造成政府利用手中的环境方面的审批权与检查权进行行政垄断，影响企业的自由竞争。企业成本的增加以及行政垄断的出现必然会对经济活动造成负面影响。第五，排斥社会参与。虽然公民社会日益成熟，公民社会参与环境管理的积极性与主动性也有所提高。但在政府管制模式下，政府并不希望社会参与环境管理，主要表现在：一是政府缺乏吸纳社会参与的意识。在政府管制模式下，政府及其职能部门只对上负责，不对下负责。社会参与环境管理还会为政府带来不必要的麻烦，所以政府对社会参与的要求相互推诿甚至置若罔闻。二是社会参与内容不全面。在政府管制模式下多以参政议政为社会参与权利的主要内容，但社会参与目前已由参政议政的权利需求发展到利益诉求，更加注重具体问题的解决。因此，政府往往会对参政议政需求之外的参与要求不予回应甚至拒绝。三是虚假参与。在政府管制模式下，虽然政府在重大环境决策时必须吸纳社会参与，但政府往往早已拍板，社会参与只不过是走走过场。比如，一些听证会当中，政府往往会通知政府工作人员的亲属参与听证会，以对抗真正的利益相关者，谋求决策方案的顺利通过。四是打压社会参与。由于地方政府的GDP本位以及权力寻租问题，在环境问题上政府有时会与企业相互勾结，对社会参与者进行打压。我国许多地方出现突发性环境事故时，政府往往封锁消息，并以维护社会稳定为由对参与请愿的民众进行打压。

环境问题的解决离不开政府管制，但政府管制模式弊大于利，并最终会因为政府能力不足、权力寻租、消极怠工、束缚企业发展与经济活力、排斥社会参与而导致环境管理的政府失灵。

三　环境管理中的市场调控模式与市场失灵

(一) 市场调控模式的概念与特征

政府管制模式出现了"政府失灵"，随着新公共管理运动的开展，政府开始利用市场手段解决环境问题，探索市场调控模式。市场调控模式是指政府以市场手段为主激励市场主体自觉解决环境问题，以实现政府管理目标的模式。虽然在市场调控模式中，市场自觉治理是主导，但为了应对政府监管力量的削弱，政府也会吸纳社会主体参与对企业的监督。市场调控模式实质上是以政府间接手段为主的管理，市场的自觉治理依赖于政府的法律法规与政策，社会参与程度也较低，远未达到环境治理所要求的程度，因此仍属于环境管理。

市场调控模式具有企业自觉性、政府依赖性、管理间接性、方式多样性、社会低程度参与性特征。一是企业自觉性。市场调控模式主要是政府通过市场手段激励企业自觉解决环境问题。企业要获得政府提供的各项利好政策，就应当自觉治理污染。二是政府依赖性。市场调控模式的关键是政府的调控，也就是政府要出台立法和政策，确立市场手段的法律地位或政策地位，才能利用市场手段解决环境问题。三是管理间接性。虽然在市场调控模式中，政府仍处于管理者的角色，但政府主要依靠间接手段，而不是直接行政手段。四是方式多样性。政府为了吸引企业自觉治理环境，采取多种市场调控手段，主要包括财税与金融支持等经济杠杆手段、排污权交易、富余排污权政府回购、排污权抵押融资、碳排放交易、可回收或易污染物品销售中的押金退款、电价优惠、水价优惠等。五是社会低程度参与性。在市场调控模式中，政府环境监管力量会减弱，因此政府会借助社会对企业进行监督，也就是政府环境监管力量退缩与社会监督力量的补位。但此时政府吸纳社会监督并不主动和积极，因为政府掌握着环境管理的直接监管与间接调控的所有权力，其管理思维仍居主流，治理思维仍未形成。

（二）市场调控模式的优势

从理论上讲，通过市场调控模式解决环境问题具有以下优势：一是可以变企业被动治理污染为主动治理污染。企业为了获得政府财税与金融支持、富余排污权的变现、电价与水价等优惠，就会积极治理污染。二是可以减少政府环保投入。如果企业均能够自觉治理污染，政府就可以减少环境公用设施、流域与区域污染、环境监管等方面的财政投入。三是可以促进企业发展、提高经济活力。企业自觉治理污染为主，就会减少企业应对政府管制的成本。同时企业也可通过适宜自身特点的方式进行治污，比如，可以不上"三同时"治污设施，而将污染物集中交给环境公用设施运营企业处理；能够通过生产过程控制实现达标排放的，就不用上任何污染处理设施，也不用交给环境公用设施运营企业处理。此外，政府管制降低也可以有效避免政府通过手中的权力限制竞争甚至搞行政垄断。企业成本降低、市场竞争有序，经济活力就会大幅度提升。四是可以促进社会参与环境监督。在市场调控模式下政府减少了监管投入，并对环境管制保持适当克制。但政府需要付出市场激励成本，因此政府会担心其付出的激励成本无法换取应有的环境管理绩效。所以，政府会适当借助社会力量对企业进行监督，以自己最少的监管实现激励投入效益最大化。

（三）市场调控模式的弊端与政府、市场双失灵

虽然理论上市场调控模式具有一定的优势，但在实践中市场调控模式却存在着若干弊端：第一，市场激励手段可操作性不强。市场激励手段以节能减排目标为考量，但节能减排目标的分配、节能减排的监管都存在很多漏洞。企业会通过欺骗方式换取较少的节能减排目标，并通过偷排与瞒报排放量的方式骗取政府的利好政策。因此，市场激励手段的可操作性并不是很强。比如，为了控制酸雨，我国20世纪90年代就开始引入排污权交易，但到目前仍在试点阶段，并未取得实质进展。再比如，我国农业生态补偿政策繁多，但除了在退耕还林和退牧还草方面进展顺利之外，其他方面的进展都很缓慢。造成上述问题的原因多是标准难以计算，管理机制跟不上等问题。第二，政府能力更加不足。由于政府向市场激励手段投入了一定的成本，必然会影响其在环境公用设施、流域与区域环境污染、环境监管方面的投入，从而削弱了政府环境管理能力。第三，消极怠工更加严重。市场调控模式无疑给本来就追逐GDP的地方政府一个消极监管的正当理由：市场调控模式主要靠企业自觉治理，政府应当对监管行为适当克制；环境监管投入少，无力监管。第四，权力寻租仍然严重。市场调控模式难以摆脱"政府—企业"封闭式的监管链条。社会参与权虽得到进一步加强，但并未进入"政府—企业"这一监管链条。在市场调控模式下，政府除了直接管制权力之外，又增加了分配节能减排目标的权力、提供各项支持的权力，企业会更加依赖政府。因此，一些政府官员会更积极地利用手中新增的权力换取灰色收入；而一些企业也会更加积极地与政府官员勾结，骗取政府的支持。而这些权力寻租行为均因社会无法全面介入监督而难以得到有效遏制。第五，社会参与仍受限制。市场调控模式并未从根本上摆脱政府管制模式下的政府对上负责不对下负责的状况，政府吸纳社会参与的意识并未得到实质提高，排斥社会参与以及虚假参与的现象仍未得到扭转。

正是由于上述弊端，政府环境管理的直接手段会弱化、政府环境管理的间接手段又会沦为权力寻租的新工具，政府失灵就会再次发

生。只要社会未充分介入，在"政府—企业"封闭式监管链条中就存在权力寻租的空间。企业就会弄虚作假，逃避政府环境管制、骗取政府环境利好政策优惠，市场就会失灵。因此，如果不能将政府与企业的环境行为"大白于天下"，不能让社会充分参与到环境治理中来，市场调控模式最终将会导致政府与市场双失灵。而环境信息的充分公开与社会的充分参与，也就意味着环境管理的终结与环境治理的到来。

四　环境治理理论的兴起

为了解决环境管理中的政府失灵与市场失灵问题，一些学者开始运用公共治理理论解决环境问题，从而形成了环境治理理论。因此，环境治理理论是公共治理理论在环境治理领域的运用。

（一）环境治理理论的理论基础

环境治理理论是多中心治理理论、社会资本理论、协商民主理论、"第三条道路"理论、政策网络理论等公共治理理论在环境治理领域的综合运用。多中心治理理论强调政府、市场与社会均是独立的权力中心，并不存在最高权威，多中心之间通过一般规则相互关联与整合，又通过各中心之间及各中心内部所达成的特殊规则实现治理，并利用核心机制解决冲突，因此政府、市场与社会谁为主导并不明确。社会资本理论将社会资本作为实现集体行动的资源，社会资本通过信任、规范和网络三个要素推动协调和行动，提高物质资本和人力资本的收益。因此，社会资本理论所主张的治理必然是政府治理与市场治理的辅助与工具，社会不可能取得主导地位。而协商民主理论、"第三条道路"理论与政策网络理论均是将政府作为主导论证多元治理。协商民主理论强调在政府、政府决策以及政府治理等各个方面通过公众机会平等地参与协商论坛制定体现公共理性的政策，以最大限度满足所有公民愿望。"第三条道路"理论强调"少一些管理，多一些治理"，政府不能包办治理，而是作为牵头人通过政府与公民社会合作、府际合作、政府机构间合作实现治理。政策网络强调政府在网络中的主导地位，但也主张国家干预之外的社会实质性自治。政策网络治理主体包括政府、非政府组织、私营部门与公民，他们不仅制定政策而且执行政策；政策网络治理的工具是激励、沟通与契约；政策网络的组织网络是各治理主体围绕公共事物所形成的纵向、横向或纵横向结合的组织网络，既不同于科层，也不同于市场；政府网络通过信任机制、协商机制、学习机制确保政策网络有效运转。上述治理理论均强调治理主体的多元以及多元治理主体间的分工、合作与协商，因此都属于多元治理。尽管上述理论在政府、市场、社会谁为主导方面并不一致，但现实中公共事物各具特点，因此应根据公共事物的特点选择适用治理理论。

（二）环境治理理论的流派

目前学界讨论的环境治理理论主要是环境多中心治理理论、环境互动治理理论、环境网络治理理论、环境合作治理理论、环境协同治理理论、环境契约治理理论。这些环境治理理论是对公共治理理论中的各基础治理理论在环境治理领域的运用与发展。

1. 环境多中心治理理论

环境多中心治理理论以埃莉诺·奥斯特罗姆的多中心治理理论为基础展开，主要包括环境治理的制度供给、制度实施和冲突解决三个环节。

第一，环境治理的制度供给环节。环境治理制度包括环境法律与政策等正式制度，也包括风俗习惯与民间规则等非正式制度。环境治理制度供给环节应当坚持以下几项原则：一是主体确定原则。参与环境治理制度供给的主体、主体构成的系统的内部结构、各主体在结构中发挥的作用要明确。二是主体地位认可原则。主体在环境治理制度供给方面的参与权受法律保障。三是边界确定原则。环境治理制度所指向的环境客体必须明确。四是信息提供原则。环境治理制度所涉及的环境资源信息应充分提供。

第二，环境治理的制度实施环节。在环境治理的制度实施上应当避免单中心实施的弊端。因此应当遵循以下原则：一是主体之间相互信任原则。各治理主体在制度供给环节做出了承诺，在制度实施时就应当相互信任，否则制度很难实施。二是监督责任分配原则。各治理主体间应当公平分配监督责任，以实现彼此之间的有效监督，保障环境治理制度的有效实施。三是边界确定原则。环境治理的制度实施也必须明确环境客体边界，只有环境客体边界明确，多元主体才能实现合作。四是信息提供原则。环境资源的信息在制定环境治理制度与实施环境治理制度时因关注点不同，其信息也有可能不同，所以在实施制度时仍应提供充分的环境资源信息。

第三，环境冲突解决环节。在环境治理中，环境冲突难以避免。要有效解决环境冲突，应当遵循以下原则：一是主体确定原则。要明确责任追究主体与责任主体。二是制裁手段选择原则。制裁手段的选择应当与责任追究主体的选择相关联。三是边界确定原则。环境资源或环境利益受损边界必须明确界定。四是信息提供原则。应当为环境冲突解决提供充分的环境资源或环境利益受损方面的信息。[①]

在环境多中心治理模式的建构方面，主要应从以下几个方面着手：第一，简化政府的环境管制。简化政府环境管制是实现多中心治理的前提条件，但并不是否定政府在环境管理中的作用，而是政府应当负责宏观调控与微观上的公正裁决。政府应当从"划桨"转变为"掌舵"，从烦琐的具体管理中解脱出来，将"划桨"交给市场与社会，集中力量抓宏观决策与环境监督执法。第二，构筑公众参与的基础。政府要让公众充分认识参与环境治理的必要性；在向公众提供环境信息上要清晰易懂；要提高公众环境知识水平。商业性的团体应当通过环境报告体系为公众提供环境信息，并建立社区联络与服务；要积极资助环境 NGO 为公众提供政府未能提供的环境服务，通过新闻自由与信息法律自由为环境 NGO 提供环境信息，并承认环境 NGO 代表自己成员所作出的各项决定。第三，推行环境管理的地方化及区域合作。印度、菲律宾、玻利维亚采取环境管理地方化并取得了很好的效果，因此应当借鉴。除环境管理地方化之外，还应当加强环境区域合作，通过建立区域性环境管理机构解决跨边境环境问题。第四，建

---

① 李雪梅：《基于多中心理论的环境治理模式研究》，博士学位论文，大连理工大学，2010 年。

立政府与企业的合作伙伴关系。要解决环境污染问题，就要抓好企业这一重要源头。但是单靠行政手段、经济手段、法律手段不会取得好的效果，必须调动企业的积极性与主动性。因此应当加强政府与企业的合作伙伴关系，通过环境标志产品影响消费并进而影响企业积极申请环境标志，从而实现企业的自愿治理；同时应积极推广有利于提高企业效益和改善环境的清洁生产技术，并通过政府与企业签订自愿协议或自愿减排计划减少企业污染物排放。此外，政府与行业要积极推出自愿伙伴合作计划，企业根据自身条件和发展目标选择所要加入的自愿伙伴合作计划。自愿伙伴合作计划的环境标准较高，更有利于实现环保目标。[①] 除对多中心治理理论进行整体研究之外，学者们还将多中心治理理论中的自主治理理论应用到环境治理，比如，李宾、周向阳的《环境治理的新思路：自主治理》，李颖明、宋建新、黄宝荣、王海燕的《农村环境自主治理模式的研究路径分析》，杨曼利的《自主治理制度与西部生态环境治理》等。

2. 环境互动治理理论

Edelenbos 于 2005 年率先提出互动治理理论，互动治理由自上而下治理（top – down governance）、自我治理（self – governance）、合作式治理（go – governance）三类治理构成。[②] 通过利益相关方参与、沟通与互动来提高政策质量和效益是互动治理的最本质特征。[③] 根据互动治理理论，学界提出了环境互动治理理论。谭九生从三个方面阐述环境互动治理模式：一是从政府视角阐述自上而下的治理。主张从"健全环保执法部门的行政执法权、扩大环境侵权诉讼的原告范围、完善行业组织参与环境治理的法律法规"三个方面完善环境治理法律法规；通过"实现治理组织架构重组、构筑组织共识性价值文化、构

---

① 肖建华、邓集文：《生态环境危机与多中心合作治理》，"落实科学发展观推进行政管理体制改革"研讨会暨中国行政管理学会年会论文，佛山，2006 年 9 月。

② 臧雷振：《治理类型的多样性演化与比较——求索国家治理逻辑》，《公共管理学报》2011 年第 4 期。

③ Jurian Edelenbos, Nienke van Schie, Lasse Gerrits, "Organizing interfaces between government institutions and interactive governance", *Policy Sciences*, Vol. 43, No. 1, 2010.

建共享性组织文化"三个方面构筑环境治理的组织文化。二是从行业协会视角阐述自我治理。主张由从事生产的会员单位组成行业协会对会员进行自律监管。行业协会要主动承担环境治理方面的行业自律监管职责。三是从社会与政府的互动阐述合作式治理。主要包括"非政府组织与个人对公共政策制定的参与、个人与非政府组织对生态环境治理的监督"两个方面。[①] 互动治理在完善环境治理法律法规、环境治理组织文化以及行业协会在环境治理中的行业自律监管方面提出了较为新颖的观点。

3. 环境网络治理理论

网络治理是对起源于 20 世纪 50 年代的政策网络理论的新发展。政策网络理论是以政府为中心构建的网络，难以避免其科层的特点。20 世纪 80 年代，网络治理学派产生。网络治理理论是政策网络理论与治理理论相结合的产物，重在通过治理理论修正政策网络的科层特征。比如，德国的普朗克将网络作为一种非正式制度，提出行动者中心制度主义。荷兰的克林则将网络直接作为一种治理形式看待。[②] 克林认为政府与私人部门之间存在依赖性，因此无论是科层制还是市场都不是良好的治理，难以避免系统的不稳定与市场失灵。而"网络是水平的、谈判的自我协调，可以避免其他治理形式产生的问题"[③]。我国学者郑益奋也主张"网络提供了相互依赖行动者的互动及利益的水平协调的框架"[④]，可以有效避免科层制与市场的不足。可见网络治理理论虽发端于政策网络理论，但其与政策网络理论不同的是，网络治理理论强调非正式制度与水平网络，而政策网络理论则偏重正式制度与纵向网络和横向网络的结合。在网络治理理论的基础上，我国

---

① 谭九生：《从管制走向互动治理：我国生态环境治理模式的反思与重构》，《湘潭大学学报》（哲学社会科学版）2012 年第 5 期。

② Klijn E. H., Koppenjan, J. F. M., "Public management and policy network: Foundations of a network approach to governance", *Public Management*, Vol. 2, No. 2, 2000.

③ 迟达：《我国环境污染危机的网络治理研究》，硕士学位论文，大连理工大学，2014 年。

④ 郑益奋：《网络治理：公共管理的新框架》，《公共管理学报》2007 年第 1 期。

学者提出了环境网络治理理论。范仓海、周丽菁通过分析澳大利亚流域水环境网络治理实践阐述流域环境网络治理，系统分析了澳大利亚流域环境网络治理的治理主体、治理结构、运作机制（包括信任机制、学习机制与协调机制）；① 马晓明、易志斌则运用网络治理理论研究我国的区域环境治理，从"构建共同治理区域环境污染的目标、构建区域环境污染治理的信任机制、构建区域环境污染网络治理的协调机制、构建区域环境污染网络治理的维护机制"② 四个方面对环境网络治理进行论证。此外也有学者运用网络治理理论分析太湖流域水污染、农村水环境污染。

4. 环境合作治理理论

环境合作治理理论源自合作治理理论。就合作治理而言，不同学者存在不同的见解。有学者认为合作治理是"由政府发起的，一个或多个政府部门与非政府部门一起参与正式的、以共识为导向的、商议的、旨在制定或执行公共政策或管理公共事物或资产的治理安排"③。此种主张认为发起者是政府并强调政府在设置和维护基本合作规则、建立互信、促进对话等方面对合作过程的适度管理。有学者主张合作治理是"一组相互依存的利益相关者，通常来自于多个部门（公共的、私人的以及非营利部门），为了解决一个复杂的、涉及多面的公共难题而协同工作并制定相关政策的过程和制度"④。此类学者强调合作治理是以对话为特征的协商过程。在协商中，要实现信息与知识共享，做到参与者意见处理的一视同仁，并在全面考虑所有可获得信息的基础上作出集体结论。也有学者主张合作治理是"为了实现一个

---

① 范仓海、周丽菁：《澳大利亚流域水环境网络治理模式及启示》，《科技管理研究》2015 年第 22 期。

② 马晓明、易志斌：《网络治理：区域环境污染治理的路径选择》，《南京社会科学》2009 年第 7 期。

③ Ansell, C. & Gash, A., "Collaborative Governance in Theory and Practice", *Journal of Public Administration Research and Theory*, Vol. 18, No. 4, 2008.

④ Taehyon Choi, *Information Sharing, Deliberation, and Collective Decision-making: A Computational Model of Collaborative Governance*, Doctoral Dissertation of University of Southern California, 2011, p. 4.

公共目的，使人们有建设性地参与跨公共部门、跨不同层级政府、或跨公共、私人、公民团体的，公共政策制定和管理的过程和结构"①。此种理解不局限于政府发起合作，也不限于政府与非政府合作，而是政府间、政府部门间、政府与非政府间的混合制度安排。蒂姆·佛西将合作治理理论应用于环境治理。他认为"合作型环境治理是融合工业、公民群体或者地方政府的探讨、协约以及一系列的正式以及非正式的管理的治理类型。也可以被广泛认为是在公共与私人部门之间建立的伙伴关系"②。我国学者朱德米认为合作管理"是一种多组织的安排、协议、协商、共同行动等，它主要用来解决单个机构、单个部门、单个地方政府无法解决的复杂问题"。"根据合作的行动者地位、性质等，合作管理又可以分为垂直性（vertical）合作和水平型（horizontal）合作。垂直性合作强调多层次行动主体的合作（国际组织、中央政府、地方政府等）、水平型合作强调的是同一层次的行政部门以及行政部门、私营部门、第三部门之间的合作。"③ 该学者探讨了在环境治理领域的垂直性合作管理内容与水平性合作管理内容。其中垂直性合作管理内容包括：中央与地方在环境规划上合作，中央在规划时要考虑地方情况；在项目合作上中央与地方联合行动、职能部门间以及地方政府间开展合作；在政策合作上，制定重大经济和环境政策要充分反映地方利益、不同行业利益等各方利益。水平性合作管理内容包括：国务院各部、委、局之间的合作，区域、流域内的地方政府要成立跨界协调机构解决区域、流域环境问题，构建政府、企业、民间组织之间的合作伙伴关系。

5. 环境协同治理理论

环境协同治理理论是根据德国物理学家哈肯创立的协同学理论发

---

① Kirk Emerson, Tina Nabatchi, Stephen Balogh, "An Integrative Framework for Collaborative Governance", *Journal of Public Administration Research and Theory Advance Access*, Vol. 22, No. 1, 2012.

② 蒂姆·佛西、谢蕾：《合作型环境治理——一种新模式》，《国家行政学院学报》2004 年第 3 期。

③ 朱德米：《从行政主导到合作管理：我国环境治理体系的转型》，《上海管理科学》2008 年第 2 期。

展而来的新的环境治理理论。芬兰著名学者冯·赖特认为生态环境协同治理富有典型集体行为的特点，"集体行为不是一种现象，而是一种社会建构"①，因此生态环境协同治理的行政方略与价值取向均体现社会建构的色彩，而这种社会建构的目的就是通过政府、企业、社会组织和公众等治理主体的合作协同实现环境治理的预期效果。因为我国存在协同治理方面的广泛实践（比如，《京津冀协同发展规划纲要》就对环境治理的协同作出规定），所以我国环境协同治理研究较多。生态环境协同治理具有三个实质性内涵：一是主体平等。在环境协同治理中，主体之间是平等协商关系，政府应当将非政府治理主体视作与政府平等的主体，而不能将非政府主体作为协同治理的工具。二是需要理性协商甚至妥协。任何治理主体都具有有限理性的特征，在协同治理中，各治理主体要换位思考，并理性反思自己的行为。要通过协商与妥协改变自身认知偏见，相互理解相互认同，避免多数人对少数人的暴政。三是推动合作的可持续。只有避免各自为政与恶性竞争，避免排斥弱势群体，避免将个人利益凌驾于公共利益之上，才能保证环境协同治理的可持续性。环境协同治理具有正和博弈的行为取向，旨在通过政府与市场的共同作用，以及社会力量的参与，实现环境治理效益最大化。在环境协同治理的实现机理上，要以优化权责体系为前提、塑造协同关系为重点、搭建信任平台为关键、培育社会力量为基础、健全法律法规为保障。②

6. 环境契约治理理论

契约治理理论是环境契约治理理论的上位理论。契约治理在学界又被称为契约管理、契约化管理、合同治理等，是政府为实现治理目标借助契约工具所进行的治理，包括广义和狭义两种。"狭义的契约

---

① ［法］米歇尔·克罗齐耶、埃哈尔·费埃德博格：《行动者与系统——集体行动的政治学》，张朋等译，上海人民出版社 2007 年版，第 1 页。

② 曹姣星：《生态环境协同治理的行为逻辑与实现机理》，《环境与可持续发展》2015 年第 2 期。

治理是指政府不是以权威的身份而是以平等主体的身份参与公共治理，以最优契约化安排合理地界定和配置各市场主体之间的权利与责任关系，构建一个建立在信任、互利与合作基础上的社会协调网络，协调各方利益，优化社会资源配，保证公共产品和公共服务有效供给的一种治理模式。"① 广义的契约治理是指"通过一系列正式和非正式的契约制度安排，在政府内部建立一种各部门权限明确、分工协作的责权利关系，形成一套有效的激励与约束机制，保证政府工作人员队伍的勤政、廉洁、高效和充满活力，在政府外部寻求政府与市场的平衡点，构建一个建立在信任、互利与合作基础上的社会治理协调网络体系，达到相关利益主体之间的权力、责任和利益的相互制衡，实现效率和公平合理统一的一种治理模式"②。广义的契约治理"不能局限于一般意义上的公私合作契约方式，公共服务中契约化了的组织机构设置都应纳入这一范围中"③。契约治理具有治理主体多元化、治理方式契约化与治理结构扁平化的特征。契约治理在推动政府改革，构建服务型政府；促进公民社会成长，增强社会自治功能；改善公共服务，兼顾公平与效率等方面具有较高的价值。

在环境契约治理方面，目前我国政府广泛采用的环境公用设施的PPP 合同体系，上级政府与下级政府、平级政府之间、政府与职能部门、职能部门与职能部门之间的行政契约，政府与私营部门、政府与环保 NGO、政府与村委会及社区签订的行政契约，以及非政府组织甚至公民围绕环境公共事务相互签订的民事契约，非政府组织形成的行业自律规则、村委会及社区等形成的公约（如社区的环境公约、村委会的村规民约）等均属于环境治理契约。

随着村务契约化管理的推进，我国学者在农村环境契约管理或契约化管理理论方面有了新的进展。农村拥有基层自治权，因此契约管

① 沈海军：《政府治理模式演变的新趋势：契约治理》，《汕头大学学报》（人文社会科学版）2011 年第 4 期。

② 同上。

③ 卢超：《经由"内部契约"的公共治理：英国实践》，《北大法律评论》2009 年第2 期。

理是农村环境自治的有效模式。契约管理在农村环境治理中具有"缓解农村环境立法滞后问题，增强环境法律、法规在农村的实效性，提升农村应对环境危机的综合效能"之功效。农村环境问题可以通过"农村内部环境自治契约、涉及公权力主体的农村环境行政契约、涉及第三方私主体的农村环境服务契约"予以解决。但要顺利实施农村环境契约管理，还必须建立"健全的组织制度，公开、民主的程序制度，畅通纠纷解决机制与救济制度，完善的监督制度，生态交易机制和生态价值评估制度"①。

第二节　环境治理理论的应用与发展

一　环境治理理论的应用：环境多元治理模式

（一）环境多元治理模式的概念、种类与特征

环境治理理论是公共治理理论在环境治理领域的运用，而要将环境治理理论应用于实践，就必须形成相应的治理模式。无论是公共治理理论还是环境治理理论，在环境治理主体多元方面已达成一致，因此由其形成的环境治理模式均称为环境多元治理模式。就此，环境多元治理模式是指政府、市场与社会多元主体基于共同的环境治理目标进行权责分配，采取管制、分工、合作、协商等方式持续互动对环境进行治理所形成的模式。在政府、市场、社会何者为主导方面，上述理论并未达成一致意见。就实践而言，由于环境治理的客体具有特殊性，因此何者为主导则应根据环境治理的客体来选择。由此，环境多元治理模式就可以划分为政府为主导的多元治理模式、市场为主导的多元治理模式、社会为主导的多元治理模式三种类型。在环境多元治理模式的选择上，根据环境治理的客体可以在上述三种模式中选择。比如，在环境治理的一般规则制定上，因为政府是在行使其立法权与

---

① 吴惟予、肖萍：《契约管理：中国农村环境治理的有效模式》，《农村经济》2015年第4期。

政策制定权，所以应选择政府为主导的多元治理模式；在流域和区域环境治理、环境公用设施的治理上，因为政府是责任主体，承担主要的治理责任，所以应选择政府为主导的多元治理模式；在政府、市场、社会之间的特殊规则制定上，因为政府、市场、社会都有可能发起特殊规则的制定，其他方参与规则制定，因此应当采取发起方主导的多元治理模式；在工业环境污染与破坏治理上，因为企业与第三方治理企业主要适用市场规则进行治理，所以应选择市场为主导的多元治理模式；在农村环境治理上，因为政府在农村的监管机构与监管人员缺乏，农村又拥有基层自治权，市场治理需要借助农村基层自治权发挥作用，所以应选择社会为主导的多元治理模式。无论政府、市场、社会谁为主导，均离不开其他治理主体的参与。比如，政府在进行环境重大行政决策时，离不开市场与社会的参与；第三方治理企业与排污企业通过治理合同治理环境时，离不开政府的监管与社会的监督；社会在环境自治时，也离不开政府的监管与市场的参与（比如，一些无能力治理的事项可委托第三方治理企业治理）。因此，在多元治理模式中，虽然存在三个相互独立的权力中心，但是三个权力中心绝对分开是不存在的；三个相互独立的权力中心相互合作，并不存在最高权威，只存在谁为主导的问题。

环境多元治理模式存在以下几方面的特征：一是治理主体的多元性。在多元治理中，政府不再是唯一的权力中心，而是形成了政府、市场、社会三个权力中心。权力不仅由政府享有，市场与社会也可享有。马克思和恩格斯早就提出社会权力这一概念，哈贝马斯的权力理论也非常重视社会权力。社会权力是与国家权力相对应的概念，是公民社会所享有的权力，是"社会主体以其所拥有的社会资源对国家和社会的影响力、支配力、强制力"①。社会资源由物质资源与精神资源以及各类社会组织、社会群体、社会势力组成。这些社会资源能够形成支配社会并进而左右国家权力的巨大影响力与支配力。从广义的角度看，社会既包括政府也包括市场和社会，此处社会权力中的社会

---

① 甘情：《论执政权是一项社会权力》，《民风》2012 年第 9 期。

是中义的，是相对于政府的市民社会的权力，包括市场权力与狭义的社会权力。因此，从社会学的角度上讲，环境多元治理模式中存在政府、市场、社会三个权力中心，其治理主体是多元的，包括政府治理主体、市场治理主体与社会治理主体三种类型。多元治理模式打破了政府管制模式中政府对权力的垄断，市场调控模式中政府与企业的勾结，形成了三类治理主体相互监督的局面，从而能够通过其他治理主体的压力促进各类治理主体自我约束，并能够通过各类治理主体的资源整合，形成强大合力，共同解决环境问题，确保环境生产的高质量、环境服务的高标准、环境监管的高效率。二是治理方式的合作性。政府、市场、社会在环境多元治理模式下，是平等的合作关系，那种自上而下的管理并不属于治理的范畴。① 政府、市场、社会之间通过协商、分工、合作达成共同的治理目标，并在采取共同行动中持续不断地针对产生的问题进行再协商、再分工、再合作，直至目标达成。三是治理结构的网络性。在多元治理模式中，政府、市场、社会均有可能在治理模式中居于主导地位。居于主导地位的治理主体与居于次要地位的主体形成纵向网络，居于次要地位的主体之间形成横向网络。但多元治理模式中的纵向网络是基于主导与参与关系而建立的，处于主导地位的治理主体与处于次要地位的主体并不存在管理关系，而是平权的合作关系。因此，此种治理结构不同于政府金字塔式的科层关系。四是治理主体的平等性。在多元治理模式中，政府走下权力的神坛，市场与社会也拥有了各自的权力与责任。市场与社会当然不拥有任何管理权。政府虽拥有环境管理权，但在多元治理模式中，政府并不是行使管理权，而是行使治理权。治理权是一种社会学上的权力，政府、市场、社会均可拥有，是一种对其他治理主体产生影响与支配的权力，并不是国家权力。而这种影响与支配也不是运用国家权力实现的，而是通过与其他治理主体进行对话、协商、讨价还价、妥协、施压、分工、合作来实现的。因此，在环境多元治理模式中，各治理主体相互平等，各治理主体之间不存在任何管理关系，而

---

① 此处的治理是狭义的治理，发展了的广义的治理包括自上而下的管理。

是平等合作关系。

（二）环境多元治理模式的优势

多元治理模式与政府管制模式和市场调控模式相比，具有以下优势：一是能够发挥各治理主体的长处，集中力量解决环境问题。在多元治理模式中，政府的长处体现在多元治理一般规则的制定、提供各项激励措施、整合各方治理资源、重点领域，比如流域与区域环境治理和环境公用设施的资源配置、信息的收集与整理、对各治理主体的监督等方面。市场的长处体现在从事具体的环境治理工作、向环境治理投入资金、技术与管理等方面。社会的长处在于监督政府与市场，参与决策，提供环境调查、宣教、评价、科研与技术等服务，缓冲政府与企业关系、政府与社会关系，开展环境自治等方面。而多元治理模式能够将政府、市场、社会的各项长处整合在一起，形成合力共同解决环境问题。二是能够有效提高环境治理效率。政府并不具有企业精神，将环境全部交给政府治理难免会造成效率低下；市场是追求效率的，但市场同时也追求利益最大化，如果没有政府的监管与社会的监督，市场就会偏离环境治理的轨道；社会在具体的治理上不具有政府的宏观决策优势，也不具有市场的资金、技术与管理优势，当然也不会像市场主体那样注重效率，但是如果将具体的治理事项交给市场，并由政府与社会共同监督与协助，市场就会在环境治理的轨道上充分发挥出其效率优势。三是能够提升全社会的环境意识。我国社会公众的环境意识目前还不高，主要体现在环境治理参与热情不高、环境友好型的消费方式与生活方式并未建立两个方面。环境多元治理模式的推广将能通过日益广泛的社会参与，提升全社会的环境意识。而全社会环境意识的提升又必然能够倒逼政府与市场积极开展环境治理。四是能够有效促成企业自觉开展环境治理。在环境多元治理模式下，企业要确保其自身的顺利发展，就必须与政府、社会保持良好的公共关系。如果企业不自觉开展环境治理，就会造成企业与政府、社会关系的恶化，影响其生存与发展空间。因此，企业不但能积极开展环境治理，甚至还会利用政府与社会对环境问题的关注，参与环境公益事业，以换取政府与社会对企业的良好评价，谋求更大的生存与发展空间。五是能够达成各治理主体之间的谅解。在政府、市场、社会的合作过程中，三者之间通过相互沟通，充分掌握对方的信息，从而避免强人所难，避免激进的解决方式，实现彼此之间的谅解。六是在流域与区域环境治理、环境公用设施与农村环境治理上具有独到的优势。流域与区域环境治理投资大、涉及利害关系方多、治理任务重、治理工作复杂，单靠政府无力解决，必须举全社会之力解决；环境公用设施投资大、子项目多、技术含量高、运营管理要求高，政府财政无力全面投入，政府运营效率也比较低，因此应当通过 PPP 吸纳多元主体参与；农村环境治理制度缺失，政府也无力投入资金、技术与监管力量，因此必须通过多元治理才能有效解决农村环境问题。七是能够减轻政府环境治理负担。多元治理能够吸纳社会资金，减轻政府环境投入负担；能够承接政府剥离出来的具体治理任务，将政府从具体治理事务中解脱出来，专注于宏观与中观治理事务；能够借助市场之间的相互监督、社会监督，减轻政府环境监管负担。八是政府、市场、社会之间能够形成全面监督局面。多元治理能够打破"政府—企业"的封闭监管链条，形成开放的监督体系。政府监督市场与社会、市场监督政府与社会、社会监督政府与市场，从而形成环境监督的无缝隙、常态化监督，使环境违法行为无处遁形。

（三）政府为主导的多元治理模式的应用

应用一：政府向环保 NGO 购买环保服务

政府环境决策存在信息不完整、不真实问题；环境监管存在经费短缺、监管人员不足、对外部监管难以实现无缝隙覆盖、对内部监管难以做到有法必依等问题。此外，虽然政府有环境宣传与教育职责，但在政府环境执法尚存在困难的情况下，环境宣传与教育更是难以开展。因此，有些地方政府向 NGO 购买环保服务，通过 NGO 为政府提供环境决策信息咨询与决策建议，协助政府监管，开展环境宣教。2013 年 12 月 31 日，我国首例政府购买第三方监督协议签订，清镇市政府与贵阳公众环境教育中心签订《公众参与环保第三方监督委托协议》，对政府及相关职能部门的环境执法和辖区的第一、第二、第三产业的污染治理行为进行第三方监督。① 湘潭环保协会不仅承接政府第三方环境监督服务，还承接第三方环境宣传服务。2014 年 10 月，为治理秸秆焚烧和露天垃圾焚烧所造成的雾霾污染，市农村工作部、市城管局在人手不足的情况下，与湘潭环保协会合作开展"抗击雾霾·清洁家园·创建文明城市"工作。环保协会对 35 个乡镇、街道组织 100 多名志愿者下乡宣传 40 多次，让更多民众认识到治理雾霾的重要性，还发现随意焚烧垃圾 287 处，并进行了举报。②

应用二：政府向市场购买环境服务

2014 年 5 月，环保部已经制定了《政府采购环境服务指导意见（征求意见稿）》，征求意见工作已经完成，将于近期出台。该意见提出"政府购买环境服务将一律通过公开招标方式获得，采购对象将包括城乡生活废水、垃圾收集、处理，城乡河道水域、公园湖泊水质养护和国家公园、自然保护区养护等环保内容。同时，目前由地方政府'埋单'，正在大力建设的环境污染监测系统也将由专业的机构建设和运行"③。此外，《国务院办公厅关于推行环境污染第三方治理的意见》以及各省、直辖市的实施意见也已将上述内容包括在第三方治理的范围之内。实践中，城乡环境公用设施、环境监测、政府为责任主体的城镇污染场地、流域与区域环境治理等已经开始了政府采购的试点。此处的环境污染第三方治理属于政府为责任主体的环境污染第三方治理。在政府为责任主体的环境污染第三方治理中，存在政府、第三方治理企业、第三方环境监测机构、社会参与主体，因此属于环境多元治理。由于政府既是责任主体，又是合同相对方，因此政府居于主导地位。

应用三：政府发起的自愿性环境协议

---

① 贵阳网：《清镇市政府购买社会服务 公众参与环境监督》（http：//www. gywb. cn/content/2014－01/15/content_ 394937. htm）。

② 中国政府采购网：《湘潭环保协会晒账单 收入主要来自政府购买服务》（http：//www. ccgp. gov. cn/qyycp/fuwu/hydt/201511/t20151103_ 6077913. htm）。

③ 杜希萌：《环保部：政府将向社会公开购买环境服务》，中国日报网（http：//www. chinadaily. com. cn/hqgj/jryw/2014－05－23/content_ 11737640. html）。

自从 1964 年日本第一个实施公害防止协定以来，美国、欧洲、加拿大、澳大利亚等国家和地区相继采用自愿性环境协议（VEAs）治理环境，并收到了极好的效果。自愿性环境协议是政府、企业和（或）NGO 之间签订的协议，这种协议不属于法定的，而是意定的，目的在于改善环境质量，提高自然资源利用率。日本的公害防治协定几乎都在政府、企业和环境 NGO 之间签订，而其他国家可以三方签订，也可两方签订。自愿性环境协议有环保 NGO 发起的自愿性协议、政府发起的自愿性协议、企业发起的自愿性协议。国外的环境自愿性协议多由环保 NGO 与政府发起。比如，美国水意识合作伙伴项目有美国国际管道暖通机械协会、（美国）全国公证验证公司、美国安全保险实验室等第三方认证机构①等发起的环境自愿性协议。美国国家环境保护局"透过其总局和区域分局办事处，连同超过一万家工厂、企业、非营利机构与州和地方政府，努力于超过 40 个自愿污染预防计划和能源节约方面的工作。合作伙伴制订了自愿的污染管理目标，例如节水节能、减少温室气体、大幅度削减有毒物质的排放、固体废物再利用、控制室内空气污染和控制农药风险。环保局利用奖励的方式来回报自愿合作伙伴，例如一些重要的公众表扬项目以及能够获取最新的资料等"②。

企业自愿参加自愿性环境协议，当然也能够从中获得利益。企业可以在一定空间内依照约定自主选择具体环境治理方式，降低守法成本；可以承接环境治理、节能降耗服务，取得经济效益；可获得管理机构的信息共享、技术援助、补贴等直接激励；③ 可以提高企业的商

---

① 李赪：《通过契约实现行政任务：美国环境自愿协议制度研究》，《行政法学研究》2014 年第 2 期。

② 百度百科：《美国国家环境保护局》（http：//baike. baidu. com/link？url =_ faiw Q2VQcrP3tt5nBjv4JP9nq0toO4mHq8hWveyZhfXq0wvmvXvA46t70ess4Yr17CJqZ2vZa8DrvwuaQTt ZK）。

③ 李赪：《通过契约实现行政任务：美国环境自愿协议制度研究》，《行政法学研究》2014 年第 2 期。

誉增加用户购买，① 或者获得相关认证，实现产品增值。

　　我国的环境自愿性协议主要由政府发起，包括政府与企业签订的节能减排自愿协议、与商户签订的"门前三包"协议、与村委会签订的农村环境综合整治责任状、政府主导的环境认证方面的自愿性协议等。但自愿性协议以自愿为原则，我国目前普遍存在的节能减排自愿协议、"门前三包"协议、农村环境综合整治责任状不排除有自愿参加的，但大部分并非自愿，而是在政府的督促下签订，因此阳奉阴违的情况就难免发生。而我国政府发起的环境认证方面的自愿性协议则能得到企业的普遍响应，因为企业可以通过参加自愿性协议获得环境认证，从而实现产品增值。目前我国政府发起的环境认证主要包括：中国环境标志认证（十环认证，获得认证产品在政府采购招标时优先考虑并加 5 分）、绿色食品标志认证、节能标志认证、节水产品认证、节能环保汽车认证、建材环保标志认证、环保建材标志及绿色建筑选用产品标志认证、绿色之星标志认证、中国低碳产品标志认证等。

　　应用四：政府发起的社会共治

　　政府除向环保 NGO、市场购买环境服务，并向企业发起环境自愿性协议外，还发动社会参与共治。比如，从 2013 年年底起，浙江省启动了"五水共治"项目，具体内容包括"治污水、防洪水、排涝水、保供水、抓节水"。"五水共治"是全民参与的治水工程，政府是主导，群众是主体，企事业单位也共同参加，充分体现了政府为主导的多元治理理念。虽然政府在"五水共治"中起主导作用，但民众的参与以及环保 NGO 的参与非常广泛。自浙江衢州推进"五水共治"以来，广大民众广泛关注这一生态工程、民生工程。许多市民致电衢州两会热线 96811，主动要求参加"五水共治"志愿者队伍，为

---

① Nicole Darnall & Joann Carmin, "Greener and Cleaner? The Signaling Accuracy of U. S. Voluntary Environmental Programs", *Policy Sciences*, Vol. 38, No. 2, 2005.

"五水共治"贡献力量。① 2015 年 1 月，浙江省民政厅厅长尚清提出"让社会组织积极参与'五水共治'，政府向社会组织购买服务，激发社会组织活力，积极构建全社会参与的'五水共治'模式，推进基层治理体系和治理能力现代化"②。而上文提到的"绿色浙江"环保组织不仅参与了很多项目，而且还发起和主导了一些治水项目。

（四）市场为主导的多元治理模式的应用

应用一：企业自觉治理

虽然企业是自利性组织，但有责任感的"儒商"仍然存在。一些企业自动发起自愿性承诺或协议，主动通过单边承诺、私下协议、谈判性协议与开放性协议自觉治理企业污染。凡是主动发起自愿性承诺或协议的企业均会承诺主动接受政府及社会监督，因此属于市场为主导的多元治理模式。一是单边承诺。企业通过媒体等方式向社会承诺自觉治理污染。比如，美国杜比实验室国际有限公司就在其官网发布环保承诺，包括保护环境、开发青染料音轨、争端矿物、消除电子设备中的有害物质、电子设备回收、产品包装、合规声明、杜比实验室的回收工作等几个方面。③ 我国也存在企业的环境单边承诺，但许多企业是由政府督促通过媒体向社会作出环境单边承诺，这种单边承诺往往并非出自企业自愿。比如，临沂市"82 家重点企业通过当地主流媒体主动向社会作出环保承诺，接受社会各界监督，同时表态将进一步加强自律意识，视环保为企业生命"④。二是私下协议。私下协议是指企业主动与污染受害者、工人、当地居民、邻近企业签订环境治理方面的协议。三是谈判性协议。在美国，企业可以主动与政府谈

---

① 衢州新闻网：《"五水共治"需要全社会参与》（http：//news. qz828. com/system/2014/02/26/010760767. shtml）。

② 新华网：《让公众更好参与"五水共治"》（http：//news. xinhuanet. com/local/2015 - 06/26/c_ 127951715. htm）。

③ 杜比实验室国际有限公司：《环保承诺》（http：//www. dolby. com/cn/zh/about/environmental - commitment. html）。

④ 鲁网·临沂：《临沂深度治理工业企业大气污染　82 家企业作环保承诺》（http：//linyi. sdnews. com. cn/huanbao/201404/t20140427_ 1594272. htm）。

判签订自愿性环境协议，约定污染消减、治理时间表、自觉行动的期间，企业可不按政府环境管制要求而按约定自主选择适合的方式实现环境治理目标。

应用二：环境污染第三方治理

根据 2015 年《国务院办公厅关于推行环境污染第三方治理的意见》，环境污染第三方治理是指"排污者通过缴纳或按合同约定支付费用，委托环境服务公司进行污染治理的新模式"。根据上述意见，环境污染第三方治理主要有排污者将污染物委托给环境服务公司集中处理、排污者将自己的污染处理设施设备委托给环境服务公司运营。当然，在实践中有可能会演化为四种方式：一是集中处理方式。第三方治理企业将排污者的污染物集中起来，通过污染处理设施集中处理。二是委托运营方式。由排污者将企业的污染治理设施设备委托给第三方治理企业运营。三是投资建设运营方式。排污者缺乏污染治理设施设备或者治理设施设备无法使用、治理设施设备治理效果不好或不经济，需要新建、改建污染治理设施设备的，可由第三方治理企业投资建设与运营。四是生产技术指导方式。治理行为需要通过生产行为发生作用的，由第三方治理企业提供生产技术指导，实现治理目标。比如，农业生产主要就是通过生产行为治理环境污染。上述方式根据情况可以单独使用，也可联合运用，以达到良好的治理效果。

环境污染第三方治理本身就已形成了政府、排污企业、第三方治理企业三元治理主体，但环境污染第三方治理不仅包括上述三个治理主体。从《国务院办公厅关于推行环境污染第三方治理的意见》和各省、直辖市的实施意见来看，还包括政府委托的环境监测机构（对污染进行监测）以及社会参与主体（包括公众、环保 NGO、社区、媒体等）。环境污染第三方治理的核心是排污企业与环境服务公司之间的委托治理。因此，虽然环境污染第三方治理目前是由政府推动，但其具体实施主要依赖市场，因此环境污染第三方治理是市场为主导的多元治理。

（五）社会为主导的多元治理模式的应用

应用一：村规民约

多中心治理理论强调社会自主治理，社会自主治理是以社会为主导的多元治理模式。我国有着源远流长的社会自主治理传统，"皇权止于县政"，国家的行政权力不可能延伸到每个角落。在国家行政权薄弱的地区，只能实行社会自主治理。比如，1000多年前蓝田的《吕氏乡约》就是由乡民自行起草的乡约，既有民主选举规定，也有民主议事规则。

在环境治理方面，我国也有着乡村自治的传统与习惯。早在20世纪50年代以前，云南丽江白沙乡玉湖村就通过村中很有威望的长老组成"老民会"对当地的森林资源实现自主治理。"老民会"制定村规民约，并指定看苗员和管山员管理公山和田地，如有破坏环境资源者，就交由"老民会"依约惩罚。

当代中国的农村治理仍然保持着自治传统，根据我国《宪法》，村委会是村民基层自治组织，另外根据《村民委员会组织法》，村委会承担生态环境治理职责。因此，村委会制定村规民约实行农村环境自主治理既存在文化渊源也具有法律依据。

福建省厦门市集美区后溪镇下辖的15个行政村全部制定了"村规民约"，收到了明显的治理效果。后溪镇通过村规民约约束畜禽养殖，"对家禽家畜养殖数量、养殖方式进行约束，签订生猪禁养保证书，规范农村畜禽随意散养、污秽直排污染等行为"；通过村规民约规范农户"门前三包"行为，鼓励各户美化环境，严禁垃圾随意倾倒，保护水库、橘林、溪滩环境；通过村规民约加强生态保护，提高村民生态保护意识，"教育引导村民自觉保护河道溪流、风景林和生态公益林等生态资源，严肃对待乱砍滥伐、违规捕鱼、畜禽排泄物养鱼、污染直排等破坏生态环境行为"。后溪镇各村建立健全了经费保障与使用监管机制，成立"生态家园协会"对村规民约进行监督落实，建立由党员、生产队长为主的"五水共治"志愿者公益团队，监督村规民约的实施并负责"五水共治"宣传。[1] 除后溪镇各村制定

---

[1]　衢江新闻网：《后溪镇建生态版"村规民约"探索农村环境自治新模式》（http://qjnews.zjol.com.cn/qjnews/system/2014/08/25/018360968.shtml）。

村规民约保护农村环境外，内蒙古敖汉旗新惠镇、江苏省高邮市郭集镇盘塘村、江西省上饶县石人乡石人村、北京市昌平区南口镇长水峪村等地也都通过村规民约实现了农村环境的良好治理。

应用二：社区、环保 NGO 主导的多元治理

西方国家环境社会自治实践较为丰富，可以为我国环境社会自主治理提供可资借鉴的经验。美国的社区和环保 NGO 在环境治理方面发挥着极其重要的作用。在美国，社区可以组织政府和企业举行圆桌会议，就环境治理问题进行平等对话与协商。明尼苏达州可持续发展圆桌会议（Minnesota Round Table on Sustainable Development）就是由社区领袖、环境 NGO、30 个企业组成的，他们向州政府提交了包括治理五大湖的建议等方案。美国环境保护基金协会（Environmental Defense Fund）就曾主动与麦当劳沟通并达成合作，促使麦当劳用薄纸包装替代原有的塑料包装，既减少了污染，还减少了 70%—90% 的浪费。

英国的环境治理机构存在民办化趋势，其环境治理的具体实施一般由社会力量进行（相关中介组织、咨询和认证机构、社会团体等）。比如，英国标准化协会（BSI）、英国技术交流与咨询公司（Resource）等在环境管理体系及审核体系标准的制定、修订、咨询，协助政府推广环境标准和"生态管理和审核规则"（EMAS 规则）等方面发挥巨大作用。[①]

此外，国外环保 NGO 还积极发起自愿性环境协议，邀请企业自愿参加，有的环保 NGO 还通过环保产品认证的方式吸引企业自愿参加其制定的自愿性环境协议，从而在环保 NGO 自愿性环境协议的约束下，促进企业自觉治理污染。比如，美国的自愿性环境协议与日本的公害防止协定就可以由环保 NGO 发起。但我国环保 NGO 主导的自愿性协议较少，环保 NGO 主导的环境认证则更少。

近年来，我国社区、环保 NGO 在推动环境自治方面发挥着越来

① 夏志强、郑雅庆：《环境问题社会自治：理念、逻辑与路径》，《党政研究》2015年第 2 期。

越大的作用。根据 2005—2012 年《全国环境统计公报》，2006 年以来，江苏常州、盐城、泰州等地的"社区环保圆桌会议"在规范社区内企业环境行为方面起到了积极作用，居民、社会和企业在"社区环保圆桌会议"平台上公平博弈，既实现了"多赢"，又有效治理了社区环境。2012 年成都市成华区祥和里社区景观街的"社区环境自治协会"是由景观街沿线居民、商户与临街院落自发成立的联盟，协会通过对话与协商以及志愿者行动，有效解决了乱停乱放、下水道堵塞、噪声与油烟污染等环境问题。2005 年"北京地球村""自然之友"等 8 家环保 NGO 发起"26 度空调节能行动"，得到 51 家环保 NGO 与全国公众响应与支持，并促使国家公共建筑空调节能政策的出台。湖南"绿色潇湘""湘潭环保协会"等环保 NGO 通过组织志愿者对湘潭、长沙、株洲等地水质开展数年的监测，有效推动了湘江水环境治理。在环保 NGO 主导的多元治理中，较为典型的例子是"绿色浙江"。"绿色浙江"环保组织以宣传环保理念、倡导环保行动为主，该环保组织开展了"钱塘江水地图""寻找可游泳的河""邀请环保局长横渡钱塘江""五水共治圆桌会"等活动。"无论是在环境保护领域，还是在其他社会管理领域，现有的社会共治的案例大多数都是政府处于核心位置，其他组织和机构扮演从属角色。像'绿色浙江'这样以一个民间组织的身份主导环保领域的社会共治的案例非常少见。"[①]

二　治理失灵：环境多元治理模式的困境

虽然环境多元治理模式在国内外的实践中均取得巨大的成效，但根据公共治理理论，如同政府失灵、市场失灵一样，治理也存在失灵的情况。格里·斯托克认为治理会因以下缘由而失效：（1）与治理相关的制定政策过程这一复杂现实，与据以解说政府而为之辩护的规范相脱离；（2）各方面的责任趋于模糊，易于逃避责任或寻找替罪

羊；（3）由于对权力的依赖，以致并非原来所求，而于政府影响不良的结果愈加恶化；（4）既然有了自治网络，政府对社会应负什么责任便难以明确；（5）即使在政府以灵活方式控制和引导集体行动之处，治理仍然可能失败。①

任何事物都不可能是完美无缺的，环境多元治理模式也是如此。环境多元治理模式虽然具有政府管制模式与市场调控模式所无法比拟的优势，但也存在一定的弊端：

（一）合作 vs 竞争

环境多元治理主体存在不同的利益，虽然政府、市场、社会之间能够就共同利益达成一致，通过共同合作实现集体行动，但有时也会因利益差异性较大而出现竞争，从而导致无休止的谈判甚至权力冲突。比如，荷兰于 1995 年对 1987 年发布的土壤保护法案运用网络治理进行评估，但因利益相关者众多，治理陷入无休止的谈判，直到2003 年荷兰政府不得不出台强制性的政策函来结束这场"无休止的游戏"。在这种情况下，如果过分强调合作，就可能会掩盖紧张、冲突与危机，即使达成合作也难免出现矛盾的集中爆发；而如果过分强调竞争，则集体行动就很难达成，一些亟待解决的问题也只能长期拖延，最终要么阻碍经济发展，要么影响环境治理。而矛盾冲突的久拖不决与强制解决最终会摧毁政府、市场、社会持续的合作伙伴关系的信任基础。

（二）开放 vs 封闭

治理具有自组织性、自反身性，因此要保持治理参与的开放性。但过于开放则会引入许多机会主义者，借参与权损害共同利益，对协调的效率、伙伴关系造成恶劣影响。但如果过于封闭又可能会造成一些对环境治理产生消极作用的成员（如高污染、高能耗产业代表）退不出去，而对环境治理产生积极作用的成员（如环保产业、朝阳产业、环境 NGO 代表）进不来。就我国而言，许多环境决策多已经党

① 格里·斯托克：《作为理论的治理：五个论点》，《国际社会科学》（中文版）1999年第 2 期。

委会研究拍板，然后再走一下听证程序，将真正的利益相关者排斥在外，这种封闭式的决策虽行政效率较高，但往往会引发环境群体性事件。而在国外一些国家则往往会遭遇相反情况，由于过于开放，而造成协调效率低下，难以达成集体行动。

（三）政府权能 vs 治理弹性

政府权能依据法律、制度等刚性规则行使，而治理强调"必要的多样性"。也就是治理要根据环境客体选择不同的治理模式种类，因此要保持治理的弹性。这就产生了政府权能行使的"标准化"倾向与治理的"灵活化"倾向之间的矛盾。如果过度强调"标准化"则治理不可能得以充分实施；如果过度强调"灵活化"则政府会陷入繁杂的事务当中，行政效率就会受到影响，权能发挥就会受阻。比如，在垃圾处理场的选址方面，政府依法进行听证，属于刚性的制度行为。但政府普遍忽视听证外的公众意见征集，结果可能造成行政审批后的建设环节遭遇公众抵制。而政府如果在听证会之外与利益相关者展开充分协商，则又会造成长期拖延不决，甚至无址可选，结果造成垃圾围城，政府权能无法有效行使。

（四）效率 vs 责任

在环境多元治理中，一些环境公私伙伴关系既服务于环境公共利益又传递私有收益，因此混淆了公私差别。此种情况下，如果过度强调责任的清晰划分，往往会造成责任承担者通过回避合作避免承担责任；而如果过度强调效率则又有可能造成环境治理的市场方过度追求私益而忽视环境公共利益。目前我国开展的环境污染第三方治理就存在过度强调效率而忽视第三方治理企业责任的问题。第三方治理企业当前仅承担违约责任而不承担行政责任与刑事责任，这虽然有利于第三方治理企业积极参与环境污染第三方治理，但第三方治理企业的违法犯罪行为如果得不到追究，就难免会出现第三方治理企业为追求私益损害环境公共利益的现象。但是，如果对第三方治理企业的责任限制较多，又会走向另一个极端：环境服务公司不愿意参与环境污染第三方治理。

（五）管理 vs 治理

在环境治理中，政府既是层级的管理者，又是平权的治理者。这时就会导致管理者角色与治理者色的相互倾轧。由于政府本身就属于科层型的组织，并且对权力行使与行政效率的追求倾向要强于对治理的追求，因此治理往往被拥有严格问责程序的管理所挫败。此外，双重帽子问题还会将政府拉入遵守科层与治理双重准则和期望、对与其没有层级关系的伙伴的绩效负责、通过层级方式执行与上级政府签订的治理合约等困境，最终管理不像管理，治理不像治理，问责被软化，治理被硬化。

（六）政府 vs 市场 vs 社会

在环境多元治理中，政府希望提高行政效率，以最短的时间进行环境决策，以最低的财政投入、最少的政府责任、最不影响经济发展的环境决策实现其环境治理目标，因此更倾向于对市场进行层级式监管并排斥社会过多参与；市场方希望提高经济效益，以最短的时间进行环境决策，以最少的监管与监督、最低的投入、最少的企业责任、最不影响经济发展的环境决策治理环境，因此排斥政府监管与社会参与；社会方希望实现其环境权，因此希望政府、市场在环境决策与执行环境决策时充分吸纳社会参与，并接受社会的监督，因此希望以最充分的协商、最大的环境治理投入实现环境治理。所以，政府与社会都希望对企业监管与监督多一些，而企业则希望监管与监督少一些；政府与市场都希望环境决策快一些，而社会则希望环境决策要慢一些，以便展开充分协商；政府与社会都希望市场环境治理投入多一些，而市场则希望市场投入少一些；市场与社会都希望政府环境投入多一些，而政府则希望财政投入少一些；在出现责任承担时，政府希望市场担责任，市场希望政府担责任，社会希望政府与市场均要承担责任；在环境决策影响经济发展时，政府与市场希望将经济放在首位，而社会则希望将环境放在首位。因此，政府、市场、社会三者在环境决策与决策执行中的矛盾与冲突就在所难免。而许多矛盾冲突中，均存在两两联合打击第三方的可能。所以，如果不能通过一种平衡三方利益的机制公平解决矛盾与冲突，这种双方联合打击第三方所形成的环境决策实质上已经违背了环境治理的初衷。

环境多元治理模式虽然优势大于弊端，但上述弊端如果不能得到有效解决，必然会发生治理失灵的现象。比如，在权力发生冲突时，地方政府出于发展经济的需要，最容易与市场形成联盟，对社会环境诉求进行打压；而在政府、市场、社会在环境治理目标难以达成一致时，许多问题就会久拖不决，很难形成集体行动方案；而在目前推行的环境污染第三方治理中，责任的划分困境已经成为现实问题。所以，环境多元治理模式难以避免治理失灵，政府必须承担起元治理与环境善治的责任，才能有效解决治理失灵问题。

三 环境治理理论的发展：环境元治理与环境善治

环境治理理论在实践中运用，形成了环境多元治理模式。而环境多元治理模式在实施过程中却遭遇了治理失灵这一困境。为了解决环境治理失灵问题，产生了环境元治理与环境善治理论，从而进一步发展了环境治理理论。环境元治理与环境善治理论是公共治理理论中的元治理理论与善治理论在环境治理中的运用。

（一）环境元治理理论

虽然治理理论是在对政府失灵和市场失灵进行反思的基础上形成的替代性理论，但治理理论过分夸大了市场与社会的作用。如上文所述，治理模式也存在诸多弊端，如同政府管制模式的政府失灵和市场调控模式的市场失灵一样，治理模式同样也会出现治理失灵。治理的核心是通过谈判与反思制定治理目标，并通过谈判和反思调整治理目标。因此，当各治理主体对原治理目标发生争议，又无法重新界定新的治理目标时，治理就会失灵。

面对治理失灵，学者们开始反思治理理论，并对治理理论进行修正。英国著名政治理论家杰索普于 1997 年提出元治理（metagovernance）理论。杰索普将元治理描述为"治理的组织条件"，涉及"对科层治理、网络治理和市场治理的重新交接和组合，以获得较好的协调效果"。"元治理不可混同于建立一个至高无上、一切治理安排都要服从的政府。相反，它承担的是设计机构制度，提出远景设想，它们不仅促进各个领域的自组织，而且还能使各式各样自组织安排的不同目标、空间和时间尺度、行动以及后果等相对协调。"① 路易斯·慕利门对元治理的界定是 "一种产生某种程度的协同治理的手段（方法），通过设计和管理科层治理、市场治理、网络治理三种治理模式的完美的组合，以期实现对公共部门机构的绩效负有责任的公共管理者（元治理者）来说是最好的后果"。②

元治理理论是治理理论的延伸，旨在克服治理理论社会为中心的弊端，将政府请回治理中心位置。但这并非回归 "国家中心论"，不是让国家重新拥有至高无上的权力，而是让国家承担责任。因此政府不能是治理中的 "长辈"，而是治理中 "同辈中的长者"。由于政府、市场、社会各自有各自的利益和偏好，针对复杂的治理问题，任何单一的治理模式都无法有效解决，需要三种治理模式的协调与合作。但三种治理模式协作并非简单相加，如果处理不好，就会出现政府、市场、社会之间相互倾轧，产生 $1+1<2$ 甚至 $1+1<1$ 或为负的后果。所以政府应针对具体治理问题选择合适的治理模式，并提供规则保障，明确何种领域政府应当 "出手"，何种领域政府应当 "收手"，并保证及时根据情况引入其他治理模式辅助、共振，或直接切换到其他治理模式。所以政府并不是武断地将管制凌驾于其他治理模式之上，而是在尽可能服从市场与社会治理模式的基础上进行调适，实现 $1+1$ 远大于 3 的效果。

政府在元治理中要承担以下职责："为治理提供基本规则；确保不同的治理机制和规制的兼容性；调配部署相对垄断的组织情报和信息，形成认知期待；作为治理产生出来的争端的 '上诉法庭'；为了社会凝聚力，通过加强较弱的势力来平衡权力差异；搭建不同策略环境，修改个人和集体活动者的身份、策略能力及其对自身利益的理解，以改变其偏好策略和战术对其自身的影响；在治理失灵时承担政

---

① Jessop B. , "The Rise of Governance and the Risk of Failure: the Case of Economic Development", *International Social Science Journal*, Vol. 50, No. 155, 1998.

② Harsh Mander, Mohammed Asif, *Good Governance* Trans. and Etd. by Action Aid International, Intellectual Property House, 2007, p. 38.

治责任。"① 此外，政府还应当发挥治理体系中的召集人、协商议程的制定者、各方利益博弈的"平衡器"作用。

根据元治理理论，我国学者结合我国的情况对环境元治理进行了探讨，比如，李澄的《元治理理论与环境治理》一文和唐任伍、李澄的《元治理视阈下中国环境治理的策略选择》一文对环境元治理理论进行了较为翔实的论述。主要包括以下内容："发展元治理理论，强化自治理，强调与政府权力相对应的责任，即政府运用手中的权力，承担起有效选择和协调各种治理模式'共振'，防止治理模式之间的互相倾轧，通过保持必要的多样性增加治理的弹性以应对环境治理这个复杂系统的责任。首先，将政府定位在'同辈中的长者'，意指政府的层级治理与市场治理和社会网络治理之间的关系是平等的，政府不能也不可能介入环境治理的全部环节；在平等的基础上政府要起到带头作用，运用法律法规，通过强制力达成环境治理模式的共振。其次，强调市场配置资源的决定性作用。政府要加强制度建设，为市场经济运行创造良好的外部环境，维护市场运行秩序，促进竞争，使市场的成本—收益机制得以有效运行，以此引导资源和技术在市场中的流向。再次，政府在促进公众参与的同时要适当鉴别和明确利益相关者，避免参与对象缺乏代表性和广泛性，同时注意杜绝环境相关政策的利益集团主导以及'一言堂'现象，畅通诉求表达机制和完善矛盾化解调处机制。最后，环境治理的政策制定要科学、明确、具体、细化。"②

总体而言，环境元治理要求"一个前提、两大原则、三项任务"。"一个前提"是指环境元治理要以政府承担环境治理责任为前提，政府承担环境治理的总体责任以及与其职责相对应的各项具体责任，从而避免政府参与各治理主体之间责任的互相推诿与扯皮。治理不好，无论如何政府均难辞其咎。"两大原则"是指平等原则与强制原则，

①　李澄：《元治理理论与环境治理》，《管理观察》2015 年第 24 期。

②　唐任伍、李澄：《元治理视阈下中国环境治理的策略选择》，《中国人口·资源与环境》2014 年第 2 期。

平等原则是指政府管制模式与市场调控模式、多元治理模式一律平等，政府应当是"同辈中的长者"，不能凌驾于市场与社会之上；强制原则是指在上述模式出现冲突时，政府应当依法强制选择治理模式或者进行治理模式之间的搭配以实现治理模式的共振，并对环境违法犯罪及时制裁。"三项任务"是指政府应当承担起有效选择与协调各种治理模式的任务；充分发挥市场在环境治理中的积极作用并对其负面作用予以规制的任务；处理各治理主体之间环境纠纷的任务，一言以蔽之，就是治理、强制、纠纷解决。

（二）环境善治理论

党的十八届四中全会决定提出"法律是治国之重器，良法是善治之前提"。"善治"首次出现在中央全会层次的文件中。善治理论是为解决治理失灵而出现的治理理论，善治的现实基础是公民社会。随着民主化进程的推进，政治权力日渐从政治国家回归于公民社会。公民社会的日益壮大推动着善治理论的发展。于是，20世纪90年代，善治理论与实践蓬勃兴起。

善治与善政在我国有着深远的文化渊源，我国学者俞可平在借用西方 good governance 与中国善政善治的基础上，将中西含义相结合，形成了完善的善治理论。俞可平对善治的理解并不局限于好政府层面的善政，而是将其放大到整个社会的良好治理；包括民主法治，但超越民主法治；在中国语境中，善政仍是善治实现的关键。

善治本质上是政府与公民对公共事物的合作管理，是国家权力向社会之回归，是还政于民的过程，是政府与公民的良好合作。善治的主体不一定是政府，也无须国家强制力为后盾保障其实现；善治强调政府与社会的合作与相互依赖关系，政府把原来由其独担的责任越来越多地转移给各私人部门和社会组织；善治是上下互动的过程，与自上而下的统治不同；善治有着多元的管理方式与管理手段，而不仅限于政府权力手段。

在善治要素上，法国学者玛丽·克劳斯·斯莫茨提出四要素说：（1）公民安全得到保障，法律得到尊重，特别是这一切都须通过法治来实现。（2）公共机构正确而公正地管理公共开支，亦即进行有效的行政管理。（3）政治领导人对其行为向人民负责，亦即实行责任制。（4）信息灵通，便于全体公民了解情况，亦即具有政治透明性。①我国学者俞可平提出十要素说，包括：合法性、法治、透明性、责任性、回应、有效性、参与、稳定性、廉洁、公正。②

　　善治理论之所以能够解决治理危机，主要是因为善治是治理的衡量标准与价值取向。善治是结果和目标上的"良好治理"，也是治理方式与过程上的"良好治理"。也就是说善治为治理的结果与目标、方式与过程制定了标准，如果治理符合这些标准，则治理就会减少失灵的概率。如果治理能够达到善治的各项要素所要求的标准，则治理几乎没有任何理由出现失灵。

　　为了解决环境治理失灵的问题，环境善治理论得到了国际上的普遍的认可。1987 年 4 月世界环境与发展委员会正式出版了《我们共同的未来》，环境善治（good environmental governance）广为知晓。1992 年里约热内卢地球峰会通过的《21 世纪议程》正式采纳环境善治理念。2002 年，南非约翰内斯堡"可持续发展世界首脑峰会"（WSSD）《可持续发展世界首脑会议实施计划》强调促进形成公私合作伙伴关系（PPP），推进环境善治进程。2003 年联合国开发计划署（UNDP）、联合国环境规划署（UNEP）、世界银行和世界资源研究所（WRI）等机构为环境治理与环境善治作出了权威的定义。如何进行环境决策，谁来决策，这一过程叫作环境治理。环境善治则指政府部门、企业部门和公民社会部门（civil society sector）根据一定的治理原则和机制进行更好的环境决策，并力求环境绩效、经济绩效和社会绩效最大化和可持续性，公平和持续地满足生态系统和人类的目标要求。其中三大部门是环境利益的所有相关者的集合体，即指环境治理

---

　　①　［法］玛丽·克劳德·斯莫茨：《治理在国际关系中的正确运用》，《国际社会科学杂志（中文版）》1999 年第 1 期。

　　②　俞可平：《增量政治改革与社会主义政治文明建设》，《公共管理学报》2004 年第 1 期。

结构（environmental governance structure）。善治就是政府、市场和公民社会组织之间的良性互动、合作博弈的过程。善治的原则在于法治（rule of law）、合法性（legitimacy）、公平性（equity）、透明性（transparency）、责任性（accountability）、参与性（participation），等等。①

善治在政府治理方面表现为善政。如果对上述学者善治理念予以归纳，并运用于政府治理，则一个符合善政标准的政府应当是：法治政府（合法性、法治、廉洁、公正、法律得到尊重、稳定性②）、透明政府（透明性、信息灵通）、责任政府（责任性、向人民负责、公民安全得到保障）、服务型政府（参与、回应、有效性、公民安全得到保障、稳定性③）、有限政府（参与性、回应）。因此，当前我国所提的法治政府、透明政府、责任政府、服务型政府、有限政府理念其实就充分体现了政府的善政标准。要实现环境善治，就必须加强法治政府、透明政府、责任政府、服务型政府与有限政府建设。

第三节　政府环境责任：环境治理失灵的破解

元治理是从政府角度破解治理失灵，善治虽不仅仅从政府角度破解治理失灵，但基于善政是善治的重要内容，因此要破解治理失灵，还必须推行善政。而从政府角度破解治理失灵，就必须从元治理与善政两个方面进行。明晰政府环境责任，既可以保障环境元治理的实现，也可以保障政府环境善政的实现，从而有效解决环境治理失灵问题。

---

① 朱留财：《应对气候变化：环境善治与和谐治理》，《环境保护》2007 年第 6 期。

② 稳定性体现为政策的连贯，而政策上升为法律，依法执政而不是依多变的政策执政，是保障公共政策连贯的重要手段。

③ 稳定性体现为和平、生活有序、居民安全、公民团结，这些都是服务型政府应当提供的。

一　政府环境责任可以有效保障环境元治理实现

由于元治理理论的宗旨并不是让政府回归到最高权威的位置，而是让政府承担责任。因此环境元治理的关键就是以元治理的要求明确政府的环境责任，从而通过政府环境责任的行使，保障环境元治理的实现，避免治理失灵。

首先，政府承担环境治理总体责任，可以避免政府将治理失灵推给其他治理主体。元治理要求政府承担治理的总体责任，以避免政府将治理失败的总体责任推给其他治理主体。也只有将环境治理总体责任让政府承担，政府才会畏惧责任追究，切实履行其他各项次级环境治理责任，从而确保环境治理不会滑向失灵的边缘。

其次，政府承担治理模式的选择与搭配的责任，可以实现各治理模式排列组合优势的发挥。元治理尊重各治理模式的优势与长处，同时也深知各治理模式均存在缺点。所以，元治理要求政府将各治理模式配备在其擅长的领域，并通过其他治理模式的搭配避免其在擅长的领域出现的一些缺点；另外，在某一治理模式出现严重问题时，政府应当马上为其配备其他治理模式辅助，或者强制切换成其他治理模式。而在各治理模式之间的排列组合上，只有政府能够拥有足够的权力，其他治理主体均不能胜任。因此，政府承担各环境治理模式选择与搭配的责任，能够针对不同环境治理问题对环境治理模式进行排列组合，发挥各治理模式的优势，避免单个治理模式的缺陷，从而避免环境治理失灵的发生。

再次，政府承担对各环境治理主体的监管责任，并在环境治理主体违法时运用职权进行制裁。环境治理是多元治理，每个治理主体既承载着共同利益，同时也都有各自的利益，因此违法现象难以避免。所以元治理要求政府要监管各治理主体，并对违法者进行制裁。这就是前文提到的政府在元治理中的强制作用。只有政府拥有国家强制力，因此，对环境治理主体的监管与制裁只能由政府负责，从而确保各治理主体不会因一己之私利而损害环境治理，避免因各治理主体违法所造成的环境治理失灵。

最后，政府应当承担协调与裁决多元治理主体争端的责任。市场与社会在环境治理中往往是尖锐对立的双方，难以避免会发生冲突。因此，在市场与社会之间只有政府能够保持中立。因为政府既承担经济发展职责，也承担维持社会稳定，促进社会公平的职责。所以，协调与裁决多元治理主体争端的责任就落在政府身上。但政府往往出于GDP与财政目标倾向市场，因此在政府的裁决当中，应当有多元主体尤其是社会主体参加。但裁决由政府负责，可以赋予裁决法律效力，因此具有更强的可执行性。而其他主体就不具有此种优势。所以，协调与裁决多元治理主体争端的责任应当由政府承担。政府承担协调与裁决争端的职责，可以避免在环境治理中各治理主体矛盾激化，从而丧失信任基础，出现合作治理困境，导致治理失灵。另外，与诉讼解决方式相比，政府裁决具有方便快捷、低廉高效的特点，可以避免治理主体限入旷日持久与激烈对抗的诉讼，影响治理效率，损害治理的信任基础。

二 政府环境责任可以有效保障环境善政实现

环境善政要求政府必须是法治政府、透明政府、责任政府、服务型政府、有限政府。而法治政府、透明政府、责任政府、服务型政府、有限政府的建设又能够充分保障环境善政的各项标准得以实现。第一，从法治政府的角度讲。法治政府就是要将政府的权力纳入法治轨道，严格依法行政。这就确保了在环境治理中不会因政府的意志而随意改变各治理主体共同遵守的规则，政府不得随意侵犯市场与社会的权利，从而使环境治理保持良好的有序状态，政府与市场和社会的矛盾冲突也会因政府依法行政而大幅度减少，彼此之间能够建立良好的协作关系。此外，在纠纷解决上，法治政府能够依法解决纠纷，而不是凭随意变更的政府意志解决纠纷，对各治理主体均有极大的公信力，能够避免治理陷入"谁对谁错"的无休止争论当中，影响治理效率与彼此信任。第二，从透明政府角度讲。政府信息公开可以监督政府在环境治理中依法行政，避免官商勾结与腐败现象发生；可以促进各治理主体对政府的理解与支持，促成共同行动的达成；可以为各治理主体提供权威可靠、全面翔实的治理信息，确保各治理主体根据正确的信息作出有效的治理决定。第三，从责任政府的角度讲。政府对环境治理负总责才能避免政府各次级职责失责的可能；政府各次级职责的充分履行才能真正发挥政府在环境治理中的作用；才能为各治理主体起到率先垂范的作用，唤起各治理主体的责任意识，从而形成各负其责，各司其职的局面。第四，从服务型政府角度讲。只有政府将提供环境公共产品当成一种服务，而不是将环境治理当成管理，才能有效提升政府环境服务质量；只有政府以服务的心态与各治理主体协作，才能减少各治理主体的抵制，换起各治理主体的共鸣；也只有以服务的标准开展工作，才能根除政府的"官本位"思想，提升环境治理效率。第五，从有限政府的角度讲。政府只有"有所为，有所不为"才能做好该做的事，将自己不该做的以及做不好的事，而市场与社会又能做好的事交给市场与社会去做；才能充分调动市场与社会的力量参与环境治理，合力治理环境。政府只有实现向法治政府、透明政府、责任政府、服务型政府、有限政府转变，才能充分实现环境善政的标准，确保环境多元治理不会失灵。

本章小结

随着人类工业化进程的加快以及石油化农业的普及，人类面临日益严峻的环境问题。为了解决环境问题，基于公共物品理论、委托代理理论、公共选择理论、责任政府理论产生了环境政府管制模式。但政府管制模式存在诸多弊端，出现了政府失灵。为了解决政府失灵问题，出现了市场调控模式。但市场调控模式同样也会出现市场失灵，甚至政府、市场双失灵。在政府与市场双失灵的情况下，环境治理理论登上历史舞台，发展出环境互动治理理论、环境协同治理理论、环境契约治理理论等新的环境治理理论。这些环境治理理论在环境治理实践中的应用形成了环境多元治理模式。但治理理论也不是解决环境问题的灵丹妙药，也会出现治理失灵的问题。为了解决治理失灵，产生了元治理理论与善治理论。而元治理理论与善治理论在环境治理领域的运用，形成了环境元治理理论与环境善治理论。环境元治理理论与环境善治理论要求将政府请回治理，并让政府承担起治理责任。而通过环境元治理理论与环境善治理论设计的政府环境责任反过来又能确保环境元治理与环境善治的实现，从而有效避免环境治理失灵。

第三章

政府环境责任理论基础

第一节　政府环境责任的概念界定

根据《现代汉语词典》，责任包含两个相互联系的词义：一是分内应做的事；二是没有做好分内应做的事，因而应当承担的过失。[①]第一个含义"分内应做的事"应当理解为个人或组织所应承担的职责，也是第一性义务或称第一性责任。而第二个含义则应指未尽到职责所应当承担的不利后果，是一种第二性义务或第二性责任。根据"责任"这一上位概念，"环境责任"就是指在环境保护方面，个人或组织承担的职责，以及未尽职责所应承担的法律责任；而"政府责任"就是指政府、政府职能部门、执行公务的人员的职责，以及未尽职责所应承担的法律责任。

就政府环境责任的界定而言，我国学者主要有以下几种观点：

一是以著名环境法学家蔡守秋为代表的观点，认为"政府环境责任，是指法律规定的政府在环境保护方面的义务和权力（合称为政府第一性环境责任）及因政府违反上述义务和权力的法律规定而承担的法律后果（简称政府环境法律责任，也称政府第二性环境责任）"[②]。这种观点仅将政府环境责任限定在法定范围内，必然会减少和限制政府环境责任的范围（比如，约定责任、单边承诺的责任等）。另外将

[①]　中国社会科学院语言研究所词典编辑室编：《现代汉语词典》，商务印书馆 2002 年增补本，第 1574 页。

[②]　蔡守秋：《论政府环境责任的缺陷与健全》，《河北法学》2008 年第 3 期。

权力与第二性责任直接关联则并不符合逻辑。政府环境权力又称政府环境职权，这种职权不能放弃，不能转让，因此也是职责。而只有职责才能与第二性责任进行直接关联。此种定义也未就政府责任主体进行细分，而只是笼统地称为政府。

二是以钱水苗等学者为代表的观点，认为"政府环境责任是指中央和地方各级人民政府以及执行公务的人员，根据环境保护的需要和政府的职能定位所确定的分内应做的事，以及没有做或没有做好分内应做的事时所要承担的不利后果。积极层面的政府环境责任包括：提供环境公共产品（服务），在各项决策过程中执行环境影响评价，公开环境信息。消极政府环境责任主要是行政问责制，行政问责制可以概括为追究消极政府责任的一系列的制度总和"[1]。这种观点对政府责任主体进行了细分，包括中央政府与地方政府以及执行公务的人员，但未将相关职能部门包括在责任主体范围内。此种定义将消极政府环境责任界定为问责制是对政府环境责任的误读。因为问责制是追究法律责任的制度与机制，并不是第二性的责任。

三是以邓可祝为代表的观点，认为"政府环境责任包括两个方面：一是指政府的环境职责，即在权力运行过程中所负有的保护环境和公众环境权益的义务；二是指政府的不利后果，即政府没有尽到环境职责而承担的相应否定性法律后果"[2]。该学者在对政府环境责任中的政府作进一步界定时，将其界定为行政机关，并将公务员的环境责任包括在内，在责任主体上比较全面。在政府承担的不利后果上该学者将其限定为否定性法律后果，也就是法律责任，比较有可操作性。

在责任主体的界定上，将政府界定为政府和相关职能部门比较适宜，其中政府包括中央政府及地方政府（不包括广义政府中的权力机关与司法机关）；相关职能部门是指承担环境职责的职能部门。在第

---

[1]　钱水苗、沈玮：《论强化政府环境责任》，《环境污染与防治》2008 年第 3 期。
[2]　邓可祝：《政府环境责任的法律确立与实现——〈环境保护法〉修订案中政府环境责任规范研究》，《南京工业大学学报》（社会科学版）2014 年第 3 期。

一性责任的责任主体上，虽然公务人员也是责任主体，但公务人员的环境职责是政府内部管理事宜，不宜涉及。在第二性责任的承担上，行政机关可承担政府环境宪法责任、行政责任、民事责任与刑事责任；在政府环境宪法责任与行政责任的承担上，行政首长既代表行政机关承担责任，同时也是对其个人的法律责任的追究；在政府环境刑事责任的承担上，由于大部分学者反对行政机关承担刑事责任，所以行政机关的环境单位犯罪较少，主要由公务员承担，但也存在少部分政府环境单位犯罪，实行双罚制；而对行政首长之外的公务员的行政责任的追究，则属于行政机关内部事务，不宜涉及。鉴于个人第二性法律责任的复杂性，在概念中不宜涉及，可在具体政府环境法律责任中适用具体的规则。在政府环境第一性责任上，并不以法定责任为限，约定责任也可产生政府环境第一性责任；而在第二性责任上，出于法律责任的可操作性，道德责任难以追究，而学界所探讨的政治责任又多涉及宪法责任，因此应严格限定在法律责任上，以确保其可追究性。综合上述分析，政府环境责任是指政府及环境监管职能部门在环境保护方面所承担的环境职责以及未尽环境职责所应承担的法律责任。

第二节　政府环境责任的理论依据

一　公共物品理论

公共物品是公共使用或消费的物品，是与私人物品相对应的概念。公共物品根据竞争性与排他性可以分为三类：第一类是纯公共物品，在使用或消费时具有非竞争性与非排他性特征。这种纯公共物品不因使用或消费者的增多而增加边际成本，因而具有非竞争性；任何人都可以消费和使用，因而具有非排他性。比如，国防和灯塔。但纯公共物品非常少。第二类是俱乐部物品，虽不因使用或消费者的增多而增加边际成本，单个会员的使用或消费并不减少其他会员的使用或消费，但可以轻易做到排他。比如，收费高速公路、电影院。第三类是公共池塘资源物品，在使用与消费上有竞争性，却无法做到排他。①

根据公共物品的分类，环境天然物公共物品可以分为：第一类是纯环境公共物品，如阳光和大气等，此类环境公共物品同时具有非排他性和非竞争性；第二类是俱乐部环境物品，如森林公园、海滨浴场，其消费上具有非竞争性，但可轻易做到排他；第三类是公共池塘资源环境物品，如水资源、草原等，其在消费上有竞争性，但很难有效排他。其中第二类与第三类也可称为准环境公共物品。由于人类活动，纯公共物品会受到污染和破坏，比如，臭氧层破坏、雾霾造成的大气污染与采光不足等。此外，环境准公共物品（俱乐部物品与公共池塘资源物品）也有拥挤的特征，"即当消费者的数目增加到某一个值后，就会出现边际成本为正的情况，而不是像纯公共物品，增加一个人的消费，边际成本为零。准公共物品到达'拥挤点'后，每增加一个人，将减少原有消费者的效用"②。

除了环境天然物公共物品外，还有由人类创造的环境公共物品："第一类是实物性的公共物品，比如，防洪工程、污水处理设施；第二类是精神性的公共物品，如环保制度、理想和绿色文化；第三类是信息，由于信息本身可以复制，在不考虑知识产权和专利的情况下，具有共享性，是纯粹的公共物品，比如，环境预测、政府提供的环境统计报告等。"③

由于市场的负外部性与"公地悲剧"的发生，学者们开始认识到产权理论存在无法界定环境这一无主财产的缺陷，开始展开对环境的公共物品属性方面的研究，并将环境公共物品作为"共有财产"委托政府生产、提供、分配、监管，形成了环境政府管制模式，由此政府承担了代理民众生产、提供、分配、监管环境公共物品的责任。但随着政府失灵，政府开始借助市场治理环境，形成环境市场调控模式，最终由于政府与市场双失灵，形成了目前的环境多元治理模式。

---

① 360百科：《公共物品》（http://baike.so.com/doc/612425-648439.html）。
② 陈喜红：《我国环境公共物品供给模式探讨》，《研究探索》2006年第9期。
③ 同上。

在环境多元治理模式下，政府承担提供、监管和部分分配环境公共物品的责任，并对辖区内的环境质量负总责；政府退出环境公共物品生产领域，将环境公共物品的生产、部分环境公共物品的分配、对环境公共物品的生产、提供、监管的监督交给市场与社会。

二　委托代理理论

委托代理理论在环境治理方面又被称为"环境公共委托论"和"环境公共财产论"理论。美国密执安大学萨克斯教授认为"对于空气、阳光、水这些人类的'公共财产'，任何人不能任意对其占用、支配和损害。为了合理保护这些人类共有财产，全体人民可以委托国家来管理"①。此种理论解决了环境这一公共物品的无主状态，将其作为全体国民的"共有财产"委托给国家管理，由此国家必须作为全体国民的受托人积极履行环境责任。"人民是国家的主人，公共权力来自人民的授权和认可，政府理所当然地应为人民的利益而负责任地履行自己的职责。人民与政府之间的这种授权与被授权关系，实际上是一种委托代理关系。人民与政府的委托代理关系存在着使政府失责的可能。"② 因此，全体国民应当对国家这一代理人进行激励与约束以确保其尽职尽责。当国家这一代理人违背全体国民这一委托人的利益而追求其政府利益、部门利益、公务人员个人利益，或者不履行、消极履行、不适当履行委托事务时，政府、政府部门及公务人员就要受到法律的制裁，承担法律责任。

三　公共选择理论

公共选择理论是将经济学引入政治学研究当中，形成了当代经济学领域中相对较新的理论学说，主要包括三个要素：经济人假设、交

---

① 卫益锋：《〈环境保护法〉中政府环境责任问题研究》，硕士学位论文，西南大学，2014 年。

② 周晓丽、毛寿龙：《责任政府：〈理论逻辑与制度选择〉》，《河南大学学报》（社会科学版）2008 年第 4 期。

换政治学、方法论的个人主义。首先，公共选择理论将政府视为"经济人"。公共选择理论是以"经济人"假设为前提研究政治领域中的"经济人"如何决定与支配集体行为。基于"经济人"假设，政府中的组织与个人在政治决策时，都会在与其他组织和个人发生利益关系时选择自身利益最大化的方案。"政府及其公务人员也具有自身的利益目标，其中不但包括政府本身应当追求的公共利益，也包括政府内部工作人员的个人利益，此外还有以地方利益和部门利益为代表的小集团利益，等等。政府部门及其代理人也存在追求自身权益最大化的问题。"① 政府既承担着经济管理的职责，也承担着环境管理的职责。如果不对政府的环境管理职责匹配相应的环境法律责任，政府就会盲目追求经济发展，以追求其利益最大化，从而忽视环境管理；部门、小集团及公务人员个人也会利用手中的环境权力以权谋私。其次，公共选择理论将政治视为一种交易过程。公共选择理论运用新古典经济学对政治过程进行分析，并由此认为政治与经济市场一样，均是一种交易过程。由于政府是"经济人"，政府就会拿手中的权力进行选票与政策的交换、制度交换等，从而形成政治市场。如果不对政府的环境职责匹配相应的环境法律责任，政府权力就会被异化为商品，政府就会出现决策失误、效率低下、消极怠工、权力腐败等问题，其环境管理能力就会大打折扣。因此，应当"打破政府在政治决策中的垄断地位，让企业、非政府组织等公共物品的提供者积极参与到公共事务治理过程中，以多元主体为决策中心，通过共同竞争促进治理效益的提高"②，并为政府环境职责匹配相应的环境法律责任。

四　环境权理论

环境权是在"人权"理论、代际公平理论和公共信托理论的理论

---

① 黄锡生、邓禾：《行业与规制：建设"两型社会"法制保障研究》，科学出版社2010年版，第68页。

② 史越：《跨域治理视角下的中国式流域治理模式分析》，硕士学位论文，山东大学，2014年。

基础上提出来的。1960 年，西德一位医生向欧洲人权委员会就向北海倾倒放射性废物问题提出控告，认为该行为违反《欧洲人权条约》，引发了应否将公民环境权纳入欧洲人权清单的大讨论。1970 年国际社会科学评议会在东京召开"公害问题国际座谈会"并发布《东京宣言》，明确提出公民环境权的要求。1972 年联合国人类环境会议发布的《人类环境宣言》第 26 条宣告："人类有权在一种能够过尊严的和福利的生活环境中，享有自由、平等和充足的生活条件的基本权利，并且负有保证和改善这一代和世世代代的环境的庄严责任。"环境权提出后，受到《东京宣言》《人类环境宣言》《欧洲自然资源人权草案》（《世界人权宣言的补充》）《非洲人权宪章》《美洲人权公约》的确认，许多国家和地区也通过立法确认了环境权。比如，西班牙、智利、葡萄牙、土耳其、厄瓜多尔、尼加拉瓜、韩国、巴西、匈牙利等国先后在宪法中确认环境权，截至 2008 年，已有 53 个国家通过宪法确认了环境权。①

环境权包括公民环境权、企业环境权、国家的环境管理权三个部分。其中公民环境权包括环境资源利用权、环境状况知情权、环境侵害请求权等；企业环境权与公民环境权并无二致，只不过更注重环境资源利用权、环境状况知情权；公民环境权与企业环境权是私法意义上的环境权，而国家环境管理权是公法意义上的环境权。国家的环境管理权同时也意味着国家的环境义务，包括"政府应当保证公众享有环境权、政府应采取一定的行为来实现公民的环境权、政府承担没有保证和提供良好环境权的不利后果"②。因此，从国家环境管理权这一环境权的意义出发，环境权就决定着政府应当承担环境职责以及由此引发的环境法律责任。

五　责任政府理论

责任政府理论分为传统的责任政府理论与现代的责任政府理论。

---

① 吴卫星：《环境权入宪之实证研究》，《法学评论》2008 年第 1 期。

② 邓可祝：《政府环境责任研究》，知识产权出版社 2014 年版，第 84—85 页。

1829 年英国在关涉加拿大问题的政治辩论中首次出现"责任政府"（responsible government），此后，英属北美宪法改革人士一再提出："英国政府应该接受'责任政府原则'（the principle of responsible government）。"① 但英国则认为英国早就存在责任政府原则，比如，《杜尔汉报告》（*Durham Report*）称责任政府原则是英国宪法原则之一；1839 年，杜尔汉勋爵称英国很早以来就将责任政府原则视为英国宪法不容争议和实质性的一部分。此后的讨论日益深入，并促成了传统责任政府理论的发展。

传统责任政府理论的基本观点主要包括："第一，议会的信任构成政府的执政资格。第二，政府一旦在议会的重大表决中失败，即视为政府丧失议会的信任。政府即应辞职，或提请国王解散议会，组织议会选举，以问信于民。第三，政府对议会负责，而负责方式主要指向议会报告工作，和在丧失议会信任后辞职。第四，内阁必须团结一致，接受首相控制。第五，政府采用两种形式对议会负责，即政府集体负责制和大臣个人负责制。第六，文官不对议会负责。"②

传统的责任政府理论此后又有新的发展，比如，维尔丁等学者指出："按照近代的说法，责任政府至少可以有三种解释。第一，它指回应民意的政府。在这个意义上，它可以用来将承认自己有义务征询公众意见的民主政府与使个人权利服从铁板一块的国家的极权主义政府区别开来。第二，这个术语指关于公共职责和道德责任的那些概念。很少有人否认政府的首要职责是使统治服从国家利益，当国家利益与公众意见陷入冲突时，前者必须占先……第三，责任政府这个术语还意味着政府及各位部长对民选议会所负有的责任，这是今日实行议会制的各国通行的一个用法。"③ 维尔丁第三种意义上的责任政府便是传统责任政府理论。也就是政府享有决策权，可以通过法律制定

---

① A. H. Birch, *Representative and Responsible Government—An Essay on the British Constitution*, Toronto: University of Toronto Press, 1964, p. 132.

② 蒋劲松：《传统责任政府理论简析》，《政治学研究》2005 年第 3 期。

③ N. Wilding and P. Laundy eds, *An Encyclopaedia of Parliament*, Cassell&Company Ltd., 1972, pp. 645 – 646.

确定政府工作目标或标准，政府对议会负责，议会通过与政府辩论、质询与不信任案追究政府责任。但传统责任政府理论存在两方面的问题：一是将责任政府等同于政府向议会负责，忽视了政府向选民负责的终极目标；二是将英国责任政府等同于责任政府全部，而英国是熔权制、美国是分权制、法国是半总统制（总统制与责任内阁制的混合），各国政体不同，不能一概而论。

责任政府理论是一个差异化较大的理论，不同的国家、不同国家在不同时期、不同的学者对其理解都会存在差异。就我国而言，有学者从政治学角度理解责任政府，认为广义上的责任政府是指政府对公民依法提出的合理要求均应依责任去满足或回应；狭义上的责任政府则指政府对法定职能负有执行责任，并在违反的情况下承担法律责任。① 有学者从行政法学角度论证责任政府，认为责任政府是承担行政法律责任的政府，应对其行政活动负责任，其关键是在设定行政权力时同时匹配相应的责任，违法行政必须担责。有学者从公共行政学角度主张责任政府是政府服务于公民的义务性，并为其承担的义务负责。责任政府是关于"政府社会回应力、政府的义务和法律责任的整体概念"②。也有学者认为责任政府是权力主体承担明确责任的政府，宪法与法律是施政的准绳，公民权利受政府保障，政府失职、渎职与违法必须承担法律责任，受公务行为损害的公民有权通过诉讼获得赔偿。③ 我国是中央集权体制，这与英国内阁制和美国三权分立制不同。在中国语境下，责任政府必然与我国的人民主权、法治理念、制度创新、权力监督等密切相关，是通过对政府与公民间的权责关系的制度性安排而形成的政府组织形式，主要有以下三个特征：一是责任政府要以"以人为本"为政府理念，要"权为民所用，情为民所系，利为民所谋"。二是责任政府要以促进经济和社会和谐发展、促进人与

---

① 张贤明：《论政治责任：民主理论的一个视角》，吉林大学出版社 2000 年版，第32 页。

② 张成福：《责任政府论》，《中国人民大学学报》2000 年第 2 期。

③ 陈国权：《论责任政府及其实现过程中的监督作用》，《浙江大学学报》2001 年第2 期。

自然和谐发展、维护公民合法权利为目标。三是责任政府要以善治为标准，实现社会的良好治理。四是责任政府是负责任的政府，要有明确的职责范围并就其职责承担道德责任、政治责任与法律责任。据此，在当代中国，责任政府可以表述为政府秉承"以人为本"的理念，以促进经济和社会和谐发展、促进人与自然和谐发展、维护公民合法权利为目标，以善治为施政标准，通过责任清单明确政府职责，并就其怠于履行与不正当履行职责承担道德责任、政治责任与法律责任。

责任政府是政府承担环境责任的直接理论依据，无论是传统的责任政府理论，还是现代责任政府理论；无论是国外责任政府理论，还是中国责任政府理论，无一不强调责任政府应当明确其政府职责，并就其怠于履行与不正当履行职责承担法律责任。党的十八届三中全会决定中对政府的职能和作用从十六个字增加到二十个字，增加了"环境保护"，即表述为"加强中央政府宏观调控职责和能力，加强地方政府公共服务、市场监管、社会管理、环境保护等职责"。这意味着政府不仅要在环境保护方面享有职权，更要承担责任，责任政府的理念得到了体现。新修改的环境保护法调整篇章结构，突出强调政府责任、监督和法律责任。此外，我国还推行了政府责任清单制度。因此，我国政府应当依照责任政府的要求，秉承"以人为本"的理念，以促进人与自然和谐发展、维护公民环境权为目标，以善治为施政标准，明确政府环境职责，并就其怠于履行与不正当履行环境职责承担环境法律责任。

本章小结

政府环境责任是指政府及环境监管职能部门在环境保护方面所承担的环境职责以及未尽环境职责所应承担的法律责任。政府环境责任的理论基础主要有公共物品理论、委托代理理论、公共选择理论、环境权理论与责任政府理论。

公共物品理论主张环境具有公共物品的属性，由于市场的负外部性与"公地悲剧"，难免会出现"搭便车"现象。因此，应当将环境这一"无主"公共物品作为"共有财产"委托给政府生产、提供、分配与监管，政府由此承担了生产、提供、分配、监管环境公共物品的责任。

委托代理理论主张将环境这一"公共财产"由人民委托给国家管理，从而解决其"无主"状态。人民与政府的委托代理关系存在着使政府失责的可能。全体国民应当对国家这一代理人进行激励与约束以确保其尽职尽责，在国家这一代理人违背全体国民这一委托人的利益，不履行、消极履行、不适当履行委托事务时，政府、政府部门及公务人员就要承担法律责任。

公共选择理论认为政府是理性"经济人"，政府及其公务人员也具有自身利益，存在追求自身利益最大化问题。政府既承担着经济管理的职责，也承担着环境管理的职责。如果不明确政府的环境管理职责并为其环境管理职责匹配相应的环境法律责任，政府就会盲目追求经济发展，以追求其利益最大化，从而忽视环境管理，甚至政府权力会被异化为商品，变为以权谋私的工具。

环境权理论主张人类有权在一种能够过尊严的和福利的生活环境中，享有自由、平等和充足的生活条件的基本权利，并且负有保证和改善这一代和世世代代的环境的庄严责任。环境权包括公民环境权、企业环境权、国家的环境管理权三个部分。国家的环境管理权同时也意味着国家的环境义务，包括保证公众享有环境权、政府应采取一定的行为来实现公民的环境权、政府承担没有保证和提供良好环境权的不利后果。

责任政府理论强调责任政府应当明确其政府职责，并就其怠于履行与不正当履行职责承担法律责任。政府不仅要在环境保护方面享有职权，更要承担责任。因此，责任政府应当秉承"以人为本"的理念，以促进人与自然和谐发展、维护公民环境权为目标，以善治为施政标准，明确政府环境职责，并就其怠于履行与不正当履行环境职责承担环境法律责任。

第四章

我国政府环境职责

大部分学者在政府环境责任的研究方面均注重政府第一性环境责任也就是政府环境职责的研究。邓可祝认为："政府的环境责任主要是政府的一种环境职责，即保护环境和公众的环境权益；与此相关，如果政府没有尽到这一职责，就要承担相应的否定性法律后果。"①徐祥民教授提出："从相关法律的内容来看，西方政府的环境责任已经远远超出了所谓责任追究、行政处分等行政法意义上的责任的范畴，越来越经常地以与其环境职权相适应的'职责'的面目出现。"②由此可见，我国学者将政府环境职责作为政府环境责任的重中之重。实质上也是如此，因为政府环境职责是政府环境责任的第一道防线，如果政府环境职责设计有问题，即使作为政府环境责任第二道防线的政府环境法律责任设计再完美，也只能是事后制裁。此时损害结果已经发生，并且制裁政府难度较大，既耗成本，制裁率又不高。因此，政府环境职责的设计是政府环境责任设计的重中之重。

第一节　政府环境职责的概念

一　不同政府理念对政府职责的理解

在不同政府理念下，政府职责的概念界定也不相同。管制型政府理念秉承的是职权优先原则，在对政府职责界定时是以政府职权为中

---

① 邓可祝：《政府环境责任研究》，知识产权出版社 2014 年版，第 5 页。
② 徐祥民、孟庆垒：《政府环境责任简论》，《学习论坛》2007 年第 12 期。

心，从政府职权的行使角度出发匹配相应的政府职责，以确保政府职权的顺利行使。比如，有学者将行政职责界定为："行政主体在享有和行使职权的同时依法所必须忠实履行的特定义务。"① 因此，政府职责的基本内容被普遍确定为："1. 履行职务，不失职；2. 遵守权限，不越权；3. 正确使用裁量权，不滥用职权；4. 正确适用法律、法规，避免适法错误；5. 重事实和证据；6. 遵守法定程序，防止程序违法；7. 遵循行政合理原则，防止行政不当。"② 上述政府职责均是在行政职权基础上的不失职、不越权、不滥用、合法行政与合理行政。由此，"政府职责的概念在宪法学、行政法学上很容易与政府职权相混淆，有时甚至相互通用"③。这种以行政职权确定行政职责的办法难以解释不对应行政职权的行政职责的存在。

管制政府理念下以政府职权为中心设定政府职责会造成政府不是从责任出发，而是从权力与利益出发构建职责体系，政府内部、政府与市场、政府与社会争权夺利的现象就难以避免，会造成"政府与市场关系失和，政府与企业关系失序，政府与社会关系失调，政府与公民关系失常以及政府与政府关系失衡"④。

而从服务型政府理念的"民本位、社会本位、权利本位"理解，"人民创立政府的根本目的是希望政府能解决个人不能解决的社会问题，满足人民的各种需求。所以，政府首先拥有的是职责。政府首先必须履行职责，然后在履行的过程中，为了保证行政职责的顺利履行，法律才赋予政府以行政职权"⑤。因此，政府职权在逻辑上迟于政府职责而产生。另外，有些政府职责并不存在相对应的政府职权。比如，"政府应当接受国家权力机关监督的法定义务，政府应当为行

---

① 文正邦：《职责本位初探——行政法理论基础试析》，《法商研究》2001 年第 3 期。

② 胡建淼：《行政法学》，法律出版社 1998 年版，第 226 页。

③ 黄惟勤：《政府职责的概念、特征及分类》，《法学论坛》2010 年第 3 期。

④ 陈国权、李院林：《政府职责的确定：一种责任关系的视角》，《经济社会体制比较》2008 年第 3 期。

⑤ 曾刚：《论政府职责的发展》，《理论界》2005 年第 9 期。

政管理相对人提供行政救助、行政服务的法定义务，等等"①。政府职责的设立也不受任何限制，而政府职权则必须由法律直接规定，遵循"法无授权不可为"的原则。而政府职责则不受此局限，国家鼓励在不增加职权的情况下为政府增加职责，从而更好地服务于民众。据此，在服务型政府理念下，政府职责可以界定为政府在为社会提供服务时所应履行的义务。

二　政府环境职责的概念界定

在政府环境职责的概念界定上，我国学者论述不多。有学者认为："环境保护的政府职责，是指政府作为社会管理工作的主体，在环境保护领域的职权范围内，所拥有的管理环境相关事务的组织职能，以及完成环境管理工作的使命。职责，侧重强调政府必须积极主动去履行的义务。"② 首先，该学者是从政府作为管理主体出发，承载的是管制型政府下的环境管理理念。此种概念界定不利于环境治理的开展。其次，该学者将政府环境职责限定在环保职权范围内，因此无法将只存在职责、不存在相应职权的政府环境职责包括在内，存在外延缩小之虞。有学者认为："政府环境职责是指政府在环境保护领域应当承担的管理与监督责任。"③ 此种界定未将政府环境职责限定在政府环境职权范围内，相对科学。但将其限制为管理与监督责任，则与上一概念界定犯了同样的错误，也就是同样从管制型政府下的环境管理理念出发，未体现环境治理理念。上述两种概念均未对政府是否包括职能部门作出表述。

服务型政府同时也是有限政府。因为，政府要做好服务，就应当从自己不擅长的领域与不该做的领域退出，将其交给市场与社会解决，政府应当集中力量做好自己应该做的和做得好的事，从而提高服务质量。由此可见，服务型政府必须通过市场与社会广泛参与的环境

---

① 黄惟勤：《政府职责的概念、特征及分类》，《法学论坛》2010 年第 3 期。

② 吕怡然：《我国环境保护政府职责研究》，硕士学位论文，辽宁大学，2014 年。

③ 张丽娟：《论科学发展观下的政府环境职责》，《成人高教学刊》2008 年第 2 期。

治理，才能确保政府为社会提供一流的环境服务。所以，服务型政府理念对应的只能是环境治理，而非环境管理。党的十八大报告提出，"建设职能科学、结构优化、廉洁高效、人民满意的服务型政府"。因此，应当从服务型政府下的环境治理理念出发，界定政府环境职责。如前文所述，虽然大部分学者未对政府环境职责作出界定，但学者均认同政府环境职责是政府环境责任的第一性责任。所以，政府环境职责可以界定为政府及其环境监管职能部门在环境治理中所承担的第一性环境责任。此种概念界定既避免了环境管理理念下将政府环境职责与政府环境职权相对应的局限，也明确了政府承担的是环境治理方面的职责，同时也界定了政府环境职责的承担主体，包括政府与政府环境监管职能部门。而就公务员承担的职责而言，属于政府内部的岗位职责问题，不应包括在内。

以环境治理理念界定政府环境职责，可以为以环境治理理念设计政府环境职责提供理论依据。而体现环境治理理念的政府环境职责的设计又能提升政府环境治理的质量，避免政府重新滑向环境管理的深渊。

第二节　我国政府环境职责的分配

一　政府环境职责分配的概念

我国学界及实务界多是职能、取权、职责不分。政府职能是指"行政主体作为国家管理的执法机关，在依法对国家政治、经济和社会公共事务进行管理时应承担的职责和所具有的功能"①。因此，政府职能就是政府的职责与功能。

---

① 百度百科：《政府职能》（http：//baike. baidu. com/link? url = K8QjgNFZkWLzt C6l16mj7F5LNU758D7SbGjNWIM0dGYnmorUxdnhIntaaZbEV10viBkASmX0qci5iokbf8F3Ha）。

　　我国自 1988 年提出 "转变政府职能是机构改革的关键"① 这一命题以来，我国的政府职能转变方面的改革就从未停止。2013 年，十二届全国人大一次会议通过的《国务院机构改革和职能转变方案》的核心就是政府职能转变，是 "以向市场、社会、地方放权为重点，将大部制改革与政府职能转变紧密结合、同步推进，不断深化行政体制改革。本轮改革主要针对政府管理及权力运行过程中的一些突出问题进行改革调整，其中包括政府职能转变不到位，部门职能交叉，职责关系不顺，政府权力过大，对市场和社会干预过多，行政效率不高等症结"。与政府职能转变同步进行的就是政府职能配置，政府职能配置是政府职能转变改革结果的固定与落实（我国是先作职能配置，再设内设机构，然后再设人员编制）。

　　从上述分析可以看出，政府职能转变是因，包括政府与市场、社会之间的职责分配、央地分配、部门间分配；政府职能配置是果，是在政府与市场、社会间职责分配之后，在政府内部的职责再分配，包括央地分配与部门间分配。因此，政府职责配置不包括政府与市场、社会之间的职责分配。所以，要全面确定政府职能转变的成果，就不能仅局限于政府职责配置，而应将其界定为政府职责分配。据此，政府职责分配是指政府、市场、社会之间的职责分配以及政府内部之间的职责分配的总称，是政府职能转变成果的现实体现。根据政府职责分配这一上位概念，政府环境职责分配就是指在环境治理中，政府、市场、社会之间的环境职责分配与政府内部环境职责分配。政府与市场、社会之间的环境职责分配是政府环境职责的第一次分配，政府内部环境职责分配是政府环境职责的第二次分配。其中政府内部环境职责分配包括政府与环境监管职能部门之间的职责分配、政府纵向环境职责分配、环境监管职能部门横向环境职责分配、环境监管职能部门纵向环境职责分配。此外，为了使互不隶属的行政机关之间在履行环

---

① 百度百科：《国务院机构改革》（http: //baike. baidu. com/link? url = X76C8ETD 7HOR9W＿ R0p－R7Bep4EMXhwOHkzDplMCyJj0I＿ Im8WOo8OoyB＿ YU8tnoBmz－yE25kbtPSa GzfQcFnG＿ ）。

境职责上进行协调与合作，以及相互有隶属关系的行政机关之间以平权协商方式协调与合作，还应当在行政机关环境府际网络协调与合作方面进行探讨。

二 政府环境职责分配存在的问题

由于我国受计划经济体制的影响，长期存在着政企不分与政社不分的现象，在政府职责的第一次分配上，政府包办市场与社会的现象比较严重，政府过度干预市场与社会事务，干了许多政府"不该干的事"与"干不好的事"。另外，在政府职责内部分配上，我国存在纵向职责分配"职责同构"问题与横向职责分配"职责交叉"问题，造成上下级行政机关与同级行政机关之间职责不清，从而产生许多推诿扯皮与"替罪羊"现象。在环境职责分配上尤其如此，具体体现在以下两个方面：

（一）政府环境职责越位

政府环境职责越位是指政府包办代替市场与社会环境治理责任，干涉环境市场治理与环境社会自治，干了"不该干的事"与"干不好的事"。

1. 政府直接管理本应由市场与社会负责的治理事务

（1）政府直接投资建设运营环境公用设施。在污染治理的具体事务上，市场更有优势，但过去环境公用设施（包括垃圾处理、水污染处理、环境监测等设施）并不是由市场投资建设与运营，而是由政府投资建设，交由政府成立的事业单位运营，结果造成机构臃肿、效率低下。直到 2015 年我国才开始在上述领域大幅度开展第三方治理改革。（2）"三同时"制度侵犯了企业的环境治理自主权。"三同时"制度是中国特色的环保制度，最早在 1972 年国务院批转的《国家计委、国家建委关于官厅水库污染情况和解决意见的报告》中提出，得到 1979 年《环境保护法（试行）》的确认上升为法律制度并一直延续至今。但是，国外并不要求"三同时"同样能治理好污染。企业如何治理污染属于企业经营自主权范畴：是委托第三方机构集中处理污染，还是自己建设与运营污染处理设施，还是自建并委托第三方运营污染处理设施，还是第三方建设与运营污染处理设施，还是通过生产环节控制达到环境治理标准等都应由企业自主决定，政府不应通过"三同时"干预企业的具体污染治理事务。（3）政府过度干预农村环境自治。村委会拥有基层自治权并拥有生态环境职责，因此农村环境属于自治范畴。政府一贯忽视农村环境治理，在制度上、资金上与监管机构和人员配置上均存在极大不足。但近年来，由于农村环境已经恶化到超越城镇与工业污染的程度，因此中央开始动员地方政府开展农村环境治理。但有些地方政府"一刀切"式地与村委会签订农村环境综合治理责任状，以行政命令"一刀切"式地推广村规民约，并为农村垃圾与污水处理付费（违反"损害担责"的环保法基本原则），则是对农村环境自治的干涉。政府可以鼓励有基层自治权的村委会与居委会开展环境自治，但不能搞"一刀切"式的强制，更不能过度热情为其"埋单"，而应当运用环境宣教、行政指导、行政奖励、政策性支持等手段引导，否则就会造成对环境社会自治的干涉。

2. 政府压制、控制环境 NGO 的发展，并对环境 NGO 在业务上产生挤出效应

（1）《社会团体登记条例》压制了环境 NGO 的发展。根据该行政法规，政府对社会团体实行双重管理，并且同一区域内不允许设立两个或两个以上的同类性质的社会团体。这就会造成社会团体性质的环境 NGO 数量不多，种类单一，而政府支持的事业单位性质的环境 NGO 则占据了主导。（2）政府控制环境 NGO，影响其独立性。基于对社会团体的双重管理与设立限制，社会团体性质的环境 NGO 均是在政府"恩泽"下设立，并且业务与资金来源上也多来自政府，因此政府对其干涉就"理直气壮"，影响了环境 NGO 的独立性。而事业单位性质的环境 NGO 在人、财、务上受制于政府，往往成为环境治理领域的"二政府"。（3）政府承担了本应由环境 NGO 承担的许多职责，对环境 NGO 产生了挤出效应。比如，在环境认证与环境自愿性协议方面，政府与环境 NGO 存在交叉。但环境 NGO 要提升其环境认证与环境自愿性协议对企业的吸引力，就必须获得政府政策上的支持。而政府并未在此方面积极支持社会团体性质的环境 NGO，而是通

过下设的事业单位推广环境认证与环境自愿性协议，造成我国社会团体性质的环境 NGO 主导的环境认证与环境自愿性协议普遍缺乏。

（二）政府环境职责错位

政府环境治理职责错位是指上级政府与下级政府之间、各职能部门之间、政府与职能部门之间的职责混乱现象。

1. 政府环境职责同构现象比较严重

中国著名政治学家朱光磊教授认为："中国政府在纵向上的职责划分很不明确，其基本特征是'职责同构'，也即在政府间关系中，不同层级的政府在纵向职责和机构设置上高度统一。通俗地讲，就是在这一模式下，每一级政府都管理大体相同的事情，相应地在机构设置上表现为'上下对口，左右对齐'。"[1] 在政府纵向环境职责分配上也是如此。以环保主管部门职责纵向分配为例，我国存在环保部、环保厅与市县环保局职责基本重叠的现象。一是环保部也管查案。近几年来，随着中央对环保工作的重视以及新环保法的实施，环保部的事务日益繁忙。关键是环保部不仅忙宏观决策，还忙着查案。环保部作为全国环保工作的统管部门，应当负责环境监管的宏观决策。但尽管环保部官网上公布的职责均是宏观职责，环保部下设的环境保护督查中心却有具体案件的查办与稽查权，[2] 这就会与地方环保主管部门职责重叠。二是环保厅与市县环保局职责基本重叠。各环保厅公布的权力清单和责任清单的内容与市县区的权力清单和责任清单大部分重叠，这说明我国环保厅的微观环境职责过多。我国各省的面积平均相当于一个中等面积的国家，环保厅更重要的职责是宏观决策。如果环保厅承担的微观环境职责过多，其宏观决策能力就会大大减弱。

上级行政机关拥有与下级相同的职责，往往会发生以下问题：一是上下级串通，共同违反职责；二是下级违反职责，上级怕因相同职

---

[1]　朱光磊：《要有清晰的"政府职责配置表"》，《北京日报》2015 年 1 月 26 日第 18 版。

[2]　百度百科：《环境保护部华南环境保护督查中心》（http：//baike. baidu. com/link? url = gxwU5LhR6acanvH0tLiLjbBTWI2_ QerdAlINWvs4gpl9IQDqvkFzLsBvVJvcZ7EHqfWLQ4O0 – jbRSlmO4jAemq）。

责受牵连，为下级隐瞒；三是下级阳奉阴违，上级为了自身相同职责的履行而不得不亲自处理下级职责范围内的事；四是下级履行职责，上级干涉其职责履行；五是下级履行环境职责往往依赖于上级的统一指挥与安排，工作缺乏主动性。而如果上下级行政机关之间职责异构就可以避免上述问题，并且能够强化上级对下级的责任追究。比如，依照《环境保护法》第 67 条第 2 款，有关环保主管部门未依法作出行政处罚的，上级环保主管部门可直接进行行政处罚。在上级作出行政处罚后，上级并不一定追究下级的行政责任。而如果剥夺了上级越级处罚权，下级不作出行政处罚，上级无行政处罚权，就只能通过追究行政责任甚至移交司法机关追究刑事责任逼其就范。

2. 环境监管职责交叉现象比较严重

在环境相关职能部门之间，存在严重的职责交叉现象。虽然新《环境保护法》第 10 条改变了旧法对环境监管有关部门的列举，但却规定了有关部门依法监管的职责，因此实质上并未改变环保多头决策、多头监管、多头执法现象，职责分散与重叠造成的部门间争权与责任逃避也就难以避免。根据现行环境立法，海洋部门主管海洋污染，环保部门主管陆地水污染；发展改革部门主管二氧化碳等温室气体，环保部门主管二氧化硫与一氧化碳等空气污染；负责监测、监督防止地下水污染的是国土部门，水利部门负责指导地下水的水量、水质监测，环保部门则负责拟订与监督实施地下水污染防治规划。难怪环保部原副部长潘岳"抱怨"："一条河几个部门管，水利部管水，我们管岸。就像那首歌，'妹妹坐船头，哥哥在岸上走'。大家都在抢权，但一出事儿就先找环保。"① 如此分散的职责分工不仅造成部门间的争权夺利与推诿扯皮，同时也给公众监督带来困难。比如，2015 年 5 月，王建芳记者针对郑州市金水河水质下降一事向郑州市环保局询问，环保局踢给了郑州市城区河道管理处，河道管理处又踢

---

① 章轲：《环保"大部制"设想与争议：三个"统管"部门》（huanbao. bjx. com. cn/news/20150617/631254. shtml）。

给了郑州市城管局，郑州市城管局又踢给了郑州市水务局。① 尽管环保法规定了环保主管部门的统一监管职责，但涉及环境与资源的统管部门不止环保主管部门一个。比如，《水法》第 12 条规定的水行政主管部门对水资源统一监管，国土资源部门则有权对土地、矿产、海域等自然资源统一监管。这些"统管"部门权力相互冲突，谁也不服谁。由于环保工作与地方政府的经济发展经常存在利益冲突，环保主管部门的"统管"在现实中往往得不到其他部门的支持，从而演变为"包揽"，出现"小马拉大车"的现象。

3. 地方政府对环境监管管得太多

（1）地方政府对环境监管干涉太多。目前环保主管部门尚未实现垂直管理，环保主管部门与其他负有环境监管职责的部门都受地方政府领导，在人、财、务上受制于地方政府。因此环境监管部门虽有监管权，但在地方政府干涉时，根本不敢与强大的政府对抗。同时，环保法并未清晰界定地方政府与环境监管部门的首长职责，往往会造成职能部门首长成为地方政府首长的"替罪羊"，地方政府对环境监管部门的干涉也就缺少了"后顾之忧"。地方政府承担着发展经济与保护环境的双重任务。所以，地方政府出于政绩的考虑，与企业有着共同的利益：地方政府认为如果加强对企业的环境监管，会增加企业成本，从而会影响企业发展、招商引资，进而影响地方经济，影响地方政府的财政收入与政绩考核；污染企业则认为宽松的环境监管意味着低成本、高收入的投资环境，更愿意到这样的地方去投资。由此形成了二者之间的最优策略："地方政府放任企业的生产，无视企业的污染存在，而企业也采取逃避污染追究的策略。从而实现企业与地方政府的'双赢'。"② 因此，一些地方政府对其下属的环境监管部门的环境监管与执法行为进行干涉，甚至对一些重点企业进行"挂牌保

---

① 王建芳：《"九龙治水"下省会河流何时能碧波荡漾?》，《河南法制报》2015 年 5 月 27 日第 7 版。

② 梁强、高兴：《地方政府在环境公平中的角色异化与重新定位》，《理论观察》2008 年第 4 期。

护"，成为污染企业的"保护伞"。（2）地方政府并未从环境监管职责中全面撤出。在环境职责的分配上，中央与省级政府应当负责宏观调控，市县级政府应当负责中观调控，具体的环境监管职责应当全部由监管部门承担，以避免地方政府对环境监管的过度干涉。但是，《环境保护法》规定环境监管部门在作出责令停业、关闭的处罚决定时，仍需要有批准权的政府批准；《水污染防治法》规定县级以上政府有权责令拆除或关闭在饮用水水源一级保护区内已建成的与供水设施和保护水源无关的建设项目、在饮用水水源二级保护区内已建成的排放污染物的建设项目、责令限期拆除在饮用水水源保护区内设置的排污口等，县级以上环保部门在针对《水污染防治法》第81条规定的行为作出责令拆除或者关闭行政处罚时，要经有批准权的政府批准。地方政府与环境监管部门职责不清，地方政府对环境监管管得太多，就会造成环境监管部门唯命是从，环境监管权力无法独立行使，而一旦出了问题环境监管部门还要替地方政府"背黑锅"的现象。

三　政府环境职责分配的完善

（一）政府环境职责的第一次分配

政府环境职责第一次分配应当在政府、市场、社会之间分配。首先，政府应当充分重视市场自觉治理与社会自治，并通过政府的辅助与其他方的参与实现市场为主导的多元治理与社会为主导的多元治理。在以市场为主导的多元治理方面，政府主要是通过市场调控手段激励、行政手段鞭策的方式督促企业自觉治理环境、督促企业与第三方治理企业合作治理环境，并通过行业协会自律监督、环境组织监督、公众监督实现对市场主体的全面监督。在以社会为主导的多元治理方面，政府应当通过行政奖励、政策支持、环境宣传教育等手段鼓励拥有自治权的居委会、村委会、行业协会开展环境自治，鼓励环保NGO推广环境标志与自愿性环境协议，鼓励环保NGO积极组织开展环保行动，并鼓励第三方治理企业为社会环境自治提供专业化治理服务。其次，政府要通过与市场和社会的合作治理环境，从向社会直接提供环境公共物品的繁重任务中脱离出来，集中力量抓宏观调控与环境监管（当然与市场和社会的合作也属于微观治理，但政府毕竟减少了微观治理的具体事务）。也就是说，凡是市场与社会能够做好的环境公共服务，政府就不应当亲自提供，而是通过向市场与社会购买来解决。2013年国务院办公厅发布了《关于政府向社会力量购买服务的指导意见》，提出政府应当充分发挥市场机制作用，依照一定的方式和程序向社会力量付费购买公共服务。2015年财政部《政府购买服务管理办法（暂行）》首次将环境治理明确纳入目录范围。环保部《政府采购环境服务指导意见》也已完成征求意见，即将出台。因此，政府应当将环境服务、环境技术性服务与政府环境履职辅助服务纳入向社会购买的范围。其中，环境服务主要是政府为责任主体的污染场地治理、环境基础设施的建设与运营、环境综合服务园区建设、区域环境质量服务、生态修复等方面的服务；环境技术性服务主要是环境规划、环境监测、环境检验检测、环境调查、环境统计分析等技术性服务；政府环境履职辅助服务包括环境规划编制、环境战略和政策研究、环境标准评价指标制定、环境宣传教育、绩效评价、资源节约与环境保护科技成果推广等辅助性服务。[①]

再次，政府应当促成事业单位性质的环境NGO转型为企业或社会团体，促使事业单位性质的环境NGO在人、财、务上独立于政府，并与民办环境NGO、环境第三方治理企业展开公平竞争；应当通过修订《社会团体登记管理条例》，放宽对环保社会团体的设立限制，积极培育环保社会团体，促使其在种类与数量上均得到充分发展；应当积极培育第三方治理企业，为其提供财政、税收、金融、价格、审批等各方面的政策支持，并在第三方治理市场建设上、市场秩序的维护上为第三方治理企业营造更适宜的发展空间。据此，政府全面退出"不该管，管不好"的环境治理领域，将具体的环境治理事务交给市场与社会治理，并辅助以市场调控手段、行政手段。但政府的退出以市场与社会的补位能力为限，所以政府应当重视对市场与社会的培

---

① 崔煜晨：《政府购买环境服务能否借鉴PPP?》，《中国环境报》2015年2月10日第9版。

育，否则政府退出后就会形成真空。最后，政府应当保留在紧急状态下接管市场与社会治理主体环境治理事务的职责。一旦有紧急事态发生，市场与社会无力处理的，政府就应当及时接管，避免事态的恶化。

（二）政府环境职责的再分配

政府环境职责再分配是政府在获得第一次分配的职责之后，在政府内部进行的纵向与横向分配。政府环境职责再分配的关键是要解决上下级之间的职责同构与同级职能部门间的职责交叉问题。

1. 政府与环境监管职能部门之间的职责分配

在政府与环境监管职能部门之间，要划分环境质量保障职责与环境监管职责，实现质量保障与环境监管的"质监分离"。整体上看，大到经济与社会发展规划、城乡规划，小到工业园区的建立、生产企业的建立，都不是某一个职能部门说了算，最终均应由政府统一负责。所以，由此产生的环境质量问题，不应由某一职能部门负责，而应由政府统一负责。但在环境监管方面则应由环保主管部门统一监管，其他相关部门协助。因为，无论是工业企业还是农业企业，其批准设立与管理均涉及多个职能部门，并且与政府存在着经济利益关系，由政府监管企业无异于"亲子监管"；政府基于对环境质量负责投资治理公共区域的环境污染与破坏，让其对公共区域环境进行监管，也无异于"自我监管"。由此，政府对企业与公共区域的环境监管均不能做到公平公正。《环境保护法》从总体上确立了"质监分离"的原则。《环境保护法》第6条第2款规定了地方政府对辖区内环境质量负责，第10条规定了环保主管部门统一监管与有关部门依法定职责监管。为了确保真正实现"质监分离"，一是要彻底将政府的监管职责交给环保主管部门与其他环境监管相关职能部门，也就是要将上文提到的政府仍保留的责令停产、关闭行政处罚权交给监管部门，并废除其责令停产、关闭行政处罚批准权；二是要确保省以下环保机构监测监察执法垂直管理，确保其人、财、务上的独立，以避免政府对环境监管的干涉。但独立并不意味着不合作，环保机构省以下垂直管理后，环保主管部门与地方政府应当更加注重协调与合作，而不仅仅是互相监督与各负其责。比如，根据《环境保护法》，地方环保主管部门编制的环境规划应当由地方政府批准。但在省以下垂直管理后，地方政府与环保主管部门就不是领导关系，而是监督关系。所以，环保主管部门的环境规划就不应由地方政府批准，而是由环保主管部门制定，但在制定过程中必须与政府协商，否则很难得到政府的认同并真正得以贯彻落实。三是要区分环境职责考核内容，地方政府与环境监管部门分开考核。当前，《环境保护法》第26条将地方政府与负有环境监管职责的部门统一放在环境保护目标责任制下考核，这可能会造成地方政府与环境监管职能部门为达标而串通造假。因此，对地方政府应当考核其宏观调控职责及环境质量保障职责履行情况，对负有环境监管职责的部门则只应考核其环境监管职责履行情况，而不应当由其为地方政府环境质量目标"埋单"。四是在购买环境服务上，地方政府与环境监管部门要分开。在"质监分离"的情况下，政府应当负责购买提升环境质量方面的环境服务。比如，环境公用设施的建设与运营、政府主责任主体的公共污染场地治理、区域流域污染治理、生态修复服务。而环保主管部门负责购买环境监测方面的环境服务，包括公共区域的环境监测与企业环境监测方面的服务。而在其他环境服务方面，政府与环境监管部门依各自的职责购买。

2. 政府纵向环境职责的分配

在政府纵向环境职责的划分上，要注重中央政府的超然地位、宏观调控向微观治理的逐级过度、政府环境职责考评。中央政府的超然地位是指国务院只负责全国范围的宏观调控与对各省、直辖市的考评，不承担环境质量保障责任。如果国务院对全国环境质量负责，就难以保障国务院对下级政府环境质量考评的中立立场，因为地方政府环境质量数据也会影响国务院的全国环境质量数据。虽然环保机构省以下垂直管理在一定程度上能够保障环境质量数据的真实性，但毕竟在环境治理上环保机构要与地方政府合作，就难免会出现环保机构为了获得地方政府的支持在环境质量数据上的退让、地方政府为了环境质量数据贿买环保机构官员、上下级政府联合对环境质量数据造假的情况。所以，保持国务院的中立地位，有利于其组织人员对省级政府环境质量数据的核实与对市县级环境质量数据的抽查，并做到中立、公平地追责。就此，《环境保护法》也仅规定了地方政府环境质量保障职责，充分体现了中央政府的超然与中立地位。在宏观调控向微观治理的过渡上，中央政府与省级政府应当定位在宏观调控上；市级政府则处于中观调控的位置，适当参与微观治理（比如跨行政区域的以及县级政府无力投入与购买的环境治理）；而县级、乡镇级政府则应负责具体环境治理的组织、投入与购买，体现出微观治理的特点（当然也会存在宏观调控，比如环境政策、规范性文件的制定）。在政府环境职责考评上，上级政府考评其直接的下级政府，并抽查其间接下级政府环境职责履行情况。在政府环境职责考评内容上，《环境保护法》第 26 条规定国家实行环境保护目标责任制和考核评价制度，并将环保目标完成情况列为考核评价的重要依据。这也就是说，环保目标完成情况只是重要内容，而不是全部内容，应当对地方政府环境职责全面考评。但为了促使地方政府确保环境质量，应当实施环保目标不达标的"一票否决"。

3. 环境监管职能部门横向环境职责的分配

在环境监管职能部门横向环境职责划分上，应当积极开展环保"大部制"改革，尽量避免各部门间环境职责交叉。在环保"大部制"改革方面，环保部希望参加 2013 年的"大部制"改革，但最终因各部门间权力之争未能纳入；2015 年 9 月中共中央政治局通过的《生态文明体制改革总体方案》涉及生态环境保护"监管统一"，这就说明环保"大部制"改革已势在必行，但同样由于权力之争，至今方案未定。全国工商联环境商会秘书长骆建华曾提出三种可能方案：一是成立环境资源部，把所有关涉环保的部门全部合并，组建一个超大部门；二是环保部与资源部并列，新环保部管污染治理，新资源部统一管理所有的资源；三是大环保部与大农业部并列，把生态管理交给大环保部，把农业、林业、水等资源管理权交给大农业部。[1] 国务院发展研究中心资源与环境政策研究所副所长常纪文提出了五种方

---

① 邹春霞：《环保部大部制改革再猜想》，《中华环境》2015 年第 11 期。

案，并认为其第三种方案比较可行，也就是成立"国家生态环境部"和"国家自然资源部（委员会）"，这种方案与骆建华的第二种方案相似，但在生态保护方面"国家生态环境部除了直接监管自然保护区外（可以考虑纳入国家公园监管职能），对其他生态保护工作进行统一规划（如用途管制），提出统一标准，开展执法监督、进行事故调查、统一事故应急、统一监测预警、统一信息公开、统一调查评估、统一技术规范等，但是其他具体的生态保护工作由国家自然资源部（委员会）行使"①。当然，上述方案均有利弊。但环保"大部制"改革必须解决两个问题：一是环境决策权统一的问题。"在国外环境管理体制调整中，无论大多数国家采取的'大部制'，还是美国和日本等个别国家采取的分部门环境管理体制，有一个共同点，就是环境决策权统一在一个部门，并且都有相应的法律和财政机制做保障。"②也就是说环境决策职责应当统一在环保主管部门，而不能分散到其他部门。二是环境行政处罚及其配套的职权与职责应当统一由环保主管部门行使。环保主管部门应当拥有对所有环境因素实行全面的环境监测，运用行政强制措施、检查调查等手段发现环境违法行为，对环境违法行为作出及时处罚的职权与职责。只有环境决策权统一，才能确保环境决策对其他部门决策的影响力，从源头上预防环境问题；同时也能分清决策责任：环境决策有问题的，环境主管部门担责，其他部门决策与环境决策冲突的，其他部门担责。只有环境处罚统一由环境主管部门行使，才能避免查处环境违法行为的相互推诿现象，同时也有利于公众参与查处环境违法行为。

4. 环境监管职能部门纵向环境职责的分配

在环境监管职能部门纵向环境职责划分上，要避免职责同构现象，实现决策权上移与执法权下放。我国即将开展环保机构省以下垂

---

① 常纪文：《环保大部制改革：现状 问题 借鉴与方案建议》（http://green. sina. com. cn/2015 – 09 – 15/doc – ifxhupin3573713. shtml）。

② 殷培红：《合理确定部门职能边界》，《环境经济》2014 年第 6 期。

直改革，将县区环保局改为派出机构，① 就体现了决策权的上移，让其专注于环境执法。但县区环保局降为派出机构，谁来为县区制定环保规划？谁来解决农村环保问题？因此，决策权上移并不是取消县区环保局的所有决策权，而是减少其决策权，突出其具体执法事务。要避免职责同构，就要减少中央环境监管部门与省级环境监管部门的执法权，让其主要负责宏观调控与对下级职能部门的考评与奖惩，只保留其在跨行政区域方面的执法权。而市级环境监管部门除保留部分环境决策权之外，主要负责环境执法的组织、领导、监督、协调以及跨区域环境案件与重大环境案件的执法。县区级环保局除保留部分环境决策权之外，具体负责环境执法。这样可以尽量减少上下级环境监管职能部门的职责同构，从而实现职责明晰，并可顺利实现责任追究。

5. 行政机关环境府际网络协调与合作

为了解决行政机关之间的环境职责冲突，并促成各行政机关之间的合作，联手解决复杂的环境问题，应当通过府际网络协调与合作，协调职责冲突，共享资源，达成共同行动方案。府际网络合作主要集中在以下几个方面：一是地方政府间合作，解决跨区域跨流域环境治理问题。《环境保护法》第20条规定了跨行政区域的重点区域、流域环境污染和生态破坏联合防治协调机制，因此政府间应当就此通过协商合作，实行统一规划，制定统一标准，开展统一监测，实施统一的防治措施；在非重点跨行政区域环境污染与生态破坏防治上，则可通过府际协调与合作协商解决，或由上级政府协调。二是职能部门间合作。在环保"大部制"改革未落实之前，职能部门之间只有通过环境决策与环境执法上的合作才能解决目前的职责不清问题；在环保"大部制"改革之后，环保主管部门仍会存在与其他职能部门职责上的冲突，同时也会存在利益共同点。比如，环保主管部门要建设环境监测设施，可能会遇到用地审批上的问题；而其他职能部门审批时也可能会遇到环评问题，双方在依法履行职责的情况下，应当通过合作

---

① 中国网·福建：《环保部：省以下环保机构实行垂直管理》（http://fj. china. com. cn/2016 – 02/14/content_ 16859664. htm）。

支持对方履行职责。再比如，在执法与决策信息上，双方可以通过合作实现共享，从而减少各方的成本。三是环保主管部门与地方政府合作。在环保主管部门垂直管理后，地方政府与该辖区的环保主管部门也存在利益的交集，同样需要通过合作达成共同行动。比如县环保局的环境规划虽不需要县政府批准，但必须通过合作解决争议点，达成一致，才能换取县政府的支持。另外，环保主管部门也可以与本辖区之外的地方政府合作解决环境问题。

第三节　我国政府环境职责的分类

一　政府环境职责分类的理论探讨

根据公共物品理论与委托代理理论，政府基于社会的委托，应当负责环境公共物品的提供与监管，因此政府应当对其提供的环境公共物品承担环境质量的保障职责与环境监督管理职责；根据公共选择理论，政府也是理性的经济人，存在地方利益、部门利益甚至官员的个人利益，因此也会存在政府失责的现象，所以政府应当承担环境信息公开职责，以接受公众的监督；根据环境多元治理理论，政府管制模式会发生政府失灵，而市场调控模式也会发生政府与市场的双失灵，因此应当吸纳社会参与，形成环境多元治理格局，所以政府应当承担保障公众参与职责；而在环境治理中，政府不仅要充当管制者、治理者角色，还应充当环境纠纷解决者角色，因此政府应当承担环境纠纷解决职责。所以，政府环境基本职责包括：政府环境质量保障职责、政府环境监督管理职责、政府保障环境信息公开职责、政府保障与促进环境公众参与职责、政府环境纠纷解决职责五种基本职责。在政府环境基本职责之下，还会有次级政府环境职责，次级职责也可再有三级职责甚至四级职责，下级职责的设立是为了确保上一级职责的顺利履行。在上述五大政府环境基本职责中，政府环境质量保障职责与政府环境监督管理职责体现为广义环境治理中的政府管制模式为主，环境多元治理为辅；政府保障环境信息公开职责、政府保障与促进环境公众参与职责、政府环境纠纷解决职责则体现为环境多元治理模式为主，政府管制模式为辅。因此体现了环境元治理中的多种治理模式的匹配使用。

二　政府环境质量保障职责

（一）政府保障环境质量的必要性

"环境质量是指在一定的空间内，环境的总体或环境的某些要素对人类的生存繁衍以及社会经济发展的适宜程度，它是根据环境质量标准对环境进行评价所得出的结果 。"[①] 从这一定义可以看出，环境质量不仅会影响经济社会的发展，也会影响生活质量、身体健康甚至代际环境公平。首先，从环境质量对经济社会发展的影响来看，虽然眼前牺牲环境能换取经济快速发展，但如果长此以往，则会毁掉经济发展的潜力，甚至造成经济倒退，并进一步引发失业、环境冲突等社会问题。如前文所述我国单位 GDP 能耗是发达国家的 8—10 倍，污染是发达国家的 30 倍。虽然经济增速快，但浪费了许多不可再生资源，一旦资源枯竭，经济就会停滞甚至崩溃；而污染达到一定程度，就会引发社会的抵制，从而迫使政府关停污染企业以修复环境，但这一修复过程是漫长的，经济发展就会面临长期的停滞甚至倒退。经济的停滞、倒退、崩溃又会引发一系列的严重社会问题。其次，从公民环境权的角度讲，1972 年《人类环境宣言》第 1 条宣告："人类有权在一种能够过尊严的和福利的生活环境中，享有自由、平等和充足的生活条件的基本权利，并且负有保证和改善这一代和世世代代的环境的庄严责任。"而环境一旦被污染与破坏，除非有能力的人可以移民到其他地方，否则就不得不在生活质量较差的环境中生活。许多环境问题对人类健康的危害具有隐蔽性与滞后性，等到人们发现的时候，为时已晚。比如我国存在许多因环境污染而形成的"癌症村"，当人们发现环境污染的后果时已身患绝症，不仅毁了身体，甚至毁了家庭。有些环境问题不仅影响几年几十年，甚至还会影响上百年上千

[①] 范俊荣：《政府环境质量责任研究》，博士学位论文，武汉大学，2009 年。

年。比如，上文提到的秦汉、宋元、明清三次大迁徙造成我国1/3的国土变成荒漠。"中国水稻研究所与农业部稻米及制品质量监督检验测试中心2010年发布的《我国稻米质量安全现状及发展对策研究》称，我国1/5的耕地受到了重金属污染，其中镉污染的耕地涉及11个省25个地区。"而土壤一旦被重金属污染，"通过自净能力完全复原周期长达千年"①。因此，环境污染与生态破坏所造成的影响往往影响几代人甚至几十代人。所以，政府必须承担起环境质量保障责任。

（二）政府环境质量保障责任的承担主体

环境质量除受自然因素影响外，与经济社会发展关系最为密切。影响环境质量的经济社会因素主要包括国民经济与社会发展规划、主体功能区规划、土地利用总体规划、城乡规划、环保规划等行政规划；城乡各项建设；能源结构、产业布局、产业结构；资源配置与资金投向；人口政策，等等。这些工作绝不是一个职能部门所能承担的，因此必然由政府承担而不能由职能部门承担。所以，由上述工作引发的环境质量不达标就不能苛责职能部门，而应由政府担责。而在上述工作的话语权上，政府对职能部门有领导权，职能部门往往只能服从政府的决策与决定，因此政府理应担责。再从环境监管的角度讲，环境监管是否得力尽管会对环境质量产生重要影响，但即使在"大部制"与环保机构垂直的情况下，环境监管职能部门与拥有强大权力的政府相比也很难抗衡。更何况，目前我国环境监管职责分散在各个职能部门："污染防治职能分散在海洋、港务监督、渔政、渔业监督、军队环保、公安、交通、铁道、民航等部门；资源保护职能分散在矿产、林业、农业、水利等部门；综合调控管理职能分散在发改委、财政、经贸（工信）、国土等部门。"②在责任分散的情况下，很难追究某个监管部门环境责任。因此，"质监分离"比较合理，也就

---

① 中国行业研究网：《污染地图显示湘赣等11省份耕地遭镉污染》（http：//www.chinairn.com/news/20130614/164255488.html）。

② 章柯：《山水林田湖统一管护 环保大部制或明年两会落定》，《第一财经日报》2013年11月18日第4版。

是政府承担环境质量保障职责，监管部门承担环境监管职责。

在中央政府是否要承担环境质量保障职责，对全国环境质量负总责的问题上，如前文所述，为了避免中央政府卷入环保目标考评，与下级政府存在数据造假上的"共同利益"，应避免中央政府对全国环境质量负总责，从而保证其对下级政府环境质量保证职责履行情况的中立性评价。因此，政府环境质量保障职责只能由地方政府承担，中央政府及职能部门均不适宜承担该职责。

（三）地方政府承担环境质量保障职责的法律依据

我国《宪法》第 26 条第 1 款规定："国家保护和改善生活环境和生态环境，防治污染和其他公害。"这可以视为地方政府承担环境质量保障职责的宪法依据。宪法并未直接明确规定地方政府环境质量保障职责，可视为间接依据。我国《环境保护法》第 6 条第 2 款从总体上规定了地方政府对辖区内的环境质量负责，并规定了县级以上政府向人大及其常委会报告环境状况和环保目标完成情况；加大环保财政投入、农村环保投入；统筹城乡环境保护公共设施建设并保障其运营；负责生态保护与生态恢复；划定生态红线；对重点区域、自然遗迹、人文遗迹、古树名木、大气、水、土壤进行保护；对海洋环境进行保护；对重点污染物排放总量进行控制并对超出总量的地区实施区域限批；开展农业环境保护并提供农村环境公共服务；防止农业面源污染；在城乡建设方面开展环境保护；预防和控制与环境污染有关疾病；负责突发环境事件应对等职责，这些次级政府环境职责均是对第 6 条第 2 款的政府环境质量保障职责的有力保证。此外，《水污染防治法》第 4 条第 2 款规定的县级以上地方政府对辖区内水环境质量负责，以及《大气污染防治法》第 3 条第 2 款规定的地方政府对辖区内大气环境质量负责等。这些均属于特别法规定。

（四）地方政府承担环境质量保障职责的失责及原因

虽然环境一般法与环境特别法规定了地方政府环境质量保障责任，但地方政府却存在普遍达不到环境质量标准的失责现象。比如，根据《2014 年中国环境状况公报》："全国开展空气质量新标准监测的 161 个城市中，有 16 个城市空气质量年均值达标，145 个城市空气质量超标。""在 4896 个地下水监测点位中，水质优良级的监测点比例为 10.8%，良好级的监测点比例为 25.9%，较好级的监测点比例为 1.8%，较差级的监测点比例为 45.4%，极差级的监测点比例为 16.1%。"因此，地方政府环境质量保障职责的失责现象比较严重。

地方政府环境质量保障职责失责的原因主要有以下几点：一是地方政府环境质量保障职责往往不具有可诉性，公民难以追究。《德国基本法》在 1994 年通过的第 20a 条规定："国家有义务在宪法制定的范围内通过法律和符合法律的司法权和执行权保护后代生命的自然基础。"但德国宪法学术界与实务界均认为该条只是规定国家政策目标，未规定个人请求权，公民不能依此起诉。① 与德国相比，我国更不具有可诉性。因为我国并未明确规定公民环境权，只规定了公民环境知情权、参与权、监督权，因此根本无法以政府侵犯其环境权为由提起政府环境质量责任方面的诉讼。二是地方政府环境质量信息公开存在问题。《环境保护法》只规定了环境目标完成情况考核结果向社会公开，但何时公开，以什么方式公开，并未明确规定。所以，大部分民众对环境信息并不知情或不能及时知情。比如在环境信息公开的及时性上，我国全国环境状况公报及各地环境状况公报要到下一年的 6 月份才公开。而在公开方式上，随着自媒体时代的到来与泛娱乐化的关注倾向，传统媒体受众率越来越低，而在政府网站上公开也会被庞大的政府信息淹没。所以大部分民众只能感受到环境质量问题，很难了解到环境质量的恶化程度。三是公众难以对地方政府决策违反政府环境质量保障职责提起诉讼。地方政府决策多属于抽象行政行为，公众无法提起行政诉讼。而环境决策违反政府环境质量保障职责的情况又比比皆是。比如，根据《环境保护法》第 14 条，政府制定经济与技术政策时，要听取有关方面和专家意见，这会造成公众参与不足。但这些经济与技术政策违反环保规划时，公众无法起诉。我国《环境保护法》第 4 条第 2 款虽然规定了经济社会发展与环境保护相协调的原则，与 1989 年《环境保护法》相比提升了环境保护的地位。但《环

---

① 高家伟：《欧洲环境法》，工商出版社 2000 年版，第 122—123 页。

境保护法》第 13 条第 4 款却规定环境保护规划与主体功能区规划、土地利用总体规划和城乡规划等相衔接，实质上降低了环保规划在整体规划体系中的地位。如果依"经济社会发展与环境保护相协调原则"，其他规划应当与环保规划相衔接才对。因此，环保规划就会因为与其他规划"不相衔接"而被地方政府随意调整或违反，而公众并不能通过诉讼去追究地方政府的责任。所以，当地方政府的一些决策危及地方环境质量时，公众只能望洋兴叹。四是地方政府环境质量保障职责的法律责任承担方式不明确。《环境保护法》虽规定了地方政府环境质量保障职责，但仅规定了限期达标、区域限批之类的惩处，并未规定行政首长的法律责任。在现实中，除限期达标与区域限批外，多依政府内部的考评制度追究责任，而这种责任追究制度极不透明，惩处力度也不大。现实中，通常是采取约谈的方式督促地方政府履行环保责任，仍不达标的就可能会动用限期达标与区域限批。有些比较自觉的政府会主动通过媒体道歉，但这种行政道歉并不是法定行政责任追究方式。并且有些地方政府在道歉之后，并未进一步承担行政责任，有可能依然故我，致使道歉成为一种上级政府对下级政府"手下留情"的责任承担方式。由于政府环境质量保障职责失责的公众监督不充分，外部追究缺失，行政责任缺失，内部追究乏力，在我国政府普遍片面追求 GDP 与经济发展的大背景下，政府就难免会不顾政府环境质量保障职责的规定，在政府决策上侵犯公民的环境权益。

（五）强化政府环境质量保障职责的措施

要强化政府环境质量保障职责，就必须通过立法规定政府环境质量保障职责之法律责任，增加政府内部追究的透明度，设立政府环境质量保障职责之公益诉讼（属行政公益诉讼），加强政府环境保护目标完成情况与考核结果以及政府环境质量保障职责之责任追究公开。

1. 通过立法规定政府环境质量保障职责之法律责任。《环境保护法》应当明确政府环境质量保障职责之行政责任，弥补第 68 条行政责任规定的不足。环境质量不达标，但情况轻微的，可以给予地方政府限期达标的机会。如果在上级政府规定的限期内不能实现达标的，地方政府首长应当引咎辞职，拒不引咎辞职的，上级政府提请其任免机关罢免。如果环境质量不达标并出现环境质量恶化的，应当给予地方行政首长行政处分，并限期达标。如果环境质量不达标并且出现环境质量严重恶化的；以及限期达标却仍未达标，并出现环境质量倒退的，应当作为渎职行为，移交检察机关追究行政首长的刑事责任。

2. 增加政府内部追究地方政府环境质量保障法律责任的透明度。地方政府应当依法公开环境保护目标考核办法、考核结果、责任追究结果。上述内容除应向公众公开之外，还必须主动向拥有提起环境公益诉讼的环境 NGO 与检察机构行文公布，以确保上级政府未依考核办法与考核结果及时追究法律责任时，环境公益诉讼社会组织与检察机构能够及时提起政府环境质量保障责任公益诉讼。上述信息公开除行文公布的之外，应当通过微信等受众率较高的媒体向社会公布，并确保公众知情率达到一定标准，该知情率由政府委托社会组织调查。

3. 设立政府环境质量保障公益诉讼。应当通过修订《行政诉讼法》，设立政府环境质量保障公益诉讼。有提起环境民事公益诉讼权的社会组织与检察机构在上级行政机关不依法或依环境保护考核办法与考核结果及时追究政府环境质量保障责任的情况下，以及上级行政机关从轻、减轻与免除地方政府环境质量保障责任不合法的情况下，有权提起政府环境质量保障公益诉讼。2015 年 7 月全国人大常委会《关于授权最高人民检察院在部分地区开展公益诉讼试点工作的决定》确定在北京、内蒙古、吉林、江苏、安徽、福建、山东、湖北、广东、贵州、云南、陕西、甘肃 13 个省、自治区、直辖市开展公益诉讼试点，其中包括民事公益诉讼与行政公益诉讼。如果能将提起主体扩展至社会组织，并通过《行政诉讼法》受案范围与《环境保护法》的修改将政府环境质量公益诉讼规定在内，则政府环境质量公益诉讼就能顺利开展。

4. 通过立法明确地方政府在环境公用设施、政府为责任主体的城镇污染场地、区域与流域环境污染、公共区域的生态修复方面的环境服务采购责任，通过政府与第三方治理企业的合作治理，提升环境质量。以上治理内容是政府环境质量保障的重要内容。以前多是政府投资，委托事业单位运营，造成投资大，效率低。环境污染第三方治理改革后，政府开始通过政策推进上述内容的第三方治理。这样就可以通过第三方的介入，迅速提升治理能力与治理效果。但靠政策推行会造成执行责任的追究困难。而通过法治化手段推行政府为责任主体的环境第三方治理则有助于政府责任的追究，从而强制政府积极开展政府采购环境服务，摆脱政府参与具体环境治理事务的桎梏，将政府"不该做""做不好"的事情交给市场治理。

　　5. 引入"政策环评"并提升环保规划在我国规划体系中的地位，实现政府决策责任从结果控制向过程控制转变。（1）引入"政策环评"，完善环评范围，强化对政策制定的监督。我国在环评审批范围方面，存在环评范围不全的问题。我国《环境保护法》与《环境影响评价法》规定的环评仅包括规划环评与建设项目环评，未将政策环评纳入环评范围。而在域外，政策环评是环境影响评价的重要内容。比如我国的香港地区，政策环评被包括在策略性环境影响评估当中，如"全港土地用途规划环境影响评估、运输策略和政策环境影响评估、专题策略及政策评估等"①。建设项目环评与规划环评往往仅就一个点、一个规划方案进行环评，而政策的影响往往是面的影响，并且具有反复适用性。所以政策环评比建设项目环评与规划环评更加重要。在《环境保护法》修改之初，学者们提出"政策环评"，但在修法过程中由于地方政府的强大压力，最终未实现"政策环评"，而是演化成为《环境保护法》第14条所规定的政府就经济、技术政策的环境影响听取有关方面和专家意见的规定。因此，必须修订《环境保护法》，规定政策环评的相关内容，从而加强对政府政策制定方面的控制。（2）提升环保规划在我国规划体系中的地位，在国民经济与社会发展规划统领下，其他规划要与环保规划相衔接。我国环境保护规划在规划体系中的地位偏低。《环境保护法》第13条规定县级以上政府应将环保工作纳入国民经济与社会发展规划、环境保护规划应与主体功能区规划、土地利用总体规划和城乡规划等相衔接。这说明我国是以国民经济与社会发展规划为统领的规划体系，但环境规划应与

---

① 彭峰：《环境法律制度比较研究》，法律出版社2013年版，第118页。

主体功能区规划、土地利用总体规划和城乡规划等相衔接则表明环境规划实质上低于主体功能区规划、土地利用总体规划和城乡规划。"据不完全统计，我国政府出台的规划多达 200 余种，体系庞杂，数量巨大，部分呈现'各自为政，争当龙头'的局面。"① 但是主要的规划还是国民经济与社会发展规划、城乡总体规划、土地利用总体规划、环境保护规划四大规划体系。国民经济与社会发展规划是最为宏观的规划，对各种规划具有统领作用，所以将环境保护工作纳入国民经济与社会发展规划无可厚非。但是规定环境保护规划与主体功能区规划、土地利用总体规划和城乡规划等相衔接则显示了环境保护规划的辅助地位，最终会造成环境保护对经济发展的屈从。另外，"多规合一"改革对环保规划的地位冲击更大。为了避免规划之间的冲突，2014 年 8 月，国家发改委等四部委联合印发了《关于开展市县"多规合一"试点工作的通知》，在全国 28 个市县开展"多规合一"试点。但是，如果环境规划参加"多规合一"，环境规划部门就有可能在与其他职能部门的权力冲突中处于弱势地位，最终会造成"多规合一"的规划中很难反映环境规划的重要地位，环境规划的内容很可能会在利益冲突中被淡化与边缘化。因此，环境规划不应当参加"多规合一"，并应在此基础上丰富环境规划的种类，包括污染防治规划、生态规划、自然保护规划；水、土、大气、森林、草原、农业等要素的规划；跨流域、跨区域、农村等地域类的专门规划，以做到环境规划时空与要素上的合理安排。其他规划与环境规划相冲突的应当及时修改，否则应当追究规划者的责任，从而保证在国民经济与社会发展规划的统领下，环境规划具有优先于其他规划的地位，以确保环境规划得到切实落实，避免其他规划违反环境规划所造成的不可逆转的后果发生。

通过上述制度设计，可以确保社会对政府环境质量保障责任追究的参与、加强市场对环境公共物品的提供、通过社会的力量对政府决

① 唐燕秋、刘德绍、李剑、蒋洪强：《关于环境规划在"多规合一"中定位的思考》，《环境保护》2015 年第 7 期。

策进行过程控制。政府环境质量保障责任追究虽然以政府管制模式为主，但这种模式如果缺乏多元治理模式的辅助，很容易因"官官相护"以及官员之间的派系与小团体关系而难以追究。因此，政府环境质量保障责任追究的政府管制模式如出现失灵，就应当匹配多元治理模式辅助与共振。尤其是上述信息公布的知情率标准的要求，可真正实现信息公开的目的，避免政府依法公开而公众却不知情的情况发生；政府以公文方式向有权提起环境公益诉讼的社会组织与检察机构公布上述信息，有利于上述机构对政府内部责任追究的监督，并在上级政府未依法依考核办法追究责任时，通过政府环境质量保障公益诉讼的方式追究政府环境质量保障责任。而在政府向市场购买环境服务上，则体现了环境多元治理，政府管制退居其次。政府付费、市场提供、社会监督完美结合，体现了政府、市场与社会的多元共治。"政策环评"虽属于政府管制模式为主，但由于环评的社会参与，所以也体现了环境多元治理对政府管制模式的辅助与共振，从而实现社会对政府决策的制约。

三　政府环境监管职责

根据"质监分离"的设计，政府环境监管职责由负有环境监管职责的职能部门承担，政府应当从监管中全面退出，以避免环境监管职能部门监管职责不全面以及政府对部门监管的干涉。政府环境监督管理职责包括政府环境监督职责与政府环境管理职责。其中政府环境监督职责通过"人监"与"技监"两种手段实施。"人监"是指监管职能部门通过行政检查的方式对环境开展监督。当然监管职能部门可以委托环境 NGO 对企业进行监督，也可以通过接受举报的方式发动群众对企业进行环境监督。"技监"是指监管部门通过环境监测设施设备对环境开展监督。根据环境污染第三方治理改革的精神，环保主管部门应负责向社会采购环境监测服务，以利用社会资本形成对环境监测的全面覆盖。政府环境管理职责包括环境管理决策与环境管理执法两种。环境管理决策是指政府环境监管部门制定部门规章、行政规范性文件，从而更好地为环境监督与环境管理提供依据的行为；环境管理执法是指政府通过行政许可、行政确认、行政征收与征用、行政强制、行政处罚等具体行政行为管理环境。

（一）政府环境监管职责的法律依据

《环境保护法》第2章专章规定了监督管理，政府环境监督管理职责主要集中在第2章当中，主要包括：（1）标准、制度、机制、政策、措施、方案、程序的制定。比如，环境质量标准、污染物排放标准的制定，重点污染物排放总量控制制度、环境保护目标责任制和考核评价制度、排污许可管理制度、环境监测等制度的制定，监测数据共享机制、环境污染公共监测预警机制、环境资源承载能力监测预警机制、跨行政区域的重点区域、流域环境污染和生态破坏联合防治协调机制等机制的制定，支持环保的财政、税收、价格、政府采购等方面的政策和措施、生态保护与恢复方案、公众参与程序等一般规则的制定。（2）环境规划的制定。比如，第13条是对环境规划的总体规定，第28条第2款规定了限期达标规划，第20条第1款规定了跨行政区域的重点区域、流域环境统一规划。（3）外部监管职责。《环境保护法》对外部监管职责进行了分配，规定了环保主管部门统一监管与政府相关部门的监管职责，并规定了规划环评与建设项目环评、实施排污许可、环境不良工艺、设备和产品淘汰与禁止引进、企业环境信用监管、现场检查、行政强制措施、行政处罚、行政处理等行政职权，这些行政职权同时也是职责。（4）内部监管职责。《环境保护法》规定了落实环保目标责任制与考核评价制度、上级政府及其环保部门、政府任免机关、监察机关对下级政府及其有关部门的内部监督职责。（5）监测类职责。《环境保护法》第17条对环境监测职责进行了统一规定，其他条文还规定了政府环境状况调查评价与环境资源承载能力监测预警、农业污染源的监测预警职责。（6）府际合作职责。《环境保护法》第20条规定了跨行政区域重点区域、流域环境污染和生态破坏的统一规划、统一标准、统一监测、统一防治的职责，上级政府承担了协调解决跨行政区域的非重点区域、流域环境污染和生态破坏的协调解决职责，有关地方政府承担了跨行政区域的非重点区域、流域环境污染和生态破坏的协商解决职责。

（二）我国环境监管不力的主要表现与原因

我国环境监管不力主要表现在环评审批执行不严与环境行政处罚率低、以罚代刑情况严重。

1. 规划环评难落地，变为好看不中用的奢侈品

规划环评是从布局、结构上对环境问题进行源头上的预防，因此在环评体系中具有较高的地位。如果说建设项目环评解决的是"点"的环境问题预防，则规划环评则是在"线"与"面"上实现整体预防，其重要性不言而喻。环保部原副部长潘岳提出，规划环评存在"编而不评""未评先批""评而不用"的问题，规划环评难落地已经成为环境问题源头预防的"拦路虎"。① 因此，有人戏称规划环评为"奢侈品"。②

规划环评之所以出现上述问题，主要是因为：首先，规划环评立法不足。虽然我国在规划上存在比较成熟、标准化的法律依据，但在规划环评方面则缺乏专门的法律规定，只有《环境保护法》第19条第2款"未进行环境影响评价的开发利用规划，不得组织实施"一条对规划环评进行约束，对规划环评的"全程互动"要求也无法律强制规定，并且《环境保护法》第68条也未为违反规划环评匹配任何行政责任。其次，由于违反规划环评并不会受到法律责任的追究，再加上规划部门与环评部门存在着争权夺利的部门利益之争，规划部门以及规划审批机关完全可以不理睬《环境保护法》第19条的规定而出现"编而不评""未评先批"现象。最后，由于规划环评法律的缺失，造成规划环评在程序上缺乏后续跟踪。因此就无法对"评而不用"现象进行实施过程中的全程制约，也无法在规划调整或变更后进行再环评。

2. 建设项目环评存在"未批先建"、相互勾结、公众参与不足问题

首先，虽然《环境保护法》第19条第2款规定了未进行环评的

---

① 参见杨凯《环境保护部出台系列制度 解决规划环评落地难》，《中国冶金报》2016年3月2日第1版。

② 刘瀚斌：《规划环评不应再当奢侈品》，《环境经济》2015年ZC期。

建设项目不得开工建设，但环保部原副部长潘岳称，我国"未批先建""擅自变更""未验先投"等现象仍然屡禁不止。此外，虽然环评机构属于独立于政府与市场的社会中介机构，但由于我国环评机制不健全，环保主管部门、环评机构、建设单位之间很容易发生利益输送，导致环评机构无法真正保持中立，成为建设单位与环保主管部门利用的工具。"环评机构的环评工作不能严格地按照相关规定和标准进行，而是受建设单位的影响较大，使得本身客观的环评工作没有履行科学和公正的原则。近年来，也出现了一些环评质量不符合要求，而导致的重大人员事故。"① 在公众参与上，建设项目环评公众参与包括对建设单位与环评审批单位的环评参与。但由于调查问卷设计存在问题，建设单位与环评单位在利益相关者选择上多选择受益者而回避受损者，环评信息公开不充足，造成真正的利益相关者诉求难以表达，从而引发一系列的问题甚至社会冲突。

建设项目环评之所以出现上述问题，主要是因为建设项目环评公众参与不足。规范建设项目环评的关键是斩断环保主管部门、环评机构、建设单位之间的灰色利益链，而这一利益链不可能通过政府监管解决，只能借助社会力量。而现实中，由于环评公众参与上的制度缺陷，公众难以充分获得环评信息，并且真实的利益相关者也很容易被环评部门与建设单位排挤。比如，厦门与宁波的 PX 事件，均依法进行了信息公开与环评的公众参与，但大部分公众并不知情，也未充分参与其中，造成了社会群体性事件。既然环评已经"依法"公开信息并邀请公众参与，但却未达到环评制度所设定的目标，这就说明所依之法存在问题。

3. 环境行政处罚率低、以罚代刑严重

环境行政处罚率低，以罚代刑问题严重是政府环境职责中最为突出的问题。如上文所述，2014 年全国环境损失 3 万多亿元，而罚款仅为 20 多亿元；2014 年浙江移送公安机关处理的环境违法犯罪案件

---

① 王耀琳：《浅谈规划环境影响评价存在的问题及建议》，《山东工业技术》2016 年第 2 期。

占全国近一半，其次是广东、河北与福建移送较多，大部分省市基本未积极移送。可见，我国环境行政处罚率极低，以罚代刑问题严重，因此很难弥补环境损失并对环境违法犯罪者起到震慑作用。之所以出现上述问题，主要是因为：（1）地方政府成为企业的"保护伞"，干预环境监管。（2）环境处罚职责分散，很难形成执法合力。（3）环境执法能力不足，存在环保执法权限设置混乱，执法人员数量不足、素质不高，经费、技术保障不足，权威性不高等问题。[①]（4）环保执法不透明，造成环境执法"猫鼠一家"。[②]（5）农村环境监管机构缺失，农业环境行政处罚难以开展。（6）尽管环保部与公安部共同发布《关于加强环境保护与公安部门执法衔接配合工作的意见》，但由于地方保护主义、执法人员徇私舞弊、执法人员法律素养不足、执法人员"多一事不如少一事"心理（司法程序工作量大、耗时长、证据要求高）、受害者不确定造成的受害者监督缺失、执法信息缺乏共享造成的检察监督不力等原因，环境犯罪移交司法追诉的比率较低。[③]（7）政府压制环境公众参与，"地方保护"仍是环境维权的瓶颈。[④]比如，2015 年宣判的湖北黄石重大砷污染致村民中毒案曾引发 500多群众上访。[⑤]在事情发生伊始，大王镇政府就存在隐瞒行为。大王镇政府曾组织刘苏塘村 150 人到镇里检查，只有 3 人被检查轻微中毒。村民要求去武汉检查，受到镇领导的阻止。后来在群众不断抗议下，黄石市政府才在省委、省政府的支援下，对 11906 人进行了尿样筛查。

---

①　汪劲主编：《环保法治三十年：我们成功了吗·中国环保法治蓝皮书（1979—2010）》，北京大学出版社 2011 年版，第 211—221 页。

②　新华网：《环保执法"猫鼠一家"源于执法不透明》（http：//news. xinhuanet. com/comments/2014 – 12/02/c_ 1113482419. htm）。

③　中国环保在线：《奈何以罚款惧之？污染环境"以罚代刑"当休矣》（http：//www. hbzhan. com/news/Detail/93958. html）。

④　张航：《"地方保护"仍是环境维权瓶颈》（news. xinhuanet. com/edu/2015 – 03/27/c_ 1114790752. htm）。

⑤　人民网：《湖北最大污染环境入刑案宣判 曾致 500 多群众上访》（http：//env. people. com. cn/n/2015/0210/c1010 – 26537331. html）。

（三）政府环境监督管理不力的应对

1. "质监分离"：政府环境监督管理不力的体制应对

"质监分离"是指前文所述的政府对环境质量负责，环境监管职能部门对环境监管负责。因此，政府应当从环境监管中彻底撤出，将环境监管职责全部交给环境监管部门行使。另外，为了减少政府对环境监管的干涉，还应通过环保大部制改革将环境监管权集中在环保主管部门行使，并实行环保机构省以下垂直管理。但这只是其一。"质监分离"要实现真正分离，还必须从考核机制上分开。目前，我国是将政府与环境监管职能部门混合放在环境保护目标完成情况考核当中。《环境保护法》第26条规定了政府将环保目标完成情况纳入本级政府负有环境监管职责的部门及负责人以及下级政府及其负责人考核内容。这意味着对环境监管部门的考核是由政府进行的，环境监管部门受政府操纵也就在所难免。环保目标完成情况主要考核环境质量达标情况与减排目标实现情况，这属于政府环境质量保障职责范畴，不应由环境监管职能部门承担。因为，环境质量与减排目标实现最终取决于地方政府的经济技术政策与各项规划，这是产生环境污染与生态破坏的关键，而环境监管并不产生环境污染与生态破坏。所以环境监管部门只对其环境监管负责，包括事前的预防：环境规划与环评审批；事中控制：环境监测与环境执法检查；事后处理：环境行政处罚、行政处理等。其中环境规划与环评审批主要对其科学性与公众参与度负责，所以应当在环境规划与环评通过审批后，交专业性的环境NGO进行再审查，并进行全程跟踪后评估，发现问题的则由该环境NGO建议变更或撤销；拒不变更或撤销的，该环境NGO可以将其交由有权提起环境公益诉讼的社会组织或检察机构提起环境行政公益诉讼。而环境监测与环境执法检查则应以监测率、检查率、数据真实性为考核目标，所以为了保证监测率、检查率与数据真实性，环境监管部门可充分利用环境NGO的力量全面实现监测，代理开展环境检查与调查，并可利用环境NGO对专门的环境监测机构进行再监督。而在事后处理的考核上，则应将环境损失与环境行政处罚罚款数额挂钩，上级环境监管部门委托环境NGO调查其下属环境监管部门区域

内的环境损失情况，并据此提出阶段性罚款目标，用以考核下级环境
监管部门。这样可以确保环境损失得到罚款的弥补，并能逐渐提高罚
款与环境损失之间的比例，最后实现罚款对环境损失的超越，实现罚
款的真实惩戒作用。

2. 环境监测委托：政府环境监督管理不力的技术应对

环境监测最早是由政府投资，事业单位运营。但政府投资很难迅
速实现环境监测的全面覆盖，事业单位运营也存在效率低下，机构臃
肿，监测机构不独立等问题。因此，目前环境监测服务政府采购已被
纳入政府采购当中，环境监测将借助社会资本的力量实现全面无缝隙
覆盖，并基于民营环境监测机构独立性的特点，环境监测数据的真实
性也能得到进一步的保障。

环境监测属于"技监"，是通过技术的力量辅助政府开展对企业、
农村与城市、区域与流域、各环境要素的全面监测。水、大气等还能
实现实时监测，并通过大数据技术实现实时网上公开、快速数据分析
与处理。经处理的数据可用于环境质量预警、环境违法报警等。环境
监测通过技术手段对环境进行监督解决了"人监"成本高昂、挂一
漏万、权钱交易等问题，并可及时固定证据，从而确保环境执法的顺
利进行。因此，环境监管职能部门应当积极购买环境监测服务，尽早
实现"技监"的从天空到地下，从山林到海洋的无缝监督。

当前篡改、伪造以及指使篡改、伪造环境监测数据的情况非常
多。因此，《环境保护法》第 68 条第 6 项规定了篡改、伪造或者指使
篡改、伪造监测数据方面的行政责任。2015 年 8 月 12 日国务院办公
厅印发《生态环境监测网络建设方案》，提出篡改、伪造环境监测数
据的，要追究党政领导干部的责任。环境监测数据的真实性不仅对行
政机关的决策，而且对企业、环境组织、民众参与环境治理起到重要
作用。如果行政机关提供的环境监测数据不真实，各环境治理主体就
不会作出正确的环境治理行动，从而给环境治理带来极大的影响。此
外，篡改伪造环境监测数据是对公众环境信息知情权最大的侵害。因
此，如果行政机关篡改、伪造环境监测数据达到一定的严重程度，就
不应仅仅追究行政责任，而应当追究刑事责任。

但环境监测方面篡改、伪造以及指使篡改、伪造环境监测数据方面有其制度根源，如果不在制度根源上解决，只依靠法律责任的追究，就不可能收到好的效果。因此，应当从环境监测机构的独立性以及环境监测的买方上确保其不受政府干预。一是环境监测机构应当由民营机构承担，切断其与政府之间的关系；二是应当由环境监管部门购买环境监测服务，而不能由政府购买。环境监测数据关系到政府环境质量的评价，如果由政府购买就难免会造成二者之间的串通。在环保主管部门垂直管理后，由环保主管部门购买环境监测服务，可以有效确保环保部门对政府以及企业的监督。

3. 环境行政公益诉讼：政府环境监督管理不力的法律应对

自 2015 年 7 月全国人大常委会在十三个省、自治区、直辖市开展公益诉讼试点之后，我国已有检察机构提起环境行政公益诉讼的先例。"2016 年 1 月 13 日，贵州省福泉市人民法院公开开庭，审理了贵州省锦屏县人民检察院诉锦屏县环境保护局环境行政公益诉讼一案，当庭宣判：确认被告锦屏县环境保护局在 2014 年 8 月 5 日至 2015 年 12 月 31 日对鸿发、雄军等企业违法生产的行为怠于履行监管职责的行为违法。这是试点工作开展以来，人民法院审结的第一起由检察机关提起的环境公益诉讼案件。"[1] 国外环境行政公益诉讼非常发达，但我国目前才刚刚起步，并且提起环境行政公益诉讼的主体仅为检察机构。因此，我国应当在试点中增加有权提起环境民事公益诉讼的社会组织为环境行政公益诉讼提起主体，以实现政府环境行政责任追究的社会参与，并在试点成功后，及时修订《行政诉讼法》，增加环境行政公益诉讼的内容。环境行政公益诉讼除可对政府提起环境质量公益诉讼之外，还应对环境监管职能部门提起不作为、乱作为的公益诉讼。比如环境规划的变更或撤销之诉，环评违法之诉，行政处罚不作为之诉，篡改、伪造环境监测数据之诉等。

---

① 乔文心：《助力公益诉讼 护航绿水青山——人民法院审理检察机关提起环境公益诉讼案件综述》，《人民法院报》2016 年 3 月 3 日第 1 版。

　　4. 强化公众参与：政府环境监督管理不力的治理应对

　　公众参与是治理政府环境管制模式下的政府失灵最为有效的工具，是通过环境多元治理对政府管制模式的辅助与共振。环境 NGO 除可参加环境规划与环评的再审、环境监测服务、提起环境公益行政诉讼之外，还可依法承接行政处罚委托、承接环境检查与环境调查等事务，从而辅助环境监管部门进行环境监督与管理，克服环境监管部门执法能力不足并抑制环境监管部门的腐败行为。在环境行政处罚方面，应当借鉴西方"吹哨人"制度，建立有奖举报制度，"以罚养罚"。也就是通过罚款与罚金提取一定比例奖励举报人，以鼓励举报人积极参与行政处罚的辅助调查与举报以及企业环境犯罪的举报与追究，从而在不增加经费的情况下，利用社会的力量解决行政处罚不力以及刑事责任追究不力问题。另外，在环境决策、环境规划、环评等方面，应当加大环境信息公开力度，动员公众积极参与，从而确保公众利益诉求的充分表达。具体环境信息公开与公众参与的内容下文有专门论述。

　　环境监管部门如果单纯依靠自身力量实现环境监管目标，就必须投入大量行政经费，配备大量监管人员，但监管队伍的纯洁性并不能得到很好保证。如果借助社会的力量，则会以较低的监管投入，收到较为理想的监管效果。公众参与环境监管不仅能辅助环境监管部门打击环境违法犯罪，而且能够监督环境监管部门正当行使监管权力与履行监管职责，切实做到"权为民所用，情为民所系，利为民所谋"。

四　政府保障环境信息公开职责

（一）政府保障环境信息公开职责概况

　　根据我国《环境保护法》《政府信息公开条例》《环境信息公开办法（试行）》，我国政府作为环境信息公开者应当承担以下职责：

　　1. 地方政府环境信息主动公开的职责。除依《政府信息公开条例》主动公开相关政府环境信息外，县级以上地方政府还应根据《环境保护法》第 26 条承担公开本级政府负有环境监管职责的部门及其负责人和下级政府及其负责人考核结果的职责。

2. 环保部门环境信息主动公开的职责。除依《政府信息公开条例》主动公开相关政府环境信息外，根据《环境保护法》第 54 条，环保部承担统一发布国家环境质量、重点污染源监测信息及其他重大环境信息的职责，省级以上政府环保部门承担定期发布环境状况公报的职责，县级以上政府环保部门承担公开环境质量、环境监测、突发环境事件以及环境行政许可、行政处罚、排污费的征收和使用情况等信息的职责，县级以上地方政府环保部门承担及时向社会公布违法者名单的职责，第 56 条第 2 款规定了负责审批建设项目环评文件的环保部门全文公开建设项目环境影响报告书的职责（涉及国家秘密和商业秘密的事项除外）。另外，《环境信息公开办法（试行）》第 11 条第 1 款还对环保部门主动公开的内容进行了细化，列举出 17 项主动公开的内容，第 2 款规定环保部门编制政府环境信息公开目录的职责。

3. 其他负有环境监管职责的部门环境信息主动公开的职责。县级以上政府其他负有环境监管职责的部门公开环境质量、环境监测、突发环境事件以及环境行政许可、行政处罚、排污费的征收和使用情况等信息，及时向社会公布违法者名单；建设项目环评文件的审批部门全文公开建设项目环境影响报告书（涉及国家秘密和商业秘密的事项除外）。

4. 依申请公开的职责。政府、环保部门及其他负有环境监管职责的部门除依法主动公开环境信息之外，应当依《政府信息公开条例》承担依申请公开环境信息的职责，环保部门应当依《政府信息公开条例》与《环境信息公开办法（试行）》承担依申请公开环境信息的职责。

5. 公开的方式与程序职责。政府应当依照法定的方式与程序公开政府环境信息。主动公开的法定方式包括《政府信息公开条例》第 15 条规定的政府公报、政府网站、新闻发布会以及报刊、广播、电视等便于公众知晓的方式，这一点《环境信息公开办法（试行）》与之相同，第 16 条规定了国家档案馆、公共图书馆等政府信息查阅场所。除此之外，第 16 条还规定了酌定的公开方式，也就是行政机关可以设立公共查阅室、资料索取点、信息公告栏、电子信息屏等场所、设施公开环境信息。根据《政府信息公开条例》第21条，依申请公开的方式则是告知申请人获取该政府信息的方式和途径，《环境信息公开办法（试行）》与之相同。政府除依公开方式之外还应严格按照环境信息公开的程序公开，在此不作详细探讨。

6. 监督企业环境信息公开的职责。政府作为环境信息公开者，负责公开政府制作的信息以及政府从公民、法人和其他组织那里获取的政府信息。企业负责依法公开企业环境信息。但是依《环境信息公开办法（试行）》第6条第4款第7项，环保部门有监督本辖区企业环境信息公开工作的职责，《环境保护法》第62条规定了重点排污单位不公开或者不如实公开环境信息的，由县级以上地方政府环保部门责令公开的职责；第28条规定了污染物排放超过国家或者地方排放标准，或者污染物排放总量超过地方政府核定的排放总量控制指标的污染严重的企业，不公布或者未按规定要求公布污染物排放情况的，由县级以上地方政府环保部门代为公布的职责。

7. 政府环境信息公开制度建设与内部监督职责。《环境信息公开办法（试行）》第6条第4款规定了环保部门制定政府环境信息公开的规章制度、工作规则、监督考核本部门各业务机构政府环境信息公开工作、监督指导下级环保部门政府环境信息公开工作等职责；第12条规定了环保部门建立健全政府环境信息发布保密审查机制，明确审查的程序和责任的职责；第24条规定了环保部门建立健全政府环境信息公开工作考核制度、社会评议制度和责任追究制度，定期对政府环境信息公开工作进行考核、评议的职责；第25条规定了环保部门公布本部门的政府环境信息公开工作年度报告职责。

（二）政府环境信息公开存在的缺陷

我国《政府信息公开条例》与《环境信息公开办法（试行）》均于2008年5月1日实施，经过8年的发展，我国已经进入大数据时代，上述条例与办法已经落后于时代的发展。主要体现在：空气、水等实时监测技术的运用可以实现在线公布实时监测数据，云处理与云计算可以实现对环境信息的海量存储与快速分析，"互联网＋"的运用促进了政府公共服务移动化，到 2015 年 2 月 6 日，国家网信办在石家庄举办的政务新媒体建设发展经验交流会上传出消息，政务微博账号达 24 万个，政务微信账号已逾 10 万个。①

因此，在大数据时代背景下，环境信息的收集、分析与共享已经非常便利。然而，由于我国政府信息公开的相关立法比较陈旧，环境信息公开仍然存在责任主体割据、环境信息公开不及时、环境信息公开范围窄、环境信息公开服务水平低、环境信息公开方式陈旧等问题。

（三）政府保障环境信息公开职责的完善

要完善政府保障环境信息公开职责，就必须解决公开主体割据、公开不及时、公开范围窄、公开服务水平低、公开方式陈旧等问题。

1. 明确政府统一政府环境信息公开网络平台，并通过该平台为社会提供政府环境信息公开服务的职责。这样一是能够解决政府环境信息公开数据不一致的相互"掐架"问题。二是能够方便公众到该平台查询主动公开信息，并通过该平台申请公开信息。三是在公众向任何地方政府及其职能部门申请公开政府环境信息时，该行政机关均应当受理并通过该平台为公众提供信息公开服务，既避免了环境信息公开的相互推诿，又方便了公众。

2. 确定环境信息公开的时限，明确及时公开环境信息的职责。首先，要确定实时公开环境信息的范围，在政府环境信息公开网络平台上为公众提供实时信息公开服务；其次，要根据不同的主动公开环境信息设定不同的时限，确保其通过各传统媒体及网络媒体及时公开；最后，要对依申请公开的环境信息设定更短的时限，确保信息公开的快捷。

3. 扩大环境信息公开范围，让政府承担更大范围的公开职责。目前由于环境信息公开的相关立法与保密法的立法规定存在一定的冲突，一些行政机关往往借助更高位阶的保密法拒绝公开环境信息。因

① 新华网：《政务微信崛起：地方传统媒体转型的挑战与机》（http：//news. xinhua-net. com/newmedia/2015－06/10/c_ 134313854. htm）。

此，应当提升环境信息公开的立法位阶，并明确环境信息公开的保密范围，在保密范围之外的环境信息一律公开，从而通过"排除法"的使用扩大环境信息公开的范围。

4. 确定政府环境信息公开服务标准，明确依标准提供服务的职责。政府除为公众提供原始政府环境信息之外，还应通过立法明确分析、预测、指导类的政府环境信息，政府无能力提供的，可以委托专业机构提供。这是从质量与品种上提高政府环境信息公开服务标准。另外，政府除依法公开环境信息之外，一些信息还应当主动"送货上门"。这些主动提供的政府环境信息可根据数据处理系统对利益相关者进行智能分类，主动发送给企业、环境 NGO、社区等组织；一些与民众利益相关度比较大的环境信息还应主动通过微信、短信等方式发送给民众。这是从提供方式上提高政府环境信息公开服务标准。

5. 确定新型媒体为法定公开方式，明确政府在新型媒体公开环境信息的职责。目前，传统媒体的受众率越来越低，而网络、微信、微博等新型媒体则随着手机智能化的普及而倍受公众喜爱，其受众率最高。因此，应当通过立法确定新型媒体为政府信息公开的法定媒体，明确政府通过新型媒体公开环境信息的职责，并同时规定政府定期通过各传统媒体及新型媒体向社会公众推广政府环境信息公开网络平台的职责，以确保大部分民众知晓、运用政府环境信息公开网络平台查询政府环境信息与申请政府环境信息公开。

6. 明确环境 NGO 的信息公开责任，并规定政府对环境 NGO 信息公开的监管职责。我国《环境信息公开办法（试行）》仅规定了政府、企业环境信息公开，未规定环境 NGO 的环境信息公开。环境 NGO 是环境公益组织，代表公众环境利益，是环境多元共治格局中的社会一极最具专业性、组织性、公益性的重要力量，承担着代表社会向政府、市场表达诉求、磋商与合作的重要责任，因此理应通过环境信息公开接受公众的监督。所以，应当通过立法明确环境 NGO 的环境信息公开责任，并规定政府对环境 NGO 环境信息公开的监管责任。在环境 NGO 未依法公开环境信息时，政府应当责令其公开，甚至可以对其作出行政处罚。

7. 在政府、企业、环境 NGO 环境信息公开网络平台运作比较成熟的情况下，可以利用大数据、云计算等先进技术将三大环境信息平台合一，统一由政府向社会公众提供环境信息公开服务。政府运作能力有限的，可以委托专业的环境 NGO 运行。这样，公众登录政府、企业、环境 NGO 环境信息公开平台，不仅可以获得政府环境信息，也可以获得企业与环境 NGO 环境信息。另外，环境 NGO 可以为政府、企业、社会提供环境信息数据分析与预测等技术服务，以便指导政府、企业、社会采取正确的环境行动。

五　政府保障与促进环境公众参与职责

（一）政府保障与促进环境公众参与职责的法律依据

《环境保护法》第 53 条规定了公众的环境参与权，并规定了各级政府环保主管部门和其他负有环境监督管理职责的部门完善公众参与程序，为公民、法人和其他组织参与环境保护提供便利的职责。这是对政府保障公众参与职责的统一规定。此外，《环境保护法》还就具体的政府保障公众参与职责作了规定。比如，第 14 条规定了政府就经济、技术政策的环境影响听取有关方面和专家意见的职责；第 57 条规定了接受举报的机关为举报人保密，保护举报人的合法权益的职责；第 56 条第 3 款规定了应当编制环境影响报告书的建设项目未充分征求公众意见的责成建设单位征求公众意见的职责。

《环境保护法》的上述规定体现了政府对公众参与权的保障，为了促进公众参与环境保护，《环境保护法》还规定了政府促进环境公众参与的职责，主要体现在：（1）政府对市场与社会环境治理的支持。一是经济政策支持。《环境保护法》第 21 条规定了通过财政、税收、价格、政府采购等方面的政策支持环保产业发展的职责；第 22 条规定了通过财政、税收、价格、政府采购等方面的政策和措施支持进一步减排的职责；第 36 条第 2 款规定了通过优先采购支持环境友好型产品、设备和设施的职责；第 31 条规定了通过生态补偿支持生态环境保护的职责。二是环保科技支持。《环境保护法》第 7 条规定了支持环保科技、环保产业、环保信息化的职责；第 15 条第 3 款规定了鼓励环境基准研究的职责；第 33 条第 1 款规定了推广农业环保新技术的职责；第 40 条规定了促进清洁生产和资源循环利用的职责。除此之外，《环境保护法》第 52 条规定了鼓励投保环境污染责任险的职责；第 23 条规定了支持环境转产、搬迁、关闭的职责。（2）政府对环境文明的倡导。《环境保护法》第 9 条规定了各级政府环境宣传教育职责，政府鼓励基层群众性自治组织、社会组织、环境保护志愿者开展环保宣传的职责，教育部门与学校的环境教育职责；第 36 条第 1 款规定了倡导环境友好型采购与消费的职责；第 11 条规定了对保护和改善环境有显著成绩的单位和个人给予行政奖励的职责。（3）政府与市场、社会之间的环境治理合作。政府通过与市场、社会开展环境治理合作，可以促进市场与社会对环境治理的深度参与。但《环境保护法》在这方面规定并不多，主要是第 18 条规定的政府可以委托专业机构对环境状况进行调查、评价。当然，《环境保护法》第 65 条对环评机构、环境监测机构、环境监测与环境防治污染设施设备维护、运营机构法律责任的规定也暗含着政府与上述机构之间的合作关系，其中环评机构与政府的合作已为《环境影响评价法》所规定。

（二）公众环境参与范围的扩展与我国政府保障与促进职责的滞后

有学者认为"环境公众参与权分为主要权利和保障性权利，前者包括环境知情权、参与环境立法权、参与环境执法权、参与环境救济权和参与环境监督权，后者包括参加环境社团的权利以及环境受教育权等"[①]。该学者是从广义上界定环境公众参与权。《环境保护法》第 5 章专章规定了信息公开和公众参与，彰显了我国对环境公众参与权的重视。《环境保护法》第 53 条第 1 款规定："公民、法人和其他组织依法享有获取环境信息、参与和监督环境保护的权利。"由于《环境保护法》将获取环境信息的权利（环境知情权）、参与环境保护的

---

① 王兆平：《环境公众参与权的法律保障机制研究——以〈奥胡斯公约〉为中心》，博士学位论文，武汉大学，2011 年。

权利（参与权）和监督环境保护的权利（监督权）相并列，基于新环保法的规定，应从狭义上对环境公众参与权进行界定。也就是说公众的环境参与权不包括环境知情权与监督权（但公众环境参与权必须建立在环境知情权与环境监督权的基础上）。

环境多元治理的基础是公众参与。但最初的公众参与是在政府管制模式下的公众参与，并且多为民主参与，也就是通过民众选举的代表参与。但通过代表间接参与，并不能充分表达公众的个性诉求，就此演化出了利益相关者对环境决策的直接参与，比如听证会参与。然而决策参与只是比间接参与更进一步，并未充分实现公众的全面参与。当民众发现，无论是间接参与还是决策的直接参与均无法解决环境问题时，公众不再局限于参与决策，而是要求更深层次、更广泛地参与，也就是通过社会权力的行使，形成与政府、市场鼎立的社会一极，通过与政府、市场进行平等协商、磋商、分工与合作，共同治理环境，由此形成了环境多元治理模式。在环境多元治理模式下，公众参与的范围不仅包括政治层面的间接参与，也包括环境决策层面的直接参与，同时也包括了社会环境自治、社会与政府、社会与市场甚至社会、政府、市场三方的合作共治、环境救济、环境结社等。因此，环境公众参与权应当是公民、法人和其他组织参与政府环境决策、执法、救济，以及参加环境组织和参与环境自治、参与环境合作、参与环保活动的权利。

但是，就目前的立法来看，我国的环境立法主要还是建立在公民环境间接参与与环境决策的直接参与上，对环境执法、环境救济、参加环境组织和参与环境自治、合作共治、环保活动的规定不足。而在环境政策上，我国目前刚开展环境污染多元治理，对第三方企业、环境监测机构的参与规定较多，而对公众参与则规定较少。所以，我国在环境政策上尚未完全实现环境多元治理。我国环境保护"十三五"规划拟将环境多元治理列入规划内容，虽然"十三五"规划的规定有助于公众环境参与权的实现，但通过政策推动公众参与难以得到法律保障。因此，必须通过立法对公众环境参与权的范围进行明确界定，以将政府保障公众环境参与权的职责范围扩展到环境多元治理的广度与深度，助推环境多元治理的开展。

（三）政府保障与促进环境公众参与职责的完善

1. 政府保障公众参与环境决策职责

在环境立法决策上由于有《行政法规制定程序条例》与《规章制定程序条例》，因此公众参与的程度相对较高。但在政府环境立法决策之外的政府环境决策上，目前尚无全国统一的立法，各地方政府依其制定的重大行政决策程序规则或规定吸纳公众参与。虽然此种地方政府规章能够在一定程度上保障公众在政府制定环境政策、规范性文件及其他重大环境决策方面的参与权，但各地方规定并不一致，对公众参与的保护程度也各不相同。因此，应当尽快出台《重大行政决策程序条例》，确定政府在重大行政决策方面保障公众参与权的职责，以确保公众对环境重大行政决策的参与权。此外，根据《环境保护法》第53条第2款之规定，各级政府环保部门和其他负有环境监管职责的部门应完善公众参与程序，为公民、法人和其他组织参与环境保护提供便利的职责。因此，凡负有环境监管职责的职能部门都有制定程序规则保障环境公众参与权的职责。所以，环保部及其他负有环境监管职责的国务院职能部门应当出台部门规章，规范环境公众参与程序，确保公众的环境决策参与权。省级及省级以下的环保部门及其他负有环境监管职责的部门也应根据部门规章制定相应的规范性文件确保环境公众参与权。部门规章及规范性文件应当包括：（1）公众参与环境决策的事项范围。主要包括环境行政法规与规章的制定与修订、环境规范性文件的制定与修订、环境规划与计划、重大政策的制定与调整、重大环境财政资金的安排与使用、重大环境投资项目的立项审批等。公众参与的范围越广，公众参与环境决策的实体权利越多，政府保障公众参与的环境职责也就越大。（2）公众参与环境决策的程序权利。主要包括程序进入权、知情权、发表意见权、意见获得回应权和合理意见获得采纳等权利。在程序进入权上，论证会仅邀请专家参与，座谈会邀请专家与利益相关者参与，因此公众不享有平等的程序进入权。但在座谈会中，应赋予环境NGO程序进入优先权，以保障该利益群体共性诉求的表达。在听证会中，公众拥有平等的程序进入权，此外，还应为其配置申请主持人回避、辩论、举证、质证等权利。与公众程序权利相对应，政府则应尽到及时披露决策信息、保障代表充分发表意见、认真听取意见并制作笔录、容忍异议与批评、采纳合理意见、对意见的采纳与否及时回应并说明理由等职责；在听证会方式中还应为其配置依法决定主持人回避、组织辩论与质证等职责。

2. 政府保障公众参与环境执法职责

我国《行政处罚法》《行政许可法》《行政强制法》等立法对政府环境执法的行政相对人的参与权进行了充分的保障。因此，政府保障公众参与环境执法职责主要体现在行政相对人之外的公众对环境执法的参与。我国公众对环境执法的参与主要体现在参与环境影响评价、参与环境执法检查或调查、参与环境行政处罚等方面。

（1）公众参与环境影响评价。根据我国《环境影响评价法》，环评机构（也属于公众参与中的社会方）与公众均有权以不同的方式参与环评，其中环评机构的参与属于专业性参与，公众参与属于诉求表达与监督性质的参与。我国环境影响评价方面之所以出现了环评机构背离其社会中介组织的性质，成为环评审批部门与建设单位利用的工具，主要是因为环评机构之外的公众参与不足。公众参与环境影响评价既是参与式民主的体现，同时也是环境多元治理的体现。尽管我国《环境保护法》及《环境影响评价法》对公众参与有诸多规定，但我国环评公众参与仍存在诸多问题。

首先，在利益相关者的识别上存在问题。在规划环评上，由于规划存在宏观性与影响的间接性，其影响的范围与人群很难确定，可能会存在真正的利益相关者遗漏的问题。在建设项目环评上，《环境影响评价公众参与暂行办法》第15条第1款虽细化了利益相关者代表的选择，根据地域、职业、专业知识背景、表达能力、受影响程度等因素选择公众代表，并且规定必须包括受项目影响的公众代表，但这种倾向于专家代表的选择模式，高估了专家的中立性。"专家的中立性是一个假设，尤其在我国，专家的生存和发展空间很大程度上依附于行政部门。在由政府或建设单位出资的环评论证过程中，他们自然会倾向于邀请熟悉或'听话'的专家参与评审，导致专家和利益诉求的结合脱离了专家的理性和中立性的意义。"①

其次，环评信息公开存在问题。尽管我国环评立法对信息公开时间、内容与方式作了详细规定，要在三个节点上依法定方式公开法定内容：确定环评机构后；编制环评报告书过程中，报送环评审批或重新审核前；受理环评报告书后。但信息公开的信息容量与可理解性会影响公众对该规划对自身利益影响的判断，信息容量太大会淹没关键信息，太小会遗漏关键信息，信息太专业会影响公众的理解。而公开的频次与方式也会影响公众知悉信息。比如，在政府官网上公开信息，公众几乎不会去看，而通过新闻发布会发布又会造成信息传播的短效性。上述问题可能会造成环评审批通过后，公众才突然"知情"。比如厦门与宁波的 PX 项目事件、四川什邡事件均依法做了信息公开，但公众却大多不知情，结果导致审批通过后的环境事件发生。

最后，在参与方式上存在问题。我国公众参与环评的方式主要有问卷调查、座谈会、论证会与听证会。问卷调查的问卷设计直接影响意见的征集效果，问卷设计的发放对象选择又直接影响意见的代表性，而在问卷设计与发放对象方面我国并无明确规定；座谈会与论证会的代表选择上召集方拥有代表选择权，结果会成了"红顶专家"的俱乐部；而在听证会的程序规定上我国又存在欠缺，比如陈述、举证、质证、辩论、听证结果的法律效力等，在听证会中，主持人如果在发言方面存在偏向的话，也会严重影响听证的效果；我国并不存在替代性方案的选择方面的规定，所以代表只能从几个官方方案中选择。

针对上述问题，应当通过立法修订在以下几个方面确保环评公众参与：一是制定利益相关者选择细则，而不是通过一到两条的法条作粗略的规定。比如直接利益相关者的区分标准，间接利益相关者中的

---

① 吴满昌：《公众参与环境影响评价机制研究——对典型环境群体性事件的反思》，《昆明理工大学学报》（社会科学版）2013 年第 4 期。

环境组织代表优先权（环境组织具有更强的代表性、组织性、专业性、纪律性、权威性，因此应当赋予其间接利益相关者代表优先权），根据专家分类系统选择专家种类并随机抽取，以避免"红顶专家"虚假参与等。二是对环评信息公开作出更为详细的规定。要对环评信息公开的频次作出规定，如果只是公开一次，就不可能做到广为知晓，只有通过几次反复公开，才能实现公开之目的；要将微信与短信纳入环评信息公开的法定方式，以提高信息公开的受众率；要针对不同媒体确定信息容量，针对不同受众确定公开的信息的专业性程度。信息容量的大小要与媒体相适应，比如利用短信公开，就不可能采取大容量的方式，而利用政府网站与报纸公开，则可采取大容量方式。而针对专家，则可以公开专业性信息，但针对普通公众则应当浅显易懂。三是细化参与方式规定。要通过立法，对问卷调查的设计与发放对象选择作出明细规定，以确保问卷调查的有效性；要对座谈会、论证会、听证会程序进行详细规定，尤其是要明确听证会主持人的回避制度，代表的平等诉求表达权的保障，陈述、举证、质证、辩论、决定的程序，代表意见的回应与听证结果对决定的拘束力，替代方案的选择等。

（2）公众参与环境执法检查或调查。目前我国环境执法主要依靠地方环保主管部门完成，但我国环保主管部门属于倒金字塔结构，"中央和省级执法力量雄厚，而市、县、乡级的执法力量则较薄弱，有的县级环保局能够保障日常执法的工作人员只有一到两人，而部分乡镇根本没有任何执法力量"[1]。基层环保主管部门不论是在执法人员素质与执法人员数量上，都是"小马拉大车"，无法适应日益繁重的环境执法要求。在环保机构未垂直管理的情况下，地方环保主管部门在人事与经费上还受地方政府控制，环境执法难度相当大。在此种情况下，环境监管部门可以将环境执法检查或调查委托给环境 NGO 或者受企业影响较大、利害关系密切的社区，通过向环境 NGO 与社区购买环境执法检查或调查服务，解决执法力量薄弱的问题。

---

[1] 常纪文：《新环保法遭遇实施难题》，《经济参考报》2015 年 4 月 8 日第 6 版。

（3）公众参与环境行政处罚。首先，应当允许环境 NGO 接受环境监管部门的委托以环境监管部门的名义行使环境行政处罚权。我国《行政处罚法》第 18 条规定："行政机关依照法律、法规或者规章的规定，可以在其法定权限内委托符合本法第 19 条规定条件的组织实施行政处罚。"但这一规定受两个限制：一是必须有法律、法规或者规章的规定；二是必须委托符合第 19 条规定的管理公共事务的事业单位。这就造成我国环境监管部门自己设立事业单位供养执法人员。而这些环境监管部门供养的执法人员实质上被当成公务员进行管理，很难确保事业单位作为社会机构参与行政处罚。因此，我国应当放宽限制，大胆委托环境 NGO 开展环境行政处罚，从而确保受委托的社会组织的社会性，避免政府及政府部门对其行政处罚过程的影响。其次，应当积极推广有奖环境举报。《环境保护法》对公众对环境违法的举报权也进行了保护。我国《环境保护法》虽规定了保护环境举报的措施，但对有奖环境举报并未作出明确规定。不过，通过《环境保护法》第 11 条"对保护和改善环境有显著成绩的单位和个人，由人民政府给予奖励"的规定，可以推断出我国具有开展环境有奖举报的法律基础。因此，政府应当通过环境立法或制定环境政策，明确环境有奖举报制度。国外有从罚款或罚金数额中提取一定比例奖励举报人的相关制度。"吹哨人"制度普遍应用于食品安全、环境治理、刑侦执法等领域。① 比如，英国、美国、德国、新加坡的"吹哨人"制度，就允许"吹哨人"获得公益代位诉讼的 15%—20% 的赔偿金作为鼓励和补偿。西方为此还专门制定了法律，如美国联邦政府 1963年的《欺诈声明法》、1978 年的《文官改革法》、1989 年的《吹哨人保护法》、2002 年的《沙滨法案》、2012 年的《吹哨人保护增强法案》等。我国食品领域的有奖举报就是学习西方的"吹哨人"制度。因此，我国可以效法国外，通过物质奖励积极助推环境执法的公众参与。此外，"堡垒最容易从内部攻破"，为了解决举报人与企业信息

---

① 殷春岭、陈波、谢铮等：《借鉴西方"吹哨人法案"完善我国食品卫生有奖举报制度》，《环境与职业医学》2015 年第 6 期。

不对称问题，并获取企业环境违法犯罪充足的证据，应当鼓励"内部吹哨人"，从企业内部发展举报人。

3. 政府保障公众参与环境救济职责

公众参与环境救济主要包括公众参与环境行政调解、行政裁决、行政复议。首先，在环境纠纷行政调解方面，政府工作人员作为调解人，可以邀请公众协助参与环境纠纷的调解。但环境纠纷的行政调解公众参与并不像环境行政裁决、环境行政复议那样应当有强制性的要求。在环境纠纷调解时，政府工作人员可以邀请也可以不邀请公众参与，这属于政府工作人员的自由裁量范围。环境纠纷尤其是环境污染侵权纠纷往往涉及专业知识，有时政府工作人员在处理此类纠纷时也往往因缺乏专业知识而出现调解困难。此时最好邀请具有环境专业知识的环境 NGO 参与调解。环境 NGO 参与环境纠纷的调解不仅能够使当事人充分相信其专业知识，同时也基于环境 NGO 的中立性，更容易为受害人所接受。其次，在参与行政裁决方面，应当建立环境行政裁决委员会裁决环境纠纷。这主要是因为政府环境监管部门往往缺乏环境污染侵权方面的专业知识，同时环境监管部门与企业"官商勾结"的现象也很难避免。因此，由政府人员对环境行政裁决作出决定往往很难实现环境行政裁决的专业性与中立性。而环境行政裁决的专业性与中立性不强，又会引发后续的行政复议或诉讼，违背了行政裁决为民众提供方便、快捷、低成本纠纷解决机制的初衷。因此，应当通过立法建立环境行政裁决委员会制度，从具有环境专业知识的院校、环境 NGO 聘请社会裁决员，与环境监管部门裁决员共同作出环境行政裁决决定。环境行政裁决社会裁决员可建立人才库，由当事人双方从中选择等量裁决员，并执行利益相关者回避制度。最后，在参与行政复议方面，应当通过立法建立由政府、社会代表共同构成的环境行政复议委员会，保障公众对环境行政复议的参与权。我国《行政复议法》于 1999 年颁布，2009 年进行了修订。但行政复议存在着严重的"官官相护"问题，因此一些地方开展了行政复议委员会方面的改革并取得了成功。目前，我国正在修改《行政复议法》，行政复议委员会有望确立。所以，在环境行政复议方面，可以率先开展行政复议委员会改革，充分吸纳社会各界代表进入行政复议委员会名单，由行政相对人选择社会代表与政府代表共同组成行政复议委员会作出复议决定，以确保政府履行公众参与环境行政复议的职责。

4. 政府保障公众参加环境组织职责

我国宪法规定了公民结社权，但由于我国《社会团体登记管理条例》对社会团体的成立实行双重管理，并且不允许在同一区域设立相同或相似性质的社会团体，这严重限制了环境组织的数量与类型，并对公民宪法上的结社权造成侵犯。环境 NGO 的壮大是推进环保事业发展的关键因素，也是开展环境多元治理的重要一环。因此，政府应当修订《社会团体登记管理条例》，确保公民的环境结社权。在放宽环境组织设立限制的基础上，政府应当充分履行保障公众参与环境组织的职责，并且应当采取行政指导、环境宣传与教育，积极鼓励公众参与环境组织，以提升全民的环境意识，促成公众通过参与环境组织积极参与环保行动。环境组织种类与数量的增多，同时也可以避免政府对环境组织的操控。目前，由于环境组织较少，个别地方政府可以通过买通环境组织或者对环境组织以取缔相威胁等方式操控，从而使环境组织成为政府的附庸，环境组织就失去了其社会性与中立性。而环境组织种类与数量的增多就会造成政府操控环境组织困难，政府可以操纵几个环境组织，但其他环境组织也会代表公众维护权利。尤其是不受地域限制的跨行政区域的环境组织，因其不受地方政府限制，在环境维权上能够起到更大的作用。因此，政府保障公民环境结社权的关键，就是放宽社会团体的设立限制，并鼓励公众积极参加环境组织。

5. 政府促进公众参与环境自治、环境合作与环保活动的职责

虽然一些政府或职能部门出台了一些政策涉及社会环境自治（比如第三方治理企业行业自律、环境村规民约的推广等），但在政府促进公众参与环境自治、环境合作与环保活动方面，我国立法比较欠缺。政策推动往往难以收到好的效果，只有通过立法让政府承担促进公众参与环境自治、环境合作与环保活动的法定职责，才能有效鞭策政府积极履职，扫清公众参与环境自治、环境合作与环保活动的

障碍。

在社会环境自治方面，政府应当鼓励行业协会性质的社会组织对市场主体的环境行为进行规范，从而通过行业自律实现对企业环境行为的规制；应当鼓励村民委员会与居民委员会等基层自治组织开展环境自治，从而激活基层自治组织的自治权，通过自治解决环境问题；应当加强对社会环境自治方面的行政指导，加大行政奖励力度，加强社会环境自治方面的宣传与教育，通过"软监管"促进社会环境自治。在环境合作共治方面，政府要通过环境政策打包支持促进环境NGO积极开发环境标志认证与环境自愿性协议的推广；加强政府向社会购买环境服务，比如环境宣传教育、环境调查、环境监测、环境行政处罚等；积极促进社区与社区内企业、环境NGO与企业甚至政府、市场、社会三方签订环境监督协议，借助社会的力量对企业开展全方位监督。在公众参与环保活动上，政府应当通过立法与政策积极支持公众参与环保活动。比如，浙江的"五水共治"就是政府发起的公众参与度极高的环保活动。在政府发起的环保活动的支持方面，政府表现均比较积极主动。但在民间发起的环保活动方面，比如民众针对一些环境问题自发或自觉形成的游行与示威，政府则多会作为环境群体事件或上访对其进行压制。当然，在环境游行与示威危及社会秩序与社会稳定时，政府有权处置。但游行、示威权属于公民的宪法权利，应当予以保障。我国之所以出现游行、示威不规范的乱象，主要是因为政府对游行、示威的批准控制太严，一般均不予以批准，所以公众的游行、示威也就缺乏控制。因此，政府应当积极出台相关立法，放宽对公民游行、示威的限制，并对其进行合理规制，确保将其控制在不影响社会秩序与社会稳定的范围之内。

六　政府环境纠纷解决职责

（一）我国政府环境纠纷解决机制存在的问题

我国在环境纠纷的解决上存在环境行政复议公正性不足，环境行政调解、行政裁决制度欠缺问题。由于诉讼既不经济又不快捷，大部分当事人并不愿意选择诉讼解决。"我国每年的环保纠纷有10万多起，真正到法院诉讼的不足 1%，各级法院受理的环境侵权案件更是屈指可数。"① 环境纠纷诉讼解决机制成本高昂（包括诉讼成本与时间成本等），而行政机关的行政复议（仅限于官民纠纷解决）又存在"官官相护"的现象，行政调解与行政裁决制度又存在着缺失，因此大部分环境纠纷挤入信访，甚至引发环境群体性事件。在环境治理中，政府不仅充当管制者与治理者的角色，而且还要为各治理主体提供纠纷解决机制，充当环境纠纷解决者角色。因此，政府应当从环境治理的理念出发，为各治理主体提供公平公正、高效率、低成本的环境纠纷解决机制。

在行政复议方面，由于在审理方式与审理程序等方面存在弊端，群众对行政复议"暗箱操作"广泛质疑，导致大量官民纠纷案件游离于法律途径之外。为了改变这一情况，2008 年国务院法制办启动了行政复议委员会改革，并在改革之初形成了三种行政复议委员会模式：政府全部集中行使各部门行政复议权模式、政府部分集中部门行政复议权模式、吸收外部人士组成行政复议委员会模式。经过 8 年的改革，大部分地方政府均成立了行政复议委员会，并多采取吸收外部人员参与行政复议委员会的模式。与行政复议委员会改革同时出台的是 2008 年环保部《环境行政复议办法》，该办法并未就行政复议委员会作出任何规定。所以，除非当事人向地方政府行政复议委员会申请复议，才能享受行政复议委员会所带来的程序公正。

在行政调解方面，我国目前缺乏统一的行政调解法。行政调解有的是依据法律，比如，《合同法》《产品质量法》《商标法》等均有行政调解方面的规定；有的是依据法规和规章，比如《工业产品质量责任条例》《浙江省水上交通事故处理办法》等；有的则是依据政策，比如安全事故的行政调解的依据是《国务院关于加强法治政府建设的意见》。就环境行政调解的依据而言，环境安全事故和环境污染纠纷依据的是《国务院关于加强法治政府建设的意见》、渔业水域污染纠

---

① 徐小飞：《立案登记挤破门槛　环保法庭"等米下锅"》，《人民法院报》2015 年 6 月 2 日第 2 版。

纷依据的是农业部《渔业水域污染事故调查处理程序规定》、船舶污染事故损害赔偿依据的是《防治船舶污染海洋环境管理条例》、因环境问题可能引发社会安全事件的矛盾纠纷依据的是《突发事件应对法》、环境合同纠纷则依据的是《合同法》。由上可见，环境纠纷行政调解的依据非常分散，并且既有法律、法规、规章，也有政策。此外，环境行政调解的规定也不能全面覆盖所有的环境纠纷，环境行政调解的程序性规定也不健全。

在行政裁决方面，我国存在环境侵权纠纷与环境损害赔偿纠纷行政裁决的缺失。我国在自然资源权属纠纷的行政裁决上比较健全，但在环境侵权（比如污染侵权、生态破坏侵权等）与环境损害赔偿纠纷方面则缺乏规定。1989 年《环境保护法》第 41 条第 2 款曾规定："赔偿责任和赔偿金额的纠纷，可以根据当事人的请求，由环境保护行政主管部门或者其他依照法律规定行使环境监督管理权的部门处理；当事人对处理决定不服的，可以向人民法院起诉。当事人也可以直接向人民法院起诉。"但对"处理"的理解，有的理解为行政调解，有的理解为行政裁决。而环境监管职能部门为了避免行政裁决引发行政复议与行政诉讼，均避免对其进行行政裁决。1991 年国家环保局请求全国人大法工委对此进行解释，1992 年全国人大常委会法工委作出答复意见，将其解释为行政调解，当事人不能就此提起行政诉讼。2015 年开始实施的《环境保护法》删除了 1989 年《环境保护法》第 41 条，并在第 64 条规定"因污染环境和破坏生态造成损害的，应当依照《中华人民共和国侵权责任法》的有关规定承担侵权责任"，环境行政裁决更是无法可依。

（二）我国政府环境纠纷解决职责的完善

我国政府提供的环境纠纷解决机制存在很大缺陷，因此，应当从建立环境行政复议委员会、规范环境行政调解、完善环境行政裁决三个方面完善环境纠纷解决机制。首先，要建立环境行政复议委员会。我国正在修订《行政复议法》，但在《行政复议法》未完成修改之前，我们可以比照行政复议委员会改革方案，在环保主管部门设立环境行政复议委员会，从而提前开展部门行政复议委员会试点。我国正在酝酿环保机构省以下垂直改革，将来环保主管部门垂直管理后；许多省以下的行政复议案件无法通过地方政府行政复议委员会解决。因此，环保主管部门设立环境行政复议委员会也是改革的必然。此外，环境行政复议案件往往关涉众多的利益相关者，因此，外聘行政复议委员能够很好地平衡政府、市场、社会多方利益，作出比较客观公正的决定。其次，要规范环境行政调解。环保主管部门可以制定部门规章，全面系统地规定环境行政调解的范围、调解主体、调解协助、调解程序、调解效力、调解与行政裁决、诉讼的对接等内容。在环境行政调解中，为了促使双方顺利达成谅解，应重视行政调解的多元参与，因此可以借助社会力量与环境 NGO 为行政调解提供协助。最后，要完善环境行政裁决制度。环境行政裁决的范围应当包括自然资源权属纠纷裁决、环境侵权纠纷裁决、环境损害赔偿纠纷裁决三个方面。自然资源权属纠纷的环境行政裁决的主体可依现行法律确定，而环境侵权纠纷与环境损害赔偿纠纷的裁决主体则应由环保主管部门统一充当。在环境行政裁决中，职能部门并不能真正做到中立，因为环境纠纷往往涉及企业，所以很难避免地方保护主义与贿买所造成的不公。因此，环境行政裁决应当通过程序公正确保其实体公正的实现。所以，环境行政裁决应当由政府与社会方共同组成的裁决委员会作出决定，并应制定严格的裁决程序。

本章小结

不同政府理念对政府职责有不同理解，对政府环境职责的概念界定应当建立在服务型政府理念上。据此，政府环境职责是指政府及其环境监管职能部门在环境治理中所承担的第一性环境责任。对政府环境职责的研究应当包括政府环境职责的分配与政府环境职责的分类两大内容。政府环境职责分配是指在环境治理中，政府、市场、社会之间的环境职责分配与政府内部环境职责分配。我国目前普遍存在政府环境职责越位与错位现象，政府环境职责的分配是划清政府、市场、社会之间责任边界，政府内部责任边界的关键。政府环境职责的第一次分配是在政府、市场、社会之间分配，重点是要将政府"不该做"与"做不好"的事情交给市场与社会去做，充分发挥市场与社会在环境治理中的重要作用，而政府则重在宏观调控与监管。政府环境职责再分配是在政府内部分配环境职责，主要是要解决"职责同构"与部门间职能交叉问题。包括：政府与环境监管职能部门之间的职责分配、政府纵向环境职责的分配、环境监管职能部门横向环境职责的分配、环境监管职能部门纵向环境职责的分配、行政机关环境府际网络协调与合作。

政府环境职责从理论上可以分为政府环境质量保障职责、政府环境监督管理职责、政府保障环境信息公开职责、政府保障与促进公众参与职责、政府环境纠纷解决职责五大基本职责。

政府环境质量保障职责应当由地方政府承担，面对地方政府普遍失责的问题，应当在以下几个方面强化地方政府环境质量保障职责：（1）通过立法规定政府环境质量保障法律责任；（2）增加政府内部追究地方政府环境质量保障法律责任的透明度；（3）设立政府环境质量保障公益诉讼；（4）政府环境保护目标完成情况与考核结果以及政府环境质量保障责任追究结果公开；（5）通过立法明确地方政府在环境公用设施、政府为责任主体的城镇污染场地、区域与流域环境污染、公共区域的生态修复方面的环境服务采购责任，通过政府与第三方治理企业的合作治理，提升环境质量；（6）引入"政策环评"并规定在国民经济与社会发展规划统领下的政府规划与环境规划相衔接的责任，强化政府决策责任从结果控制向过程控制转变。

在政府环境监管职责方面，应当本着"质监分离"的原则，由环境监管部门承担环境监管职责，政府从环境监管中全面退出。但我国环境监管部门存在监管不力的问题，主要表现为环评审批执行不严与环境行政处罚率低、以罚代刑情况严重。要解决上述问题就要从考核机制上确保"质监分离"以避免政府对环境监管的干涉；通过环境监测委托提升政府环境监管的技术能力；通过环境行政公益诉讼追究环境监管职能部门不作为、乱作为法律责任；通过公众参与强化环境多元治理对政府环境监管的辅助与监督。

在政府保障环境信息公开职责方面，我国信息公开方面的法律法规与规章比较陈旧，同时还存在公开主体割据、公开不及时、公开范围窄、公开服务水平低、公开方式陈旧等问题。要解决这些问题就应当统一政府环境信息公开网络平台，并通过该平台统一为社会提供政府环境信息公开服务的职责；确定环境信息公开的时限，明确及时公开环境信息的职责；扩大环境信息公开范围，让政府承担更大范围的公开职责；确定政府环境信息公开服务标准，明确依标准提供服务的职责；确定新型媒体为法定公开方式，明确政府通过新型媒体公开环境信息的职责；还应当明确政府监督环境 NGO 公开信息的职责，并规定政府对环境 NGO 信息公开的监管职责。

在政府保障与促进环境公众参与职责方面，由于公众环境参与范围在环境多元治理理念下已得到了扩展，而我国立法却滞后于这一扩展态势，因此应当从政府保障与促进公众参与环境决策，参与环境执法，参与环境救济，参加环境组织，参与环境自治、环境合作与环保活动几个方面加强政府保障与促进公众环境参与职责。

在政府环境纠纷解决职责方面，我国存在环境行政复议公正性不足、环境行政调解与环境行政裁决制度欠缺问题。政府有职责为公众提供方便快捷、成本低、公正程度高的环境纠纷解决机制。因此，政府应当通过在环保主管部门建立环境行政复议委员会以解决行政复议公正性不足问题；完善环境行政调解并吸纳社会参与，尤其是专业的环境 NGO 参与调解，以提高行政调解的中立性与专业性；完善环境行政裁决并建立环境行政裁决委员会，吸纳社会裁决员以解决环境行政裁决专业性、中立性不足问题。

第五章

我国政府环境法律责任

第一节　政府环境法律责任的概念与基本框架

我国学界对政府环境责任的概念界定较多，但对政府环境法律责任的概念界定较少。在政府环境法律责任的概念界定上，有学者认为"政府环境法律责任是由法院来要求政府承担的环境责任"，并将其分为履行义务责任、停止侵害责任与侵权赔偿责任三个类型。① 该学者对法律责任的界定不符合法理，法律责任并不仅仅是由法院追究，其追究主体是多元的。比如，上级政府可依《环境保护法》第 68 条规定追究下级政府的环境行政责任，权力机关也可依宪法及组织法规定通过撤销、罢免等方式追究政府的环境宪法责任。另外，其分类也不正确，违背法理学原理。有学者主张政府环境法律责任是指"政府在环境保护领域的责任，即国家行政机关（政府）及其执行公务的人员根据环境保护需要和政府的职能定位所确定的分内应做的事，以及没有做或没有做好分内应做的事所承担的不利后果"②，并将其从性质上分为三种：环境行政责任、环境民事责任和环境刑事责任。这种概念存在政府环境责任与政府环境法律责任的混淆，并且其分类也不全，未将政府环境宪法责任包括在内。虽然上述学者对政府环境法律责任的概念与类型的界定均不科学，但有学者在界定政府环境责任时，间接地界定了政府环境法律责任，并且相对科学合理。比如著名

---

① 邓可祝：《政府环境责任研究》，知识产权出版社 2014 年版，第 238—240 页。

② 缪仲妮：《关于政府环境保护的法律责任》，《山东社会科学》2009 年第 11 期。

环境法学家蔡守秋认为"政府环境责任，是指法律规定的政府在环境保护方面的义务和权力（合称为政府第一性环境责任）及因政府违反上述义务和权力的法律规定而承担的法律后果（简称政府环境法律责任，也称政府第二性环境责任）。"① 这就确定了政府环境法律责任产生的根源就在于违反了第一性环境责任。这也符合法理学"法律责任是由特定法律事实所引起的对损害予以赔偿、补偿或接受惩罚的特殊义务，亦即由于违反第一性义务而引起的第二性义务"② 的基本原理。据此，政府环境法律责任可以界定为政府及其环境监管职能部门违反环境职责所应依法承担的法定不利后果。

在政府环境法律责任的分类上，由于我国宪法责任追究比较困难，我国大部分学者将政府环境法律责任分为三类：行政责任、民事责任、刑事责任。但根据法理学，"在法律实践中，最基本分类方法是根据法律责任的类型所作的分类，即把法律责任分为民事法律责任、行政法律责任、刑事法律责任和违宪责任四种"③。因此，也有学者将政府环境法律责任依照法理学原理分为四类：政府环境宪法责任、政府环境行政责任、政府环境民事责任、政府环境刑事责任。④

我国《宪法》第 5 条第 4 款确定了追究宪法责任的依据。党的十八届四中全会也提出："全国各族人民、一切国家机关和武装力量、各政党和各社会团体、各企业事业组织，都必须以宪法为根本的活动准则，并且负有维护宪法尊严、保证宪法实施的职责。一切违反宪法的行为都必须予以追究和纠正。"因此宪法责任的追究既是宪法的要求，也是我国改革发展趋势的必然。在追究宪法责任方面，我国宪法学者华炳啸提出："制定宪法监督法，健全和完善我国的违宪审查制度。同时，可在全国人大下面设立一个宪法委员会，形成违宪审查的政治审查机制。此外，可在最高人民法院下设宪法法院，形成违宪审

---

① 蔡守秋：《论政府环境责任的缺陷与健全》，《河北法学》2008 年第 3 期。

② 张文显主编：《法理学》，高等教育出版社 2003 年版，第 144 页。

③ 同上书，第 148—149 页。

④ 吴志红：《行政公产视野下的政府环境法律责任初论》，《河海大学学报》（哲学社会科学版）2008 年第 3 期。

查的司法审查机制。也可以赋予全国人大宪法委员会高于宪法法院的地位和效力，但应由《宪法监督法》以及相关的违宪审查程序规则予以明确限定。"① 这已充分反映出学界对宪法责任的重视。虽然宪法法院与宪法委员会的设立不可能一蹴而就，但目前权力机关可以先成立专门的行政问责委员会开展宪法责任问责。所以，无论是依据法理学法律责任理论、我国的宪法规定，还是依据十八届四中全会有关精神，政府环境法律责任体系均应包含政府环境宪法责任，从而形成政府环境宪法责任、政府环境行政责任、政府环境民事责任、政府环境刑事责任四类法律责任所共同构成的基本框架。

第二节　政府环境宪法责任

一　政府环境宪法责任的概念

宪法责任也被学者称为违宪责任，"是指因违反宪法而应当承担的法定的不利后果"②。有学者将政府的第二性责任分为道德责任、政治责任、法律责任。但也有学者认为"在法治状态下，政治责任应属法律责任，是法律责任中的宪法责任"③。依追究的主体而言，政府的政治责任分党追究的政治责任、立法机关追究的政治责任、上级行政机关追究的政治责任、司法机关追究的政治责任、自我追究的政治责任等。上述政治责任只有立法机关、司法机关追究的政治责任属于宪法责任，上级行政机关追究的政治责任已被行政责任所规定，应划为行政责任。通过上述分析，政府环境宪法责任就是行政机关在环境治理方面因违反宪法而应当承担的宪法上的不利后果。

我国多数学者在研究政府环境法律责任时，将政府环境宪法责任

---

① 法帮网：《完善宪法监督：完善全国人大及其常委会宪法监督制度 健全宪法解释程序机制》（http://www.fabang.com/a/20141029/679656.html）。

② 张文显主编：《法理学》，高等教育出版社 2003 年版，第 149 页。

③ 吴志红：《行政公产视野下的政府环境法律责任初论》，《河海大学学报》（哲学社会科学版）2008 年第 3 期。

排除在外。但政府承担环境宪法责任既有理论依据，也有宪法依据。

1. 政府承担环境宪法责任的理论依据

权力具有双重性，它在维护人类秩序的同时，也同时具备失控与危害社会之可能。权力虽无善恶，但权力行使者是人。因此正如先哲亚里士多德所言："人类倘若由他任性行事，总是难保不施展他内在的恶性。"① 近代法国的启蒙思想家孟德斯鸠也曾讲过："一切有权力的人都容易滥用权力，这是万古不易的一条经验。有权力的人们使用权力一直到遇有界限的地方才休止。"② 而根据法国著名启蒙思想家卢梭的"人民主权"说，人们依据契约组成国家这一共同体，人民将享有的天赋自然权利部分转让给国家形成了国家权力，因此人民是国家的权源，国家的最高主权者是人民。③ 因此人民与政府之间是主人与仆人关系，但这个仆人最靠不住，往往会反仆为主。所以不能由这个仆人自由行使其主人交给的权力，而是应当对其加以限制。由于国家权力所有者与行使者的分离，这些行使人民委托的权力的人并不会时时刻刻以追求人民根本利益为目标，而是存在地方利益、部门利益、小团体利益、个人利益；并不会时时刻刻正确行使权力，而是经常出现权力滥用现象。为了减少与防范权力滥用，这就需要让权力行使者对人民负责，在发生权力滥用时，向人民承担不利后果，而不仅仅是向其上级承担不利后果（行政责任），这时就会产生宪法责任。

2. 政府承担环境宪法责任的宪法依据

在国外，无论是类似美国建立司法审查制度的国家，还是类似法国、德国建立宪法委员会或宪法法院的国家，均有追究政府宪法责任的判例法依据或宪法依据。比如，美国的马伯里诉麦迪逊案，判决该案中所援引的《1789 年司法条例》第 13 款因违宪而被无效，④ 开启了美国通过司法审查追究政府宪法责任的先河；德国有专门的《德国

---

① ［古希腊］亚里士多德：《政治学》，吴寿彭译，商务印书馆 1983 年版，第 319 页。

② ［法］孟德斯鸠：《论法的精神》，张雁深译，商务印书馆 1961 年版，第 154 页。

③ ［法］卢梭：《社会契约论》，何兆武译，商务印书馆 1980 年版，第 26—29 页。

④ 360 百科：《马伯里诉麦迪逊案》（http://baike.so.com/doc/1132973 - 1198559. html）。

联邦宪法法院法》，通过专门的宪法法院追究政府宪法责任。我国《宪法》第5条第4款规定："一切违反宪法和法律的行为，必须予以追究。"因此，在我国同样存在追究政府宪法责任的宪法依据。并且我国存在权力机关撤销行政法规、地方政府规章与政府不适当的决定与命令；罢免政府行政首长等规定，并存在通过撤销与罢免追究政府宪法责任的实践。因此，我国不仅存在政府承担宪法责任的宪法依据，同时也存在追究政府宪法责任的实践，唯一欠缺的是我国宪法责任追究机制不健全，造成我国政府宪法责任追究的困难。

从上述分析中可以看出，无论在理论上还是在宪法依据上，政府均应当承担宪法责任。我国既存在政府承担宪法责任的宪法依据，也存在政府承担宪法责任的实践。因此，学界不能因为我国政府宪法责任追究机制不完善而将政府环境宪法责任排除在政府环境法律责任之外。在政府环境权力的行使方面，"官商勾结""以权谋私"等现象严重，引发了环境政府管制模式的失灵。因此，政府环境权力是政府权力滥用的"重灾区"，政府环境宪法责任最应给予重视。

二　政府承担环境宪法责任的前提

政府之所以承担环境宪法责任，是因为宪法为政府设定了宪法义务，也就是政府的宪法职责。政府环境宪法职责是政府环境宪法第一性责任，在政府违反其环境宪法第一性责任时，就可能会产生第二性责任，也就是政府环境宪法责任。当然，根据"一事不二罚"的原则，在政府承担了环境行政责任之后，就不会再对政府环境宪法责任进行追究。但政府环境宪法责任与政府环境民事责任、政府环境刑事责任竞合时，应当同时追究。

我国《宪法》第5条第4款规定"一切国家机关和武装力量、各政党和各社会团体、各企业事业组织都必须遵守宪法和法律"，这是政府承担宪法职责的一般性规定。《宪法》第9条第2款规定"国家保障自然资源的合理利用，保护珍贵的动物和植物。禁止任何组织或者个人用任何手段侵占或者破坏自然资源"；第26条规定"国家保护和改善生活环境和生态环境，防治污染和其他公害。国家组织和鼓励植树造林，保护林木"，这是政府在自然资源与环境上承担宪法职责的特殊性规定。除此之外，宪法以及宪法性法律还规定了政府在作出抽象行政行为时的宪法职责，主要包括：一是不得超越法定权限。我国宪法及宪法性法律为各级政府及职能部门规定了权限，任何行政机关均不得越权作出抽象行政行为。二是不得限制或者剥夺公民、法人和其他组织的合法权利，或者增加公民、法人和其他组织的义务。我国宪法及宪法性法律规定了公民、法人和其他组织的基本权利与义务，其他法律对其进行了细化规定，政府负有保障其实现的宪法职责，所以在作出抽象行政行为时不得对其予以限制和剥夺。三是维护社会主义法制统一。我国《宪法》第5条第2—3款规定国家有"维护社会主义法制的统一和尊严。一切法律、行政法规和地方性法规都不得同宪法相抵触"，为了维护社会主义法制的统一和尊严，我国还专门制定了宪法性法律《立法法》，《立法法》第96条第2项规定下位法不得违反上位法。因此政府在制定行政法规、规章时应当维护法制统一。四是不得违反法定程序。《立法法》第96条第5项规定了不得违反法定程序的职责。立法的法定程序是通过程序公正实现实体公正的关键，因此政府在作出行政立法行为时应当严格依法定程序作出。五是确保公众参与的职责。我国《宪法》第41条第1款规定了公民的批评、建议、申诉、控告、检举的权利，《立法法》第5条也规定了公民的立法参与权。因此，政府在作出抽象行政行为时要确保公众参与。六是确保抽象行政行为作出的决定和命令适当的职责。除行政法规、规章应当维护法制统一之外，政府及其职能部门通过抽象行政行为作出的决定和命令应当适当，否则权力机关可依宪法和宪法性法律予以撤销，上级行政机关可依法改变或者撤销（虽属宪法责任，但已为行政责任所替代）。

在环境治理中，除权力机关制定环境治理一般规则外，政府也在其职责范围内制定环境治理的一般规则，包括制定行政法规、规章与行政规范性文件。这些职责既是政府的行政职责，又是政府的宪法职责。我国行政法规的制定是依据《行政法规制定程序条例》，规章的制定是依据《规章制定程序条例》，行政规范性文件可以参照《规章制定程序条例》，另外一些地方政府也出台了《规范性文件管理办法》之类的政府规章，因此行政规范性文件应当依政府规章制定。当政府在制定环境治理一般性规则方面出现未履行及不适当履行职责时，权力机关可依宪法规定追究其宪法责任，行政机关可依行政法追究其行政责任。

三　政府环境宪法责任的承担方式

国外的政府宪法责任承担方式通常有弹劾、罢免、撤销、宣告无效、拒绝适用几种。一是弹劾。弹劾指国家权力机关（比如美国国会）依法定程序与权限剥夺违宪的国家领导人（比如总统）和重要公职人员职务的宪法责任承担形式。弹劾主要适用于总统制国家，但此种方式很少使用并且很难实现。比如美国有史以来国会总共弹劾过3次总统，分别是安德鲁·约翰逊总统、尼克松总统、克林顿总统，其中约翰逊总统以一票之微避过被罢免的命运，尼克松总统因水门事件遭到弹劾被迫辞职，对克林顿总统弹劾根本未获得参议员过半数的赞成票。我国不是总统制，因此也不存在弹劾制度。二是罢免。罢免是选民以选举方式撤除由选民选出的政府官员的宪法责任承担方式。这一方式最早在1852年出现在瑞士，美国各州也采用罢免制，尤其在社会主义国家较为普遍。三是撤销。撤销是有违宪审查权的机关撤销同宪法、法律相抵触的法律法规的宪法责任承担方式。四是宣告无效。宣告无效是指有违宪审查权的机关对违宪的法律法规与行为作出否定的一种宪法责任承担方式。这一方式最早出现在1803年美国"马伯里诉麦迪逊"一案，该案首席法官马歇尔提出"违宪的法律不是法律"，自此，许多国家的法院都拥有了对违宪法律的司法审查权，有的还建立了专门的宪法法院或宪法委员会对违宪法律进行审查。五是拒绝适用。拒绝适用主要是在实行司法审查模式的国家，由普通法院在具体案件的审理中对违宪法律法规不予适用的宪法责任承担方式。就我国的政府宪法责任承担方式而言，目前主要有罢免、撤销、拒绝适用三种承担方式。

（一）罢免

根据我国宪法及宪法性法律，各级人大有罢免由其选出的行政机关领导人的权力。我国《宪法》第 63 条第 2 项规定了全国人大罢免国务院总理、副总理、国务委员、各部部长、各委员会主任、审计长、秘书长的权力；《地方各级人民代表大会和地方各级人民政府组织法》第 10 条规定了地方人大罢免本级人民政府组成人员的权力。但是，我国宪法及宪法性法律对罢免的条件规定不清。根据宪法及宪法性法律，提出罢免案应当说明罢免理由，被罢免人也有申辩的权利。但我国对罢免理由并未作出详细规定。罢免案的罢免理由至少应符合下述标准，罢免案才能付诸表决。首先，被罢免人已经被撤职、降职、免职、辞退、开除或引咎辞职的，不应当启动罢免程序，此时该行政首长已经承担了行政责任，如果再对其罢免则有违"一事不二罚"的原则。其次，要有充分的事实和理由。这些事实和理由包括证据、法律依据以及对宪法责任的各构成要件的论证。如果对被罢免人提出的罢免事实和理由不充分，则不应启动罢免案。

（二）撤销

我国宪法及宪法性法律规定了权力机关撤销行政法规、政府规章、政府（不包括职能部门）不适当的决定和命令的权力。在行政法规、规章、行政规范性文件等的合法性审查方面，其关键就在于是否与上位法冲突，因此存在一定的标准，可操作性较强。但在合法性之外的不适当的决定和命令的撤销上，则无标准可言。因此，应当通过宪法与宪法性法律的修正对其进行明确，或者由有权机关作出解释。合法性之外的不适当至少应当包括以下几项：一是不合时宜。比如已经落后于改革的发展，甚至成为改革的"绊脚石"；二是有违民意。该决定或命令受到民众的强烈抵制。三是不公正。对一方的权利过于偏袒而对其他方的权利则过于抑制，造成实质的不公。

（三）拒绝适用

我国法院在适用法律时依照上位法优于下位法、新法优于旧法、特别法优于一般法等原则适用。因此，当下位法与上位法相冲突时，由于法院无规章以上的法律文件的司法审查权，所以不能对与上位法相冲突的下位法进行评价，但可拒绝适用该下位法。当同位阶的法律相冲突时，地方性法规与部门规章之间不一致，由国务院提出意见。国务院认为应当适用地方性法规的，应当作出决定；认为应适用部门规章的，应提请全国人大常委会裁决。同级规章之间的冲突则由国务院裁决。因此，法院在同位阶的规章之间的冲突上并无决定权，但因为诉讼法规定法院审理案件可以参照规章，所以法院可以拒绝适用违宪的规章，也可以拒绝适用相冲突的某一规章而参照另一规章。在行政规范性文件上，法院可以在原告提出审查请求的前提下审查行政规范性文件的合法性，但不得对其作出不合法、违法或无效的判决，而是在判决主文中说明理由，不予适用。我国不属于英美法系，所以拒绝适用无法形成其他法院据以作出判决的先例，制裁只能针对个案，制裁力度严重不足。法院在审理案件时最能发现法律之间的冲突，因此也是政府行政法规与规章、行政规范性文件审查的重要力量。所以，权力机关应当建立行政问责委员会，并与法院形成问责案件对接机制，通过权力机关与法院的对接，对法院发现的违宪行为进行及时审查并行使撤销权。而不应仅对个案进行拒绝适用，放任与上位法相冲突的法规与规章，违法或无效的行政规范性文件继续生效。

第三节　政府环境行政责任

一　政府环境行政责任的概念

行政责任又称行政法律责任，有学者认为行政责任"是指因违反行政法律和法规而应承担的法律上的不利后果"①。但此种定义无法解释政府行政补偿问题，因为在政府履行行政职责时，存在合法侵权的情况，理应承担行政补偿责任。因此，有学者将行政法律责任界定为"因违反行政法律或因行政法规定的事由而应当承担的法定的不利

---

① 李龙主编：《法理学》，中国社会科学出版社 2003 年版，第 270 页。

后果"①。这为行政法规定的事由承担行政责任提供了解释，比如依行政许可法信赖利益保护原则，在合法侵犯信赖利益的情况下，可依行政法规定的事由追究行政机关的行政补偿责任。此外，由于我国关于行政补偿的法定事由规定不足，许多行政补偿还应依公平原则解决。因此，就政府的行政责任而言，是指行政机关违反行政法规定、出现行政法规定的事由，以及基于公平原则所应承担的法律责任。根据政府行政责任的界定，政府环境行政责任就是指行政机关在环境治理方面违反行政法规定、出现行政法规定的事由，以及基于公平原则所应承担的法律责任。

二　政府承担环境行政责任的依据及完善

政府环境行政责任是最常见的政府环境法律责任。政府之所以承担环境行政责任，大部分是基于法律对政府承担环境行政责任有明确规定（当然，有些政府环境行政责任并不是法定的，比如上级确定的环境行政责任等。限于篇幅，在此不做探讨）。但是，在政府环境行政责任的法律规定上，我国还存在诸多缺陷，需要进一步完善。

（一）环境法规定的政府环境行政责任：缺陷与完善

我国环境法对政府环境行政责任规定不足，大部分环境法对政府环境行政责任的规定只有一条，并且规定比较粗略，有些环境立法只规定环境监管职能部门的行政责任，缺乏地方政府环境行政责任的相关规定。比如，《水污染防治法》仅第 69 条对环保部门或者其他依照本法行使监管权的部门规定了"不依法作出行政许可或者办理批准文件的，发现违法行为或者接到对违法行为的举报后不予查处的，或者有其他未依照本法规定履行职责的行为的，对直接负责的主管人员和其他直接责任人员依法给予处分"。《大气污染防治法》仅第 126 条规定了"地方各级人民政府、县级以上人民政府环境保护主管部门和其他负有大气环境保护监督管理职责的部门及其工作人员滥用职权、玩忽职守、徇私舞弊、弄虚作假的，依法给予处分"。《环境保护法》

---

① 张文显主编：《法理学》，高等教育出版社 2003 年版，第 148 页。

有两条规定了政府环境行政责任：第67条第1款规定"上级人民政府及其环境保护主管部门应当加强对下级人民政府及其有关部门环境保护工作的监督。发现有关工作人员有违法行为，依法应当给予处分的，应当向其任免机关或者监察机关提出处分建议"，这是对政府环境行政责任的追究机制进行规定；第68条规定了9种应予以追究行政责任的行为，包括："（一）不符合行政许可条件准予行政许可的；（二）对环境违法行为进行包庇的；（三）依法应当作出责令停业、关闭的决定而未作出的；（四）对超标排放污染物、采用逃避监管的方式排放污染物、造成环境事故以及不落实生态保护措施造成生态破坏等行为，发现或者接到举报未及时查处的；（五）违反本法规定，查封、扣押企业事业单位和其他生产经营者的设施、设备的；（六）篡改、伪造或者指使篡改、伪造监测数据的；（七）应当依法公开环境信息而未公开的；（八）将征收的排污费截留、挤占或者挪作他用的；（九）法律法规规定的其他违法行为。"地方政府以及县级以上政府环保部门和其他负有环境监管职责的部门出现上述9种行为的，"对直接负责的主管人员和其他直接责任人员给予记过、记大过或者降级处分；造成严重后果的，给予撤职或者开除处分，其主要负责人应当引咎辞职"。

根据《环境保护法》的规定，在出现上述9种情况下，行政首长只对造成严重后果的情况承担引咎辞职的责任；只规定了应当引咎辞职，未规定拒不引咎辞职应当如何处理；未规定地方政府行政首长与环境监管职能部门行政首长的连带责任。在现实中，直接负责的主管人员和其他直接责任人员大部分并不是上述9种行为的主要责任人，行政首长对上述行为有更大的决定权。因此行政首长签字拍板的事，在不发生严重后果的情况下让副职或其他人员担责，行政首长就可以"逍遥法外"，副职与其他直接责任人员成了"替罪羊"；在发生严重后果的情况下，行政首长只是"应当引咎辞职"，拒不引咎辞职也未规定该如何处罚，而副职或其他直接责任人员则有可能被撤职或开除。在环保主管部门不垂直的情况下，地方政府行政首长如果干预环境监管，部门行政首长大部分情况下只能就范，这时候如果只依"谁作出谁负责"，而不追究"幕后主使"，则地方行政首长大可以放手干预环境监管，让部门行政首长或部门的副职或其他直接责任人员当"替罪羊"。

因此，应当修订《环境保护法》，规定在出现上述9种违法行为时，无论是否出现严重后果，均应当让行政首长与直接负责的主管人员或其他直接责任人员同样承担行政责任；在地方政府行政首长非法干预环境监管的情况下，应让地方政府行政首长连带承担行政责任，但在追究行政责任时，应当分清责任大小予以不同的处分；应当明细严重后果的标准，以避免标准不清，从而无法适用更严厉的惩处；在行政首长引咎辞职方面，还应当规定行政首长拒不引咎辞职应由任免机关责令引咎辞职以与《公务员法》对接，任免机关是权力机关的，还可以在拒不引咎辞职的情况下，直接通过罢免追究其宪法责任。

在环境行政违法行为的规定上，《环境保护法》只规定了9种行为，其中第9项"法律法规规定的其他违法行为"是概括性规定。如果法律法规不对第9项进行扩充，则会造成政府环境行政责任追究范围的不完整。比如，刑法设有环境监管失职罪，但如果环境监管失职的程度未达入罪的程度，而环境法又未对其进行规定，就只能依标准区分不清的《公务员法》追究行政责任，这样追究的随意性就会比较大。而环境监管失职造成的损失完全可以量化，并可依量化标准对应不同的行政处分。所以，环境法应当尽量多扩充政府环境行政责任的内容，以确保政府在环境治理中恪尽职守，切实践行责任政府的理念。

除此之外，地方政府对辖区环境质量承担保障职责，是否违反这一职责由国家环境质量标准而定，但如何奖惩则依环境保护目标考核责任制而定。环境保护目标责任制属于内部行政规范性文件，因此其惩处只能依该规范性文件进行内部追究。但如果环境法规定政府环境质量保障法定行政责任的话，则可依环境法的规定，并结合考核结果，通过环境质量保障公益诉讼进行外部追究，从而改变地方政府对上负责对民众不负责的现状。所以，应当规定政府在环境质量不达标情况下的具体法定行政责任。政府环境质量保障行政责任属于事实责任，无论是否存在违法或不当行为，只要出现未达考核标准这一法定事实，就应当依环境法追究其行政责任。

（二）行政赔偿与补偿方面的政府环境行政责任：缺陷与完善

目前，政府环境行政行为引发的国家赔偿与补偿方面的纠纷越来越多，但往往因政府法定行政赔偿与补偿规定不清，民众无法求偿。比如，江西乐平市的乐安河遭受严重污染，政府先是荒唐地把责任推给了唐朝的老祖宗，然后给沿岸 40 多万人口 18 万元/年的补偿，[①] 每人每年不足 1 元钱。这些污染当然跟政府滥用职权与玩忽职守有关，但却不是一个两个具体行政行为所造成的，甚至里面还存在着行政决策、行政规划上的问题，并且受害的群体也不是特定的。这从根本上来说是政府环境质量保障责任的行政赔偿之诉，而不能是行政补偿之诉。但抽象行政行为能告吗？政府环境质量保障责任能告吗？2014年 4—5 月，我国连续发生兰州、武汉、靖江三次因水污染引起的城市供水中断事件，政府应当赔偿还是补偿？环境问题越来越多，但国家赔偿法规定不全（主要是抽象行政行为赔偿）与行政补偿的缺失，许多纠纷都很难通过法定行政赔偿与补偿责任的追究实现。

政府承担行政赔偿责任的依据是国家赔偿法。《国家赔偿法》脱胎于《民法通则》第121 条"国家机关或者国家机关工作人员在执行职务中，侵犯公民、法人的合法权益造成损害的，应当承担民事责任"之规定。学界与实务界普遍认为《国家赔偿法》是特别法，根据特别法优先于一般法的规定，应当适用《国家赔偿法》，这当然没错。但至今我国立法未对《国家赔偿法》未规定的赔偿与补偿是否适用《民法通则》予以规定，造成实务中，许多《国家赔偿法》之外的行政赔偿与行政补偿难以求偿。"违法侵权要赔偿，合法侵权要补偿"是行政机关承担行政赔偿与行政补偿责任的原则。但当《国家赔偿法》不能完全包含所有的赔偿与补偿内容时，政府及法院就会被传统的"国家责任豁免"思想所左右，对法定行政赔偿与补偿内

---

① 山东三农网：《江西乐安河流域遭污染　村民人均获赔不到 1 元》（http：//www.
shandongsannong. com/content‑163933083780. htm）。

容之外的诉求均不予理睬，从而违背"违法侵权要赔偿，合法侵权要补偿"的原则。因此，应当通过立法健全《国家赔偿法》，制定专门的《国家补偿法》；或者制定《国家赔偿补偿法》，对政府行政赔偿与行政补偿责任进行完善。

三　政府环境行政责任的承担方式

（一）行政机关环境行政责任的承担方式

行政机关环境行政责任的承担方式依追究主体不同而不同。一是上级行政机关或监察机关可以作出通报批评、撤销具体行政行为、变更具体行政行为、确认具体行政行为违法、责令限期重新作出具体行政行为、责令停止违法行为、责令限期履行职责、撤销规章及规范性文件、改变或撤销不适当的决定或命令；二是司法机关可以作出判决撤销或部分撤销行政行为、判决限期履行法定职责、判决确认行政行为违法、判决确认行政行为无效、行政处罚明显不当或者其他行政行为涉及对款额的确定或认定确有错误的判决变更。

上述责任承担方式相对完善，但仍存在以下问题，需要通过立法解决：

第一，缺乏责令限期制定规章及行政规范性文件。一般规则的制定是环境治理的重要依据。如果缺乏一般规则，则环境治理将处于无序状态。我国环境治理改革才刚刚起步，许多规章与行政规范性文件需要制定。因此，应当增加责令限期制定规章及规范性文件这一行政责任承担方式。由于法院无法通过司法审查的方式要求行政机关承担这一责任，应由上级行政机关或者监察机关作出。

第二，缺乏行政补偿承担方式。如上文所述，我国存在《国家赔偿法》，所以环境行政赔偿方式存在，只要进行扩充就可以实现环境行政赔偿承担方式的健全与完善。但在环境行政补偿方面我国却极其缺乏。我国行政补偿的法律规定主要集中在土地与房屋的征收补偿上，虽然《环境保护法》规定了生态补偿，但无论在法律法规上，还是在政策上均缺乏可操作性的规定。此外，在《行政诉讼法》上，仅存在土地与房屋征收补偿上的规定，环境行政补偿规定缺乏。所以，应当完善环境行政补偿法律规定，为环境生态补偿以及其他环境行政补偿提供法律依据。

（二）行政首长环境行政责任的承担方式

行政首长是行政机关的代表，对行政首长追究行政责任既是对行政机关行政责任的追究，同时也是对行政首长行政责任的追究。但对行政首长之外的公务员的行政责任的追究，则不应视为对行政机关环境行政责任的追究，应当属于行政机关内部责任追究。

根据《公务员法》及《行政机关公务员处分条例》以及各地方政府制定的行政问责办法等相关规定，行政首长的行政责任承担方式有以下几种：通报批评、行政处分、免职、辞退、应当引咎辞职。其中行政处分包括警告、记过、记大过、降级、撤职、开除。

在环境法规定方面，《环境保护法》第68条仅规定了行政首长承担应当引咎辞职的责任承担方式。根据上文分析，行政首长一般是违法行为的主要责任人，因此应在引咎辞职的基础上增加与负有主管责任的与直接责任的公务员相同的行政责任。应当引咎辞职可以保留，作为自我追究的一种方式，但如果地方政府行政首长拒不引咎辞职或者需要罢免的，则由权力机关罢免。

环境特别法行政责任的规定不如《环境保护法》健全。比如，《水污染防治法》第69条未规定行政首长的行政责任；《大气污染防治法》第126条笼统地规定了行政机关工作人员承担行政处分，未明确规定行政首长责任；《固体废物污染环境防治法》第67条未规定行政首长的行政责任。这些与《环境保护法》不一致的规定必然造成对行政首长责任追究的缺失或混乱，应当予以修订。

第四节　政府环境民事责任

一　政府环境民事责任的概念

民事责任又称民事法律责任，是指"公民或法人因违反法律、违

约或者因法律规定的其他事由而依法承担的不利后果"①。但在政府
环境行政侵权（合法侵权与违法侵权）方面，应当归于行政赔偿责
任与行政补偿责任，属于行政责任的范畴。因此，政府环境民事责任
只有因行政合同引起的民事责任这一种。此外，行政机关之间签订行
政协议时属于两个行政主体之间签约，不属于民事主体，因此行政机
关之间的行政协议所产生的责任不在政府环境民事责任之内。另外，
我国法院不受理"官告官"的诉讼，所以我国行政诉讼法涉及的行
政协议仅指行政机关与民事主体平权签订的行政合同。据此，政府环
境民事责任是指行政机关因环境行政合同产生的契约责任。其中环境
行政合同是"环境行政主体为实现特定的环境管理目标、行使环境行
政职能，而与行政相对人之间设立、变更或终止与环境管理直接相关
的权利、义务的协议"②。根据此概念，行政机关之间签订的行政协
议当然被排除在外。

二　我国政府环境民事责任的立法缺陷与完善

（一）我国政府环境行政合同的实体法缺陷与完善

由于我国不存在行政合同法，所以我国政府环境民事责任实体法
上的依据比较缺乏。目前，我国普遍存在的环境行政合同主要有：
（1）政府采购环境服务合同。包括环境公用设施的委托运营合同、
环境公用设施投资建设运营合同、政府为责任主体的城镇污染场治理
委托合同、政府区域流域治理委托合同、政府采购环境监测合同、政
府采购环境检查或调查合同、政府环境行政处罚委托合同、政府采购
环境宣传教育服务合同，等等。上述政府采购合同可依《政府采购
法》签订，因此具有实体法上的依据。（2）政府主导的自愿性环境
协议或政府参加社会主导的自愿性环境协议。此类合同除政府直属的
事业单位发起的环境标志相关的自愿性协议存在一定的依据之外，其
他的多不存在实体法依据。比如政府与企业签订的节能减排协议、政

---

① 张文显主编：《法理学》，高等教育出版社 2003 年版，第 149 页。
② 钱水苗、巩固：《论环境行政合同》，《法学评论》2004 年第 5 期。

府与商户签订的"门前三包"协议、政府与农村村委会签订的环境治理责任状等，多不存在实体法依据。（3）政府签订的生态补偿合同。目前政府多采用政策的方式推行生态补偿，生态补偿的政策尚不健全，签订合同更是少见，实体法依据更是缺乏。

国外行政法有著名的"行政契约容许性"理论，除非法律对缔约权限作出限制，只要有宪法或组织法职权，并属行政机关管辖的行政事务，只要能有效达成行政目的且不与法律抵触，皆应允许签订行政合同。① 因此，环境行政合同只要法律不禁止，就应当鼓励。我国环境行政合同在环境治理领域的应用日益广泛，但由于我国行政合同制度的不健全，我国的环境行政合同往往会存在诸多问题。环境行政合同与民事合同之间既有共性，又有区别。其与民事合同的共性在于其合意性特征，合同的范围、内容皆由双方协商一致确定。但环境行政合同具有行政性特征与环境性特征，这与普通民事合同大有不同。其行政性特征表现为环境行政合同一方主体是行政机关，并且行政机关拥有行政优益权，包括行政合同的发起权、行政合同履行的指挥权与监督权、行政合同单方变更与解除权、对相对方的"制裁权"（也就是在相对方违约时，可以直接进行行政处罚，而不必经诉讼制裁）。② 环境行政合同的另一个特点就是其环境性，许多环境行政合同技术性较强，不是《合同法》所能轻易解决的。正是基于环境行政合同与民事合同的不同特点，环境行政合同必须有明确的法律规定，才能确保其科学性与合理性。因此，应当就环境行政合同制定相关的法律法规或规章，规范环境行政合同的内容。

（二）我国政府环境行政合同的救济规定混乱与理顺

在诉讼解决上，行政合同并不一定均由行政诉讼解决，有些行政合同还可通过民事诉讼解决。比如，农村土地承包经营权合同，以及PPP合同。环境行政合同中存在环境公用设施PPP合同体系，《财政部PPP合同指南》规定："就PPP项目合同产生的合同争议，应属于

---

① 罗豪才主编：《行政法论丛》第1卷，法律出版社1998年版，第259—260页。

② 钱水苗、巩固：《论环境行政合同》，《法学评论》2004年第5期。

平等的民事主体之间的争议，应适用民事诉讼程序，而非行政复议、行政诉讼程序。这一点不应因政府方是 PPP 项目合同的一方签约主体而有任何改变。"但根据《行政诉讼法》，行政协议被列入行政诉讼受案范围。这就存在哪种行政合同应由行政诉讼解决，哪些由民事诉讼解决的问题。在仲裁裁决上，《财政部 PPP 合同指南》允许仲裁裁决，但其他环境行政合同是否适用仲裁，也存在规定的缺失。在行政复议上，PPP 合同指南明确排除行政复议，但《行政复议法》将"认为行政机关变更或者废止农业承包合同，侵犯其合法权益"列入行政复议的受案范围；《农村土地承包经营纠纷调解仲裁法》将征收集体所有的土地及其补偿发生的纠纷纳入行政复议。这些领域存在排除或允许行政复议的规定，但整体而言，环境行政合同是否可以提起行政复议方面的规定还相当缺乏。所以，在环境行政合同纠纷的救济规定上，应当通过法律法规或规章予以明确，以避免出现救济途径选择于法无据的情况。

笔者认为，环境行政合同如属于政府采购的，民事性较强，应采用民事诉讼、仲裁、调解等手段救济；基于环境标志产生的政府参加的自愿性环境协议以及政府参加社会与市场发起的自愿性环境协议民事性较强，应采用民事诉讼、仲裁、调解等手段救济；而行政性色彩较浓的自愿性环境协议（如节能减排协议、"门前三包"协议、村委会环境治理责任状、生态补偿协议）以及特许经营协议则应采取行政复议、行政诉讼解决。无论何种纠纷解决方式，均可审查政府行政优益权行使的合法性与正当性。

三　我国政府环境民事责任的承担方式

我国《行政诉讼法》规定的政府环境行政合同引起的责任承担方式包括不依法履行、不依约履行以及违法变更、解除所承担的继续履行、采取补救措施、赔偿损失的责任，以及合法变更、解除协议所承担的补偿责任。与《合同法》相比，我国《行政诉讼法》规定的承担方式较为粗略，缺乏缔约过失责任，缺乏履约担保、定金与违约金方面的违约责任承担方式，缺乏无效合同责任承担方式，同时也缺乏责任的减轻与免除方面的规定。

行政合同脱胎于民事合同，与民事合同是特殊与一般的关系，因此在行政合同法律缺失的情况下，如果遇到责任承担方式的难题，则应适用《合同法》进行解决。当然，无论是行政合同还是民事合同，均允许在不违法的情况下通过意思自治，在合同中约定责任承担方式。

第五节　政府环境刑事责任

一　政府环境刑事责任的概念

刑事责任又称刑事法律责任，是指"因违反刑事法律而应当承担的法定不利后果"①。在政府环境刑事责任的概念上，有学者认为，"政府环境刑事法律责任是指政府机关及其工作人员或政府机关委派的组织或者个人因其行政行为故意或者是其行为过失实施了危害生态环境的行为，依据刑法所要承担的相关刑事制裁方面的法律责任"②。这里的刑事责任承担主体既包括行政机关，也包括行政机关的工作人员。但也有学者认为，"一般来说，政府环境刑事责任的主体是政府的公务人员，包括政府的主要负责人和环境事故的直接责任人"③。

在环境治理领域，行政机关常发生的犯罪主要是：受贿罪、单位受贿罪、滥用职权罪、玩忽职守罪、徇私舞弊不移交刑事案件罪、环境监管失职罪、违法发放林木采伐许可证罪、传染病防治失职罪、非法批准征用、占用土地罪、非法低价出让国有土地使用权罪、商检徇私舞弊罪、商检失职罪、动植物检疫徇私舞弊罪、动植物检疫失职罪、失职造成珍贵文物损毁、流失罪等，行政机关有时还会犯非法占

---

① 张文显主编：《法理学》，高等教育出版社2003年版，第148页。

② 许继芳：《建设环境友好型社会中的政府环境责任研究》，上海三联书店2014年版，第85页。

③ 缪仲妮：《关于政府环境保护的法律责任》，《山东社会科学》2009年第11期。

用农用地罪。在上述罪名中，大部分是由行政机关工作人员作为犯罪主体，行政机关作为犯罪主体的较少，但也存在，比如单位受贿罪、非法占用农用地罪。据此，政府环境刑事责任就是指行政机关及其公务人员在履行环境职责过程中因违反刑事法律而应承担的法定不利后果。此种定义将行政机关环境单位犯罪也包括在内。

二　政府环境单位犯罪的探讨与建议

单位犯罪是个人犯罪的对称。我国在政府环境犯罪方面，政府环境个人犯罪罪名已基本完善，但在政府环境单位犯罪的罪名方面却比较欠缺。

（1）单位犯罪的界定

传统的刑法理论认为"单位犯罪，是指公司、企业、事业单位、机关、团体为本单位谋取利益，经单位集体研究决定或者是负责人员决定实施的危害社会的行为"[①]。此种定义说明单位犯罪必须有为本单位谋取利益的故意，这无疑缩小了单位犯罪的范围。

我国《刑法》第30条规定："公司、企业、事业单位、机关、团体实施的危害社会的行为，法律规定为单位犯罪的，应当负刑事责任。"该条并未明确单位犯罪的主观要件是故意还是过失。而根据刑法的规定，有许多单位犯罪并不以故意为主观要件，过失同样能够成就单位犯罪。比如，工程重大安全事故罪，出具证明文件重大失实罪，妨害传染病防治罪，妨害国境卫生检疫罪，采集、供应血液、制作、供应血液制品事故罪，逃避动植物检疫罪，污染环境罪，为他人提供书号出版淫秽书刊罪，上述犯罪均可由过失而构成。因此，单位犯罪应当界定为公司、企业、事业单位、机关、团体为本单位谋取利益而经单位集体研究决定或由有关负责人员代表单位决定而故意实施的，或不履行单位法定义务而过失实施的，依照刑法应负刑事责任的危害社会行为。

（2）行政机关的单位犯罪主体资格

在行政机关能否成位单位犯罪主体方面，我国在刑法修订过程中

---

① 张穹主编：《修订刑法条文实用解说》，中国检察出版社1997年版，第35页。

曾经存在争议。肯定说认为单位犯罪的主体应当将国家机关包括在内。因为在现实当中，广泛存在着国家机关参与犯罪的情况。"法律面前人人平等，国家机关作为执法部门更应严格守法，若有违法犯罪行为，同样应受到法律制裁。这种制裁不仅不会损害国家机关的威信，而且还会提高法律的权威，增强国家机关的威信。"① 否定说认为国家机关不应包括在单位犯罪的主体之内。因为国家机关经费来自财政拨款，如果国家机关被视为单位犯罪的主体，不论承担何种刑事责任，均会影响其对社会的管理与职能的正常发挥。"国家机关是行使国家管理职能的机构，把它作为单位犯罪主体，一方面有损国家机关的威信，另一方面对它的惩罚，如判处罚金刑，无异于国家自我惩罚，是把金钱从这个口袋装到那个口袋，没有实际意义。"② 但根据我国《刑法》第30条之规定，国家机关被包括在单位犯罪主体之内，这也是中国所特有的。"主要是因为以往在计划经济体制下，政企不分，国家机关经商或者直接介入经济活动的情况较为普遍。因此，国家机关参与犯罪的现象时有发生。""随着经济体制的深入发展，政企逐渐分开，国家对经济活动实行宏观调控，不再直接介入经济活动。在这种情况下，国家机关构成的单位犯罪将会随之而减少，乃至最后消亡。"③ 由于我国存在政企不分的情况，行政机关直接介入经济活动较为频繁，政企勾结所造成的行政机关犯罪情况较为普遍。因此，有必要让行政机关作为单位犯罪的主体，以通过刑事制裁这一最为严厉的惩罚尽量避免行政机关犯罪现象。行政机关犯罪当然不会对行政机关适用没收财产，而是对行政机关判处罚金。这只是国家从一个口袋装进另一个口袋，国家并没有什么损失。但是对该行政机关判处罚金，至少可以使该单位在经济上与名誉上受到损失，从而教育其决策层不得再犯。在判处罚金时，应当考虑行政机关的情况，避免判

---

① 《刑法问题与争鸣》编委会编：《刑法问题与争鸣》，中国方正出版社1999年版，第248页。

② 同上。

③ 高西江主编：《刑法的修订与适用》，中国方正出版社1997年版，第155页。

处太多罚金，影响行政机关职能的发挥。此外，让行政机关承担刑事责任可以真正做到"刑法面前人人平等"。因为对其他单位我们可以适用单位犯罪，而对行政机关我们同样让其承担单位犯罪的刑事责任，这样行政机关就与其他单位一样平等承担刑事责任。

（3）政府环境单位犯罪的完善

通过上文分析，国家机关能够成为单位犯罪的主体，因此，政府环境单位犯罪罪名的设立也就具有正当性。政府作为环境单位犯罪的主体可以起到三方面作用：一是可以通过罚金的承担，让政府受到制裁，对其行政首长及其决策层起到惩戒与教育作用，以避免再犯；二是在政府环境单位犯罪的追究中，首先要审查是集体决策还是行政首长代表行政机关决策，从而使行政首长难逃被审查的命运，有效避免"替罪羊"现象的发生；三是现实当中存在许多过失形态的政府危害生态环境的行为，如果能将造成严重损失的政府危害生态环境的行为上升为单位犯罪，将能督促政府恪尽职守，避免因政府过失而造成严重的环境损失。

我国刑法中规定的政府环境单位犯罪仅有因环境职权的行使而发生的单位受贿罪、因行政机关非法占用农用地而发生的非法占用农用地罪等少数罪名。因此，可以从以下两个方面扩大政府环境单位犯罪的范围：

一是增加政府环境犯罪主体，将个人犯罪扩大为政府环境单位犯罪。比如，环境监管失职罪、违法发放林木采伐许可证罪、传染病防治失职罪、徇私舞弊不移交刑事案件罪、非法批准征用、占用土地罪、非法低价出让国有土地使用权罪等均有可能由单位集体决定或行政首长代表单位决定而造成危害生态环境的严重后果，因此可以通过增加行政机关作为上述犯罪的主体而将上述个人犯罪上升为政府环境单位犯罪，也就是上述犯罪的犯罪主体既可以是个人，也可以是行政机关。

二是增设政府环境单位犯罪罪名。在现实中，地方政府为了地方财政与税收以及政绩而无视地方环境的现象时有发生。一些地方政府为了地方利益引入一些高污染企业，无视环境规划盲目决策，为污染企业提供保护伞而干预环境监管，对环境质量极度不负责任，伪造、篡改环境监测数据或指使伪造、篡改环境监测数据等现象比较普遍，而上述单位犯罪的危害总体上要远比个人犯罪更为严重。如果只惩罚个人，则很容易造成行政首长或者行政机关的决策层的责任得不到追究，难以避免"替罪羊"现象的发生，难以避免行政机关牺牲个人追求地方利益以及部门利益。因此，针对上述内容设立政府环境单位犯罪将使行政首长及行政机关决策层成为审查对象，有效避免"替罪羊"现象的发生，并通过对行政机关的刑事制裁，在名誉上与物质上使行政机关蒙受损失，从而教育行政首长与行政机关决策层，有效遏制上述危害生态环境的行为发生。所以，增加诸如政府决策失误造成重大环境损失罪，政府干预环境监管罪，政府环境质量严重退化罪，伪造、篡改或指使伪造、篡改环境监测数据罪等政府环境单位犯罪尤其必要。其中政府决策失误造成重大环境损失罪、政府干预环境监管罪、政府环境质量严重退化罪是单纯的单位犯罪。因为如果是行政机关官员个人失误造成环境损失可定玩忽职守罪，个人干预环境监管可定滥用职权罪，而地方政府整体对辖区环境质量负责，只能由地方政府作为政府环境质量严重退化罪的犯罪主体。而伪造、篡改或指使伪造、篡改环境监测数据罪既可由个人犯罪主体也可由单位犯罪主体构成。

本章小结

政府环境法律责任可以界定为政府及其环境监管职能部门违反环境职责所应依法承担的法定不利后果。根据法理学的分类，法律责任分为宪法责任、行政责任、民事责任、刑事责任四种。相应地，政府环境法律责任的基本框架也就包括政府环境宪法责任、政府环境行政责任、政府环境民事责任、政府环境刑事责任。

政府环境宪法职责是政府承担环境宪法责任的前提。在政府违反环境宪法职责的情况下，就可能产生政府环境宪法责任。在政府环境行政责任已被追究的情况下，相应的宪法责任就可以免除，以避免

"一事二罚"；但政府环境宪法责任的承担并不排斥政府环境民事责任与政府环境刑事责任的承担。我国政府环境宪法责任以罢免、撤销、拒绝适用三种宪法责任承担方式为主。

政府环境行政责任由行政机关及行政机关行政首长承担。政府依据法律规定及公平原则承担环境行政责任。在环境法规定的行政责任方面，应当让行政首长与直接负责的主管人员或其他直接责任人员同样承担《环境保护法》第68条规定的行政责任，包括出现与未出现严重后果的情况在内；在地方政府行政首长非法干预环境监管的情况下，让地方政府行政首长连带承担行政责任。第68条规定的应当引咎辞职保留，但拒不引咎辞职时，部门行政首长应当由任免机关责令引咎辞职；地方政府行政首长应当由权力机关罢免。此外，还应当增加环境监管失职与政府环境质量保障方面的法定行政责任。在行政赔偿与行政补偿依据上，我国《国家赔偿法》不完善，缺乏抽象行政行为赔偿；行政补偿依据更是无法可依，因此应当通过立法健全《国家赔偿法》，并制定专门的《国家补偿法》，或者制定《国家赔偿补偿法》，对政府行政赔偿与行政补偿责任进行完善。政府环境行政责任的承担方式包括行政机关环境行政责任承担方式与行政首长环境行政责任承担方式。行政机关环境行政责任承担方式应当在现有承担方式基础上增加责令限期制定规章及行政规范性文件与行政补偿方面的规定；行政首长环境行政责任承担方式应当通过修改《环境保护法》第68条规定，在保留应当引咎辞职的基础上增加其与直接主管人员和其他直接责任人员相同的责任承担方式。

政府环境民事责任是由环境行政合同引起的民事责任，政府环境侵权造成的行政赔偿与行政补偿责任已划入行政责任当中。除政府采购环境服务可依《政府采购法》签订行政合同外，我国政府参加的自愿性环境协议与生态补偿合同等方面存在行政合同实体法缺失。而环境行政合同与普通民事合同相比又存在行政性与环境性上的特征，因此应当加强环境行政合同方面的立法，以提供实体法上的依据。我国政府环境行政合同的救济规定也比较混乱，有的依民事诉讼，有的依行政诉讼；有的可行政复议，有的不可行政复议等，因此应当根据

不同的环境行政合同确定不同的救济方式。此外在政府环境民事责任
的承担上，《行政诉讼法》规定比较粗略，行政合同脱胎于民事合
同，因此应当允许在行政合同实体法未规定的情况下适用《合同
法》。行政合同基于意思自治而产生，应当允许在合法的情况下约定
责任承担方式。

在政府环境刑事责任方面，我国政府环境犯罪目前多是个人犯
罪，政府环境单位犯罪罪名较少。因此应当通过扩大部分政府环境个
人犯罪的犯罪主体，将其上升为政府环境单位犯罪，并新增部分政府
环境单位犯罪罪名，比如，政府决策失误造成重大环境损失罪，政府
干预环境监管罪，政府环境质量严重退化罪，伪造、篡改或指使伪
造、篡改环境监测数据罪。

第六章

我国政府环境责任的问责机制

第一节　政府环境责任问责机制的概念与构成要素

政府环境职责是政府承担的第一性环境责任；而政府环境法律责任则是政府在违反其第一性环境责任时所应承担的第二性环境责任。当政府环境职责未履行或未适当履行时，要想对其顺利实现责任追究，就必须有健全的问责机制。在问责主体上，有学者认为存在社会问责主体。但社会公众并无职权对行政机关进行问责，而只是参与到权力机关、行政机关、司法机关对行政机关的问责当中。因此，社会公众不应被包括在问责主体之内。据此，政府环境责任问责机制是由权力机关、行政机关、司法机关在公众的参与下对承担政府环境职责的行政机关依照法定权限和程序，对政府及其公务员的违法或不当行为实行法律责任追究的法律制度。

政府环境责任问责机制由问责主体、问责对象、问责范围、问责程序四个构成要素构成。有学者还将责任形式纳入在内，但问责制只是追究程序法律制度，不应涉及实体内容，所以责任形式不应纳入在内。（1）问责主体。问责主体是指在行政机关及其公务人员不履行或不适当履行政府环境职责时，应由"谁"来追究和认定。在问责主体上，有学者将其分为"同体问责"主体与"异体问责"。① 其中"同体问责"是行政机关的问责，"异体问责"是行政系统外部主体的问责。这种分类对阐释我国"异体问责"不力有积极意义。

---

① 周亚越：《行政问责制的内涵及其意义》，《理论与改革》2004 年第 4 期。

（2）问责对象。问责对象是指问"谁"的责，也就是追究谁的法律责任。在宪法责任与行政责任的追究上应当问责行政机关及行政首长，其他公务员则通过行政机关内部责任追究解决；而由于政府环境单位犯罪不多，政府环境单位犯罪多由公务员承担刑事责任，但触犯政府环境单位犯罪的还要问责行政机关，实行双罚。（3）问责范围。问责范围是指政府承担环境法律责任的情形，也就是在哪些方面能够问责。不同的问责制问责范围也各不相同。（4）问责程序。问责程序是指问责主体对问责对象进行问责时应当遵循的方式、步骤、时限和顺序。不同的问责制问责程序也不相同。

第二节　我国政府环境责任问责不力：表现与原因

一　我国政府环境责任问责不力的表现

自 2003 年，中共中央发起行政问责以来，我国政府问责制已成为学界的老话题，学术界也已开展了充分研究。2008 年《国务院工作规则》首次写入行政问责制，2009 年中共中央办公厅、国务院办公厅印发了《关于实行党政领导干部问责的暂行规定》，之后各地也纷纷建立了问责制。但制度归制度，真正执行起来，没有重要领导的指示，政府问责就成了摆设；即使追究，也往往只是拿"小人物"说事，"幕后主使"却逍遥法外；同时，我国还存在"不该追责的被追责，该被追责的没有追责；该追大责的追小责，该追小责的追大责"① 等现象。

（一）环境事件频发，政府问责鲜见

近些年来，我国环境突发事件频发，但处理环境事件中，对政府的问责却未得到应有的重视。环保部原副部长潘岳曾表示政府环保不

---

① 杨朝霞、张晓宁：《论我国政府环境问责的乱象及其应对》，《吉林大学学报》（社会科学版）2015 年第 4 期。

作为、干预执法、决策失误是环境顽疾久治不愈的主要根源。① "早有数据表明，最近 20 年来我国所发生的重大环境污染事件，有近 80% 与政府有关，其中 45% 甚至可归根于政府的不当决策。"② 2014 年是迎接新环保法实施之年，根据最高人民法院公报，我国环境案件总数从 2012 年的 17201 件上升到 2014 年的 94157 件；污染环境罪案件数量从 2012 年 32 件上升到 2014 年的 988 件；而环境监管失职罪案件数量仅从 2012 年的 14 件上升到 2014 年的 23 件。可见，2014 年无论是环境案件总数量，还是污染环境罪案件总数量均大幅度飙升。其中环境案件总数量相当于 2012 年的近 5.5 倍，污染环境罪案件总数量相当于 2012 年的近 31 倍。但环境监管失职罪案件却不到 2012 年的 2 倍。这些数据说明，我们在迎接新环保法实施之年，只注重了追究企业环境责任，政府环境责任追究未受到重视。

我们也可以从一个具体案例看一下政府环境问责的重视程度。腾格里沙漠事件在 2012 年之前就已存在，2012 年经央视曝光后，只是关闭了部分企业，根本未启动政府环境问责。2014 年 9 月媒体再次聚焦腾格里沙漠事件，引起社会广泛反响。2014 年 10 月，习近平主席作出了重要指示，从 2014 年年底到 2015 年年初进行了政府环境问责，近 40 名公务员受到了党纪、政纪、行政、刑事制裁。也就是说，我国的政府环境问责是"环境事件—媒体关注—领导指示—政府问责"模式：媒体不曝光，存在环境问题也不查，媒体曝光制裁企业但不问责政府，只有重要领导批示了，才问责政府。

（二）不该追责被追责，应被追责未追责

一是重直接主管与直接责任人责任，轻部门主要负责人责任。如前文所述，我国《环境保护法》第 68 条行政责任方面的规定，体现了行政责任的设计缺陷，部门行政首长只有在造成严重后果的情况下才应当"引咎辞职"。现实中，即使造成严重后果，部门行政首长的

---

① 牛晓波、杨磊：《环保总局第三张牌修法问责 "保护伞"》（http：//www. southcn. com/finance/financenews/chanye/200702270223. htm）。

② 阿计：《环保法修法之五大进步》，《民主与法制》2012 年第 27 期。

责任也往往不被追究。2011 年 3 月媒体曝光的台州市血铅超标事件，台州市路桥区 168 名村民血铅超标，包括 53 名儿童，其中 3 人需要驱铅治疗。而这一事件中仅有负直接责任的环保分局副局长、环保分局监察中队长、街道办副主任 3 人被停职检查。① 但该事件的肇事者没有环保分局局长的同意又如何通过环评？如何通过"三同时"验收？如何逃避了限期治理的查处？因此，一线执法人员往往是根据行政首长的决定执行，出了事如果只拿执法人员说事，行政首长违法成本相对比较低，其违法的可能性就会增加。

二是重环保主管部门责任，轻负有环境监管职责的其他部门责任。我国环境监管是环保主管部门统管与其他相关部门分管模式，许多环境事件其实并不只是由环保主管部门引发，其他相关部门也有责任。有学者将我国环境监管比作一个足球队，环保主管部门像守门员，其他相关部门则是球员，环保没搞好，被企业进了球，就不能只怪环保主管部门这个守门员。"然而，在实践中，由于环境事件而被问责的，基本上都是环保部门，鲜见追究其他分管部门责任的。"② 因此，如果其他相关部门对环境事件也有责任，就不能只追究环保主管部门的责任。比如，目前的"未评先建"的污染企业很多就是在未取得环评审批的情况下取得了工商营业执照，或者在工商局默许的情况下无照经营，这时工商局就应当为此承担责任。

三是重职能部门责任，轻地方政府责任。如前文所述，我国许多污染企业沿江、沿河而建，一旦引发环境事故，后果不堪设想。另外，有些地方政府为了地方经济发展、地方财政收入、地方政府 GDP 而不顾环境保护，引入许多重污染企业，并为这些企业的上马开辟"绿色通道"，"挂牌保护"。地方政府对产业布局、产业结构负有极大的责任，其"绿色通道"与"挂牌保护"实为干预监管，应当对

---

① 百度百科：《台州血铅事件》（http://baike.baidu.com/link? url = aXVZ_E61WLY_ LCXaPhrhJ29jya7WmMQ5PDIuUP7C5SSwab7spjT_ fGyf1bX8VbtfxbiHjS4Ur XipBCk-tLEcnq）。

② 杨朝霞、张晓宁：《论我国政府环境问责的乱象及其应对》，《吉林大学学报》（社会科学版）2015 年第 4 期。

其行为负责。此外，依现行法，政府还拥有一部分对污染企业直接关闭、停产以及批准职能部门关闭、停产的权力，如果政府不正当行使此权力，保护污染企业，也应当为此担责。但现实中，地方政府首长很少被问责，或者责任较轻；而环保主管部门却成了地方行政首长的"替罪羊"。比如昆明东川"牛奶河"事件，东川区环保局局长、原环境监察大队大队长停职检查，东川区环保局分管副局长、环境监察大队副大队长被免职，但对东川区政府分管环保工作副区长仅是通报批评，地方政府正职行政首长并未担责。[①] 在此事件中，沿河而建的45 家选矿企业有34 家手续不全或治污设施不完善，但这并不能说明监管责任比政府的产业结构与产业布局责任大。从因果关系上看，政府产业结构与产业布局决策重大失误是主要原因，而环境监管失职只是次要原因。所以，政府行政首长应当承担更大的责任。

四是该追大责追小责，避重就轻严重。在台州市血铅超标事件中，环保分局副局长、环保分局监察中队长、街道办副主任也只是被停职检查；东川"牛奶河"事件也只是停职检查、免职、通报批评。而与民众生命健康受到威胁，甚至患上绝症，及几代人甚至几十代人失去良好的生存环境相比，官员承担的责任就很难与其造成的损失相匹配。

二　我国政府环境责任问责不力的原因

（一）同体问责存在弊端

我国目前的政府问责是以同体问责为主，但同体问责存在"行政机关垄断问责启动权、选择性问责、问责主体不受监督和制约"[②] 的问题，造成同体问责不力。首先，行政机关对问责启动权形成垄断。由于行政机关对问责信息形成垄断，权力机关与司法机关很难及时获

---

① 北纬网：《昆明处理"牛奶河"污染事件 5 名政府官员被问责》（http：//news. beiww. com/2013/0522/article_ 120822. html）。

② 徐肖东、雷庚：《行政官员问责机制：制度化定位与法治化重构》，《知行铜仁》2015 年第 6 期。

得问责信息与证据，造成宪法责任与刑事责任的问责比较困难，政府问责主要依赖行政机关同体问责开展。且同体问责中往往由行政机关的领导说了算，结果造成媒体不曝光不问责，领导不批示不问责，大事化小、小事化了，逃避与转移责任，不移交刑事追究等现象。其次，选择性问责严重。由于权力机关、司法机关与公众的介入较少，行政机关同体问责时拥有较大的自由裁量空间，"可问可不问，可这样问也可那样问，可全面问也可部分问"。最后，对问责主体监督与制约较少。由于对问责主体缺乏有效的监督与制约，问责主体往往受媒体与重要领导的影响，出现畸重畸轻与违反程序等现象。

（二）异体问责薄弱

由于同体问责"封闭的内部问责程序容易导致不公正，违反了'自己不做自己法官'的要求，存在弊端"[1]，许多学者主张加强异体问责，也就是权力机关、司法机关对政府的问责。但"目前我国行政异体问责制最大的缺陷就是主要的异体问责主体自身独立性不强，对党和政府的依赖性过大，这就直接导致了其不敢问责、不愿问责、无法问责或者问责不客观"[2]。权力机关本应是最具权威的问责主体，可通过质询、调查、罢免等权力的行使问责政府，并超脱于行政系统，具有独立性。但现实中，权力机关在人、财、物等方面受制于政府，从而缺乏了其法律上的权威性与独立性。而司法机关目前在人事与财政上也依赖于政府，司法机关的独立性也很难得到保证。再加上权力机关与司法机关在问责上与行政机关掌握的问责信息不对等，问责时依赖政府的配合与政府信息的提供，所以异体问责实际上处于问责体系中的从属地位，其作用很难得到充分发挥。

（三）社会参与问责度低

我国社会参与对政府的问责从实践上始于 2003 年的 SARS 危机。此后，应民众呼吁，《政府信息公开条例》颁布实施，并由此逐渐发

---

① 徐肖东、雷庚：《行政官员问责机制：制度化定位与法治化重构》，《知行铜仁》2015 年第 6 期。

② 段振东：《行政同体问责制研究》，博士学位论文，吉林大学，2014 年。

展出了社会参与政治与行政，并促进了听证与信访制度的发展，社会参与政府问责也逐渐从个体参与向群体参与，从自发参与向组织化参与发展。随着媒体力量的壮大，媒体对政府问责的参与也逐渐深入。而随着大数据与自媒体时代的到来，社会参与政府问责也日益便捷与广泛。

但是，我国社会参与问责存在以下问题，造成社会参与问责度低：一是我国公众参与社会问责意识淡薄。我国几千年的臣民政治文化根深蒂固，存在普遍的顺民心理，不到万不得已，不会主动站出来问责政府。二是我国公众法治意识不强。在出现问题时，往往不寻求法律渠道解决，而是挤向信访，从而造成参与政府问责不力。三是公众普遍存在"搭便车"心理。在出现问题时，普遍希望别人能够站出来，不愿意主动出面行使参与权利。四是我国公众惧官、畏官、怕官心理以及"不在其位，不谋其政"的心理较强。五是公众过度依赖上访渠道，而政府会通过公务人员的亲戚关系对公众上访进行压制。六是我国政府职责分散，公众往往缺乏明确的问责目标。七是政府控制问责信息，公众往往难以掌握，造成问责困难。八是我国《社会团体登记管理条例》压制了社会团体的发展，公众很难通过行使结社权加强社会参与政府问责。九是公众往往将关注焦点放在问责企业上，往往忽视了对政府环境责任问责。正是由于上述原因，我国公众参与对政府环境责任的问责出现了困境。

第三节　解决政府环境责任问责不力的具体措施

一　解决政府环境责任问责不力的基本设想

通过上述分析可以看出，我国政府环境问责不力的主要原因是同体问责的行政机关垄断问责信息、异体问责受行政机关钳制、公民社会发展不充分。因此，必须从以下几个方面解决：

第一，打破行政机关对政府环境问责信息的垄断。要打破行政机关对政府环境问责信息的垄断，一是要加大行政机关问责的透明度，其关键就是对行政机关问责的信息公开，包括问责依据的公开、问责制度的公开、问责过程公开、问责结果公开。二是要加强与其他问责主体以及环境组织的问责信息共享，加强与其他问责主体案件对接。加强问责信息共享可以方便权力机关、司法机关、环境组织及时发现行政机关问责存在的问题，及时介入问责；加强案件对接则能确保权力机关问责（比如罢免）与司法机关问责（比如移交刑事案件）时能及时立案处理。三是要加强行政机关问责的公众参与，尤其是环境组织对政府环境问责的参与，从而监督行政机关正当履行问责职责，并在行政机关问责不力的情况下，及时通过环境组织的力量促使权力机关与司法机关启动问责。

第二，权力机关与司法机关问责的主动介入。权力机关与司法机关通过畅通政府环境问责社会参与渠道，并通过与行政机关问责的信息共享与案件对接，及时发现职责范围内的问责案件，并主动介入政府环境责任问责，从而打破行政机关对政府环境问责的垄断局面。除此之外，权力机关与司法机关还应当建立政府环境问责案件巡查制度，定期巡查各行政机关，以主动发现案件线索，对案件及时作出问责处理。

第三，加强公众举报与环境组织的问责参与。权力机关、行政机关、司法机关要畅通公众问责参与渠道，搭建公众问责参与平台，鼓励公众积极举报行政机关环境违法犯罪行为；要放宽对社会团体的设立限制，积极培育环境组织的发展；要通过委托环境组织对行政机关监督的方式加强案件线索的提供与案件办理的监督；要积极培育环境公益诉讼社会组织，并通过建立环境行政公益诉讼制度、社会组织参与政府环境宪法责任与刑事责任追究制度，充分发挥社会组织的力量。公众与环境组织积极参与问责，可以辅助权力机关与司法机关问责，从而降低行政机关对权力机关与司法机关问责的负面影响。

受我国政治体制的影响，权力机关与司法机关问责受行政机关制约难以避免。因此，要解决这一问题，充分发挥三大问责机制的作用，就必须从行政机关问责信息公开与环境组织的培育上着手，通过公众与环境组织的力量监督行政机关问责，并对权力机关与司法机关问责进行补强，实现政府环境责任多元问责与公众参与。这也是环境多元治理在政府环境责任问责方面的体现。因此，在政府环境责任问责机制的设计上，应当体现上述基本设想的思路，才能有效解决目前政府环境责任问责中存在的问题。

二　行政机关问责

行政机关问责中的问责主体包括上级行政机关、行政监察机关与审计机关；问责对象是行政机关与行政首长；问责范围是行政机关在环境治理中的违反行政法规定的违法行为，包括具体行政行为违法与抽象行政行为违法；问责程序依不同的问责方式而定。依据上述解决政府环境问责不力的基本设想，行政机关问责应当区别不同情况作出完善：

一是上级行政机关问责方式。上级行政机关可以直接依据政府组织法的规定，改变或撤销下级行政机关不适当的决定与命令，并可追究行政首长的行政责任，此种情况对问责程序要求不严格。但是，在社会参与问责、问责信息共享、问责主体案件对接思路下，此种问责方式应当增加问责信息共享机制方面的规定；委托环境组织对本级以及下级行政机关环境违法行为监督、调查的规定；权力机关监督案件、司法机关司法建议案件、公众举报案件、环境组织检举的案件的立案、调查、处理、回应方面的规定；向权力机关与司法机关移送案件方面的规定。

二是审计机关问责方式。"最高审计机关国际组织环境审计委员会 1992 年成立，鼓励各国最高审计机关'关注环境问题'，政府环境审计得以迅速发展。"① 环境审计在政府环境责任问责方面具有以下不可替代的重要作用：能够对环保投入与使用进行监督，确保环境投入得以有效使用；运用审计手段对环境法律法规执行情况开展检查、追究与纠正，协助开展环境法律法规的落实。在环境法律

---

① 张建伟：《完善政府环境责任问责机制的若干思考》，《环境保护》2008 年第 12 期。

法规落实情况的执法检查中，环境审计可以发挥其技术优势，协助查处环境法律法规执行中的问题。我国环境审计开展较晚，目前主要集中在环保资金的审计上。因此，要完善环境审计的范围，加强协助型审计（协助执法检查、协助追究行政责任与刑事责任、协助环境行政公益诉讼等）与环境治理绩效审计。随着环境审计范围的增加，环境审计也应当在程序上有所改善，因此要增加协助型审计与环境治理绩效审计的程序规定，比如对接人员的安排、出审规定、不同类型审计的操作规程、不同类型审计结论的制作标准、审计结论的交付等。

三是行政监察机关问责方式。行政监察机关是行政机关问责中的专门性问责机关。针对行政监察机关问责方式，我国出台了专门的《行政监察法》与实施条例，因此行政监察这一问责方式的问责机制相对比较健全。（1）在与其他问责主体的案件对接上。《行政监察法》第44条对案件的移送进行了规定，不属于监察机关职责范围的，以及涉嫌犯罪的，应移送有关单位处理，接受移送的单位应在处理后告知监察机关处理结果。《环境保护法》第67条规定上级政府及其环保主管部门发现有公务员应给予处分的，应向其任免机关或监察机关提出处分建议。诉讼法也有向监察机关提司法建议的规定。但上述对接规定分散，并且处理结果回复规定不完善。比如《环境保护法》与《民事诉讼法》未规定监察机关予以回复，《行政诉讼法》虽规定了监察机关予以回复但未规定回复的时间与方式。因此在对接上，应当规定监察机关与其他行政机关、权力机关、司法机关对接的立案、处理、回复等规定。（2）在行政监察社会参与上。《行政监察法》第6条规定了"依靠群众"这一基本原则，并规定了举报制度以及举报的受理、调查、处理、回复和对举报人的保护；第29条规定了可以对控告、检举重大违法有功人员给予奖励。与其他行政机关问责方式相比，监察方式的社会参与相对健全。实践中，由于监察机关人手不足，监察机关也经常组织社会公众参与监察，有些地方还制定了相关的实施意见。比如，2015年2月，滦县监察局制定了《关于向社会力量购买服务的实施意见》，县财政还为监察局拨付专项资金聘请

"第三方"社会力量开展监察。① 因此，可以通过立法确立政府采购环境行政监察社会服务制度，以推动并规范环境行政监察的社会参与。最后，行政监察机关同样应当建立与其他行政机关、权力机关、司法机关、环境组织的问责信息共享机制。

三　权力机关问责

权力机关问责是指人大及人大常委会对行政机关及行政首长的问责。依照宪法及组织法规定，人大及其常委会对本级政府有监督权，可以通过报告制度、询问与质询制度、备案审查制度、调查制度、执法检查制度、检举举报制度发现政府违宪行为，并采取撤销行政法规、政府规章、决定、命令以及罢免行政首长的方式追究宪法责任。人大例行的会议一年只召开一次，因此权力机关的问责主要由人大常委会承担。但"人大常委会的监督往往表现出抽象性监督多，实质性监督少；弹性监督多，刚性监督少；一般性监督多，跟踪监督少；事后监督多，事前事中监督少等特点"②，这主要是由人大常委会问责能力不足造成的。我国权力机关除了上文所述的受政府钳制之外，还存在以下问题：一是人大常委会委员人员组成上，存在注重广泛性，轻视专业性的问题。我国比较重视人大常委会委员代表的广泛性，轻视其立法方面的专业知识。另外，大部分人大常委会组成人员年龄偏高，且除常委会主任与副主任及专门委员会主任委员之外，大部分常委会委员是兼职，无法专注于常委会工作。二是许多委员来自政府或职能部门，承载着行政系统的利益并受行政系统关系网络的影响，很难在问责时保持中立，缺乏问责的勇气与意志。三是人大常委会专职委员受编办的编制数量影响，人手严重不足。在编制缺乏的情况下，人大常委会基本的备案审查与立法工作尚比较吃力，问责就更是心有余而力不足。基于上述问题，要完善权力机关问责机制，就要着力从

---

① 张笑非：《作风建设永远在路上》，《唐山劳动日报》2015 年 7 月 18 日第 1 版。

② 胡敏：《完善行政问责制度的思考——以权力机关的问责为视角》，《学理论》2015 年第 16 期。

以下几个方面解决：

第一，完善权力机关问责程序。要通过立法，完善质询、调查、检查工作程序，行政首长罢免程序，行政机关的行政法规、政府规章、决定、命令撤销程序，通过程序规定，解决问责职权如何行使的问题，并为权力机关问责提供法律支撑，提高权力机关问责的效率与公正性。

第二，建立人大行政问责委员会。十八届四中全会提出宪法实施与宪法责任追究问题，许多学者建议成立宪法法院或宪法委员会。这已经不是一个新话题，宪法法院与宪法委员会在我国是否能够成立并发挥其预设的功能，取决于我国的政治环境。在我国行政力量比较强大，公民社会力量相对薄弱的情况下，即使成立宪法法院或宪法委员会，也有可能难以发挥其应有的功能。因为，权力机关代表民众，权力机关问责的关键是有强大的公民社会支撑。因此，可以采取过渡性办法，成立人大行政问责委员会，在人大各专门委员会的配合下专门负责问责工作，建立政府问责的长效机制，全面开展对政府的问责。当然，环境与资源保护委员会也承载着问责职能，可以单独开展问责或与行政问责委员会或其他委员会联合开展问责。

第三，合理配置人大常委会委员，增加专职委员比例。一是行政问责委员会应当配备更多的专业性较强的专职委员，并在政府环境责任问责等重点问责领域倾向性提高专职委员比例。二是增加环境与资源委员会专职委员以提高其自身的问责能力以及协助行政问责委员会开展政府环境责任问责的能力。三是增加行政问责委员会和环境与资源委员会外聘环境组织、环境领域的专家学者委员的数量，提高其政府环境责任问责专业能力与灵活调度人员的能力。

第四，建立权力机关问责多方联动制度与巡查制度，提高行政问责案件的发现能力。权力机关要通过与行政机关、司法机关、环境组织建立问责信息共享机制，及时发现行政机关环境违宪案件并及时立案处理；要通过委托高校或环境组织开展环境方面的行政法规、规章、决定、命令的审查与评估，解决自身在审查与撤销权行使方面能力不足问题；要建立定期巡查制度、专项巡查制度，在巡查政府与环境监管职能部门时，还可邀请环境组织与审计机关协助巡查，以及时发现存在的违宪问题。

第五，加大财政对行政问责委员会的经费支持，通过专项问责资金拨付解决权力机关对政府的经费依赖问题。国家可以出台专门立法，建立专项问责资金拨付保障制度。行政问责委员会及其专职委员的配置可以解决权力机关问责"人"的独立性问题，而专项问责资金的设置则可解决权力机关问责"财"与"物"的独立性问题。只有权力机关在"人、财、物"上独立，才能确保其问责的独立性。

四　司法机关问责

法院可以通过判决撤销、变更、限期履行、确认违法、判决承担行政赔偿与行政补偿责任、对行政机关工作人员判处刑罚等方式问责行政机关。在抽象行政行为的审查方面，法院虽不能直接撤销国务院部门、地方政府及其部门制定的规范性文件，也不能宣告其违法，但可以应原告申请附带审查其合法性，并对不合法的行政规范性文件依《最高人民法院关于适用〈中华人民共和国行政诉讼法〉若干问题的解释》不作为认定行政行为合法的依据，并在裁判理由中予以阐明，因此虽不属于判决该规范性文件不合法或无效，但属于拒绝适用的宪法制裁。法院除上述直接问责外，还可通过司法建议与案件移送辅助行政问责。法院司法建议包括：向规范性文件制定机关提出司法建议，并可抄送制定机关同级政府或者上一级行政机关；对拒绝履行判决、裁定的行政机关，法院可向其上一级行政机关或者监察、人事机关提出司法建议。接受司法建议的机关根据规定处理，并告知法院处理情况。法院移送包括：法院在审行政案件时，认为行政机关工作人员违法违纪的，应移送监察机关、该行政机关或者其上一级行政机关；认为行政机关工作人员犯罪的，应移送公安、检察机关。检察机关问责通过对行政机关犯罪进行侦查与提起公诉进行。检察机关除直接问责外，还可辅助行政问责。被不起诉人需给予行政处分的，应提出检察意见，移送有关主管机关处理。处理机关应通知检察院处理结果。但由于司法建议与检察建议缺乏法律效力，法院与检察院无法强制行政机关回复，因此存在回复率低的问题。

我国司法机关在政府环境责任问责方面主要存在对行政机关环境犯罪追究率低问题。从 2014 年最高人民法院公报提供的数据可以看出，虽然 2014 年环境案件总量相当于 2012 年的近 5.5 倍，污染环境罪案件总量相当于 2012 年的近 31 倍，但环境监管失职罪案件却还不到 2012 年的 2 倍。在政府环境治理领域常发的犯罪主要是环境监管失职罪、徇私舞弊不移送刑事案件罪以及滥用职权罪、玩忽职守罪、徇私舞弊罪、受贿罪等。这些犯罪行为如果得不到有效制裁，就会造成政府环境权力的滥用与环境治理上的"官商勾结"，从而放纵企业的环境违法犯罪行为，对环境造成巨大的损害。另外，对行政机关问责机制存在的问责不力问题，司法机关也不能坐视不管。

因此，应当建立政府环境犯罪发现机制，积极收集政府环境犯罪案件线索，提高政府环境案件追究率；应当建立环境行政公益诉讼制度，加强对行政机关行政违法的追究。

（一）司法机关政府环境犯罪发现机制

首先，借鉴西方"吹哨人"制度，建立政府环境犯罪有奖举报制度。司法机关可以建立专项的举报奖励经费对不判处罚金刑或没收财产刑的案件举报人按件奖励，对判处罚金刑或没收财产刑的，在按件奖励的基础上可再提取一定比例奖励举报人。此外，检察机关还应当在行政机关内部广泛发展"内部吹哨人"，通过行政机关内部人员提供犯罪线索，打击政府环境犯罪。

其次，建立问责信息共享、案件巡查、委托监督机制。司法机关通过与行政机关、权力机关、环境组织问责信息共享发现政府环境犯罪；检察机关还应通过定期案件巡查与专项案件巡查机制发现政府环境犯罪；并通过委托环境组织对政府环境犯罪开展监督提高政府环境犯罪案件的追究率。通过上述制度的建立，可以促成问责信息共享、案件巡查、社会辅助监督的制度化与常态化，提高政府环境犯罪的发现率。

最后，完善检察机关与行政机关、权力机关刑事案件的对接机制。检察机关与行政机关、权力机关应当明确政府刑事案件对接的负责机构与人员，建立案件对接的工作机制。目前在两法衔接方面公安机关与检察机关刑事案件对接比较好，有些地方还建立了对接工作机制。比如，根据《陕西省人民检察院、陕西省公安厅关于建立刑事案件统一对口衔接工作机制的通知》，陕西省一些公安部门与检察部门建立了刑事案件统一管理对接工作实施办法。所以，可以借鉴公安机关与检察机关的刑事案件对接工作机制，建立检察机关、行政机关、权力机关刑事案件对接机制，提高政府环境刑事案件的移送率。

（二）建立环境行政公益诉讼制度

如前文所述，目前我国已开展行政公益诉讼试点，由检察机关对行政机关提起行政公益诉讼，并且已有检察机关提起环境行政公益诉讼的案例。由于权力机关只能对政府违宪行为进行追究，无法对政府行政违法行为进行追究，所以如果行政机关追究不力，而司法机关又未提供司法追究途径，则公平正义就无法伸张。"'司法最终解决'原则决定了诉讼是公正和正义的最终保障手段。"① 因此，应当建立行政公益诉讼制度，寻求司法最终解决。司法机关通过环境行政公益诉讼可以有效解决行政机关问责不力问题。但是，政府环境行政违法行政机关问责不力非常普遍，单靠检察机关的力量只能解决一些大案要案，对政府环境行政违法的追究只是杯水车薪。所以，应当扩大提起环境行政公益诉讼案件的主体，允许能够提起环境民事公益诉讼的社会组织提起对行政机关的环境行政公益诉讼。环境社会组织具有环境专业知识，并且拥有发现政府环境行政违法的广泛的群众基础，所以在提起环境行政公益诉讼方面具有一定优势。

本章小结

政府环境责任问责机制是由权力机关、行政机关、司法机关在公众的参与下对承担政府环境职责的行政机关依照法定权限和程序，对

---

① 陈桂明：《诉讼公正与程序保障——民事诉讼程序优化的法哲学探讨》，《政法论坛》1995 年第 5 期。

政府及其公务员的违法或不当行为实行法律责任追究的法律制度，包括权力机关问责、司法机关问责、行政机关问责三种。我国政府环境责任问责存在问责不力的问题，究其原因主要是行政机关垄断问责信息、异体问责受行政机关钳制、公民社会发展不充分造成同体问责不力与异体问责薄弱。因此，必须打破行政机关对政府环境问责信息的垄断，促进权力机关与司法机关问责的主动介入，加强公众举报与环境组织的问责参与。所以，要通过问责信息公开与共享、问责案件对接、环境组织与公众对问责的参与等方面对行政机关问责、权力机关问责、司法机关问责进行重塑。受我国政治体制的影响，权力机关与司法机关问责受行政机关的制约难以避免。所以，社会参与问责就成为补强权力机关与司法机关问责的重要手段。社会参与问责可以从有奖举报，委托环境组织监督、调查、检查，环境公益诉讼社会组织提起环境行政公益诉讼等几个方面着手。社会公众参与问责平衡了行政机关、权力机关、司法机关三方的问责力量，同时也体现了环境多元治理模式在政府环境责任问责方面的运用。

参 考 文 献

一　中文著作类

1. 罗豪才主编：《行政法论丛》第 1 卷，法律出版社 1998 年版。

2. 胡建淼：《行政法学》，法律出版社 1998 年版。

3. 中国社会科学院语言研究所词典编辑室编：《现代汉语词典》，商务印书馆 2002 年增补本。

4. 许继芳：《建设环境友好型社会中的政府环境责任研究》，上海三联书店 2014 年版。

5. 黄锡生、邓禾：《行业与规制：建设"两型社会"法制保障研究》，科学出版社 2010 年版。

6. 张建伟：《政府环境责任论》，中国环境科学出版社 2008 年版。

7. 张越：《法律责任设计原理》，中国法制出版社 2010 年版。

8. 李龙主编：《法理学》，人民法院出版社、中国社会科学出版社 2003 年版。

9. 张雷：《政府环境责任问题研究》，知识产权出版社 2012 年版。

10. 肖建华、赵运林、傅晓华：《走向多中心合作的生态环境治理研究》，湖南人民出版社 2010 年版。

11. 高西江主编：《刑法的修订与适用》，中国方正出版社 1997 年版。

12. 邓可祝：《政府环境责任研究》，知识产权出版社 2014 年版。

13. 张贤明：《论政治责任：民主理论的一个视角》，吉林大学出版社 2000 年版。

14. ［美］罗伯特·帕特南：《使民主运转起来》，王列等译，江西人民出版社 2001 年版。

15. 高家伟:《欧洲环境法》,工商出版社 2000 年版。

16. 彭峰:《环境法律制度比较研究》,法律出版社 2013 年版。

17. 汪劲主编:《环保法治三十年:我们成功了吗·中国环保法治蓝皮书(1979—2010)》,北京大学出版社 2011 年版。

18. 张文显主编:《法理学》,高等教育出版社 2003 年版。

19. 张穹主编:《修订刑法条文实用解说》,中国检察出版社 1997 年版。

20. 《刑法问题与争鸣》编委会编:《刑法问题与争鸣》,中国方正出版社 1999 年版。

21. 黄锡生、邓禾:《行业与规制:建设"两型社会"法制保障研究》,科学出版社 2010 年版。

22. [美] 戴维·奥斯本、彼德·普拉斯特里克:《摒弃官僚制:政府再造的五项战略》,中国人民大学出版社 2002 年版。

23. [美] 奥斯特罗姆、帕克斯、惠特克:《公共服务的制度建构——都市警察服务的制度结构》,宋全喜、任睿译,上海三联书店 2000 年版。

24. [法] 孟德斯鸠:《论法的精神》,张雁深译,商务印书馆 1961 年版。

25. [法] 米歇尔·克罗齐耶、埃哈尔·费埃德博格:《行动者与系统——集体行动的政治学》,张朋等译,上海人民出版社 2007 年版。

26. [法] 卢梭:《社会契约论》,何兆武译,商务印书馆 1980 年版。

27. [日] 宫本宪一:《环境经济学》,林玉译,生活·读书·新知三联书店 2004 年版。

28. [古希腊] 亚里士多德:《政治学》,吴寿彭译,商务印书馆 1983 年版。

二 外文著作类

1. Joseph M. Bessete, *Deliberative Democracy*:*The Majority Principle in Republican Government*,*How Democratic Is the Constitution*? Robert

A. Goldin and William A. Schambra eds. , Washington: American En-
terprice Institure, 1980.

2. R. A. W. Rhodes, *Understanding Governance: Policy network, Govern-
ance, Reflexivity and Accountability*, Open University Press, 1997.

3. A. H. Birch, *Representative and Responsible Government—An Essay on the
British Constitution*, Toronto: University of Toronto Press, 1964.

4. Joseph Raz, *The Authority of Law: Essays on Law and Morality*, Ox-
ford: Clarendon press, 1979.

5. Piguo A. C. , *Economics of Welfare* (4th edition), London: Macmil-
lan, 1932.

6. Harsh Mander, *Mohammed Asif. Good Governance* Trans. and Etd. by Ac-
tionAid International, Intellectual Property House, 2007.

7. N. Wilding and P. Laundy eds. , *An Encyclopaedia of Parliament*, Cas-
sell & Company Ltd. , 1972.

三　中文期刊类

1. 陈宝东、邓晓兰:《财政分权体制下的城市环境污染问题研究——
来自中国 73 个城市的经验数据》,《大连理工大学学报》(社会科
学版) 2015 年第 3 期。

2. 张晓慧:《西方国际关系理论思潮专题之五——"第三条道路"理
论》,《国际资料信息》2002 年第 11 期。

3. 谭九生:《从管制走向互动治理:我国生态环境治理模式的反思与
重构》,《湘潭大学学报》(哲学社会科学版) 2012 年第 5 期。

4. 蔡守秋:《论政府环境责任的缺陷与健全》,《河北法学》2008 年
第 3 期。

5. 钱水苗:《政府环境责任与〈环境保护法〉的修改》,《中国地质
大学学报》(社会科学版) 2008 年第 2 期。

6. 吴志红:《行政公产视野下的政府环境法律责任初论》,《河海大学
学报》(哲学社会科学版) 2008 年第 3 期。

7. 周晓丽、毛寿龙:《责任政府:理论逻辑与制度选择》,《河南大学

学报》（社会科学版）2008 年第 4 期。

8. 熊超、韦吉璟：《地方自治政府环境法律责任探究——以广西为例》，《广西教育学院学报》2012 年第 4 期。

9. 刘茂峰、刘武松、费林：《政府在生态环境保护中的职能探讨》，《中国环境管理》2002 年第 8 期。

10. 周霞、李永安：《论政府环境责任及其体系之完善》，《延边党校学报》2010 年第 4 期。

11. 张丽娟：《论科学发展观下的政府环境职责》，《成人高教学刊》2008 年第 2 期。

12. 孔云峰、李曦：《浅析法律视角下的政府环境义务分类》，《黑龙江省政法管理干部学院学报》2012 年第 5 期。

13. 王彬彬、朱益芳：《行政问责之规范理路：法制、制度与机制的三维建构》，《西安外事学院学报》2008 年第 3 期。

14. 赵成根：《新公共管理视角的政府管制模式转型分析》，《学海》2006 年第 3 期。

15. 臧雷振：《治理类型的多样性演化与比较——求索国家治理逻辑》，《公共管理学报》2011 年第 4 期。

16. 鄞益奋：《网络治理：公共管理的新框架》，《公共管理学报》2007 年第 1 期。

17. 范仓海、周丽菁：《澳大利亚流域水环境网络治理模式及启示》，《科技管理研究》2015 年第 22 期。

18. 马晓明、易志斌：《网络治理：区域环境污染治理的路径选择》，《南京社会科学》2009 年第 7 期。

19. ［英］蒂姆·佛西、谢蕾：《合作型环境治理——一种新模式》，《国家行政学院学报》2004 年第 3 期。

20. 曹姣星：《生态环境协同治理的行为逻辑与实现机理》，《环境与可持续发展》2015 年第 2 期。

21. 沈海军：《政府治理模式演变的新趋势：契约治理》，《汕头大学学报》（人文社会科学版）2011 年第 4 期。

22. 卢超：《经由"内部契约"的公共治理：英国实践》，《北大法律评论》2009 年第 2 期。

23. 吴惟予、肖萍：《契约管理：中国农村环境治理的有效模式》，《农村经济》2015 年第 4 期。

24. 甘倩：《论执政权是一项社会权力》，《民风》2012 年第 9 期。

25. 夏志强、郑雅庆：《环境问题社会自治：理念、逻辑与路径》，《党政研究》2015 年第 2 期。

26. 刘国翰、郅玉玲：《生态文明建设中的社会共治：结构、机制与实现路径——以"绿色浙江"为例》，《中国环境管理》2014 年第 4 期。

27. 格里·斯托克：《作为理论的治理：五个论点》，《国际社会科学》（中文版）1999 年第 2 期。

28. 李澄：《元治理理论与环境治理》，《管理观察》2015 年第 24 期。

29. 唐任伍、李澄：《元治理视阈下中国环境治理的策略选择》，《中国人口·资源与环境》2014 年第 2 期。

30. ［法］玛丽·克劳德·斯莫茨：《治理在国际关系中的正确运用》，《国际社会科学杂志》（中文版）1999 年第 1 期。

31. 俞可平：《增量政治改革与社会主义政治文明建设》，《公共管理学报》2004 年第 1 期。

32. 朱留财：《应对气候变化：环境善治与和谐治理》，《环境保护》2007 年第 6 期。

33. 钱水苗、沈玮：《论强化政府环境责任》，《环境污染与防治》2008 年第 3 期。

34. 邓可祝：《政府环境责任的法律确立与实现——〈环境保护法〉修订案中政府环境责任规范研究》，《南京工业大学学报》（社会科学版）2014 年第 3 期。

35. 陈喜红：《我国环境公共物品供给模式探讨》，《研究探索》2006 年第 9 期。

36. 李鸹：《通过契约实现行政任务：美国环境自愿协议制度研究》，《行政法学》2014 年第 2 期。

37. 吴卫星：《环境权入宪之实证研究》，《法学评论》2008 年第

1 期。

38. 蒋劲松：《传统责任政府理论简析》，《政治学研究》2005 年第 3 期。

39. 张成福：《责任政府论》，《中国人民大学学报》2000 年第 2 期。

40. 陈国权：《论责任政府及其实现过程中的监督作用》，《浙江大学学报》2001 年第 2 期。

41. 文正邦：《职责本位初探——行政法理论基础试析》，《法商研究》2001 年第 3 期。

42. 黄惟勤：《政府职责的概念、特征及分类》，《法学论坛》2010 年第 3 期。

43. 陈国权、李院林：《政府职责的确定：一种责任关系的视角》，《经济社会体制比较》2008 年第 3 期。

44. 曾刚：《论政府职责的发展》，《理论界》2005 年第 9 期。

45. 张丽娟：《论科学发展观下的政府环境职责》，《成人高教学刊》2008 年第 2 期。

46. 梁强、高兴：《地方政府在环境公平中的角色异化与重新定位》，《理论观察》2008 年第 4 期。

47. 邹春霞：《环保部大部制改革再猜想》，《中华环境》2015 年第 11 期。

48. 殷培红：《合理确定部门职能边界》，《环境经济》2014 年第 6 期。

49. 唐燕秋、刘德绍、李剑、蒋洪强：《关于环境规划在"多规合一"中定位的思考》，《环境保护》2015 年第 7 期。

50. 刘瀚斌：《规划环评不应再当奢侈品》，《环境经济》2015 年 ZC 期。

51. 王耀琳：《浅谈规划环境影响评价存在的问题及建议》，《山东工业技术》2016 年第 2 期。

52. 吴满昌：《公众参与环境影响评价机制研究——对典型环境群体性事件的反思》，《昆明理工大学学报》（社会科学版）2013 年第 4 期。

53. 殷春峥、陈波、谢铮等：《借鉴西方"吹哨人法案"完善我国食品卫生有奖举报制度》，《环境与职业医学》2015 年第 6 期。

54. 缪仲妮：《关于政府环境保护的法律责任》，《山东社会科学》2009 年第 11 期。

55. 钱水苗、巩固：《论环境行政合同》，《法学评论》2004 年第 5 期。

56. 周亚越：《行政问责制的内涵及其意义》，《理论与改革》2004 年第 4 期。

57. 杨朝霞、张晓宁：《论我国政府环境问责的乱象及其应对》，《吉林大学学报》（社会科学版）2015 年第 4 期。

58. 徐肖东、雷庚：《行政官员问责机制：制度化定位与法治化重构》，《知行铜仁》2015 年第 6 期。

59. 张建伟：《完善政府环境责任问责机制的若干思考》，《环境保护》2008 年第 12 期。

60. 胡敏：《完善行政问责制度的思考——以权力机关的问责为视角》，《学理论》2015 年第 16 期。

61. 陈桂明：《诉讼公正与程序保障——民事诉讼程序优化的法哲学探讨》，《政法论坛》1995 年第 5 期。

62. 阿计：《环保法修法之五大进步》，《民主与法制》2012 年第 27 期。

63. 朱德米：《从行政主导到合作管理：我国环境治理体系的转型》，《上海管理科学》2008 年第 2 期。

64. 徐祥民、孟庆垒：《政府环境责任简论》，《学习论坛》2007 年第 12 期。

四 外文期刊类

1. Jurian Edelenbos, Nienke van Schie, Lasse Gerrits, "Organizing interfaces between government institutions and interactive governance", *Policy Sciences*, Vol. 43, No. 1, 2010.

2. Klijn E. H., Koppenjan, J. F. M., "Public management and policy net-

work：Foundations of a network approach to governance", *Public Man-agement*, Vol. 2, No. 2, 2000.

3. Ansell, C. & Gash, A., "Collaborative Governance in Theory and Prac-tice", *Journal of Public Administration Research and Theory*, Vol. 18, No. 4, 2008.

4. Kirk Emerson, Tina Nabatchi, Stephen Balogh, "An Integrative Frame-work for Collaborative Governance", *Journal of Public Administration Re-search and Theory Advance Access*, Vol. 22, No. 1, 2012.

5. Nicole Darnall & Joann Carmin, "Greener and Cleaner? The Signaling Ac-curacy of U. S. Voluntary Environmental Programs", *Policy Sciences*, Vol. 38, No. 2, 2005.

6. Jessop B., "The Rise of Governance and the Risk of Failure：the Case of Economic Development", *International Social Science Journal*, Vol. 50, No. 155, 1998.

五 会议论文类

1. 肖建华、邓集文：《生态环境危机与多中心合作治理》，"落实科学发展观 推进行政管理体制改革"研讨会暨中国行政管理学会年会论文，佛山，2006 年 9 月。

2. 王凤远：《从阳宗海砷污染事件看政府环境责任的实现》，全国环境资源法学研讨会论文，桂林，2011 年 8 月。

六 中文报纸类

1. 刘宇男：《新〈环保法〉：建立多元共治的环境治理新机制》，《四川日报》2014 年 12 月 31 日。

2. 周皓亮、李竹青、罗凰凤：《宁波海关查获日本辐射物》，《钱江晚报》2012 年 6 月 6 日。

3. 朱光磊：《要有清晰的"政府职责配置表"》，《北京日报》2015 年 1 月 26 日。

4. 王建芳：《"九龙治水"下省会河流何时能碧波荡漾?》，《河南法制报》2015 年 5 月 27 日。

5. 崔煜晨：《政府购买环境服务能否借鉴 PPP?》，《中国环境报》2015 年。

6. 章轲：《山水林田湖统一管护　环保大部制或明年两会落定》，《第一财经日报》2013 年 11 月 18 日。

7. 杨凯：《环境保护部出台系列制度 解决规划环评落地难》，《中国冶金报》2016 年 3 月 2 日。

8. 乔文心：《助力公益诉讼　护航绿水青山——人民法院审理检察机关提起环境公益诉讼案件综述》，《人民法院报》2016 年 3 月 3 日。

9. 常纪文：《新环保法遭遇实施难题》，《经济参考报》2015 年 4 月 8 日。

10. 徐小飞：《立案登记挤破门槛　环保法庭"等米下锅"》，《人民法院报》2015 年 6 月 2 日。

11. 张笑非：《作风建设永远在路上》，《唐山劳动日报》2015 年 7 月 18 日。

七　学位论文类

1. 李雪梅：《基于多中心理论的环境治理模式研究》，博士学位论文，大连理工大学，2010 年。

2. 薛世妹：《多中心治理：环境治理的模式选择》，硕士学位论文，福建师范大学，2010 年。

3. 胡小军：《环境公共治理中的若干问题研究》，硕士学位论文，兰州大学，2007 年。

4. 覃西藩：《地方政府环境责任论：以融水县融江水质调查为例》，硕士学位论文，广西大学，2012 年。

5. 韩杰：《政府环境法律义务》，硕士学位论文，重庆大学，2013 年。

6. 郭媛：《政府环境责任公众问责法律机制研究》，硕士学位论文，山西财经大学，2012 年。

7. 严平艳：《我国政府环境责任问责制度研究》，硕士学位论文，重庆大学，2013 年。

8. 刘建涛：《我国环境问题的文化沉思》，博士学位论文，大连海事大学，2013 年。

9. 迟达：《我国环境污染危机的网络治理研究》，硕士学位论文，大连理工大学，2014 年。

10. 卫益锋：《〈环境保护法〉中政府环境责任问题研究》，硕士学位论文，西南大学，2014 年。

11. 史越：《跨域治理视角下的中国式流域治理模式分析》，硕士学位论文，山东大学，2014 年。

12. 吕怡然：《我国环境保护政府职责研究》，硕士学位论文，辽宁大学，2014 年。

13. 范俊荣：《政府环境质量责任研究》，博士学位论文，武汉大学，2009 年。

14. 王兆平：《环境公众参与权的法律保障机制研究——以〈奥胡斯公约〉为中心》，博士学位论文，武汉大学，2011 年。

15. 段振东：《行政同体问责制研究》，博士学位论文，吉林大学，2014 年。

16. Taehyon Choi, *Information Sharing, Deliberation, and Collective Decision-making: A Computational Model of Collaborative Governance*, Doctoral Dissertation of University of Southern California, 2011.

八　网络文献

1. 中国日报网：《原环保局副局长：环境损失占 GDP 比重可能达 6%》（http：//www. chinadaily. com. cn/hqgj/jryw/2012 – 03 – 13/content_ 5397247. html）。

2. 人民网：《2014 年全国环境违法案件处罚 31. 7 亿元 同比增长 34. 4%》（http：//env. people. com. cn/n/2015/0414/c1010 – 26844195. html）。

3. 网易新闻：《中国超 70 个县市已取消 GDP 考核》（http：//news. 163. com/14/0825/09/A4G1U6E100014JB6. html）。

4. 陈芳：《2016 全国环境保护工作会议召开　十三五思路确定》（http：//news. ifeng. com/a/20160111/47028482_ 0. shtml）。

5. 张建伟：《论政府环境责任的完善》（http：//www. riel. whu. edu. cn/article. asp？ id = 30280）。

6. 环保 114 水处理网：《中国环境问题的思考》（http：//www. hb114. cc/siteall/hb114shui/newsInfo_ 95365. html）。

7. 新浪财经：《农村环境整治 7 年耗资 315 亿 脏乱差仍未改观》（http：//finance. sina. com. cn/china/hgjj/20151026/174423582677. shtml）。

8. 贵阳网：《清镇市政府购买社会服务　公众参与环境监督》（http：//www. gywb. cn/content/2014 – 01/15/content_ 394937. htm）。

9. 中国政府采购网：《湘潭环保协会晒账单　收入主要来自政府购买服务》（http：//www. ccgp. gov. cn/qyycp/fuwu/hydt/201511/t20151103_ 6077913. htm）。

10. 杜希萌：《环保部：政府将向社会公开购买环境服务》，中国日报网（http：//www. chinadaily. com. cn/hqgj/jryw/2014 – 05 – 23/content_ 11737640. html）。

11. 百度百科：《美国国家环境保护局》（http：//baike. baidu. com/link？ url = _ faiwQ2VQcrP3tt5nBjv4JP9nq0toO4mHq8hWveyZhfXq0wvmvXvA46t70ess4Yr17CJqZ2vZa8DrvwuaQTtZK）。

12. 衢州新闻网：《"五水共治"需要全社会参与》（http：//news. qz828. com/system/2014/02/26/010760767. shtml）。

13. 新华网：《让公众更好参与"五水共治"》（http：//news. xinhuanet. com/local/2015 –06/26/c_ 127951715. htm）。

14. 杜比实验室国际有限公司：《环保承诺》（http：//www. dolby. com/cn/zh/about/environmental – commitment. html）。

15. 鲁网·临沂：《临沂深度治理工业企业大气污染　82 家企业作环保承诺》（http：//linyi. sdnews. com. cn/huanbao/201404/t20140427_ 1594272. htm）。

16. 衢江新闻网：《后溪镇建生态版"村规民约"探索农村环境自治新模式》（http：//qjnews. zjol. com. cn/qjnews/system/2014/08/25/018360968. shtml）。

17. 百度百科：《政府职能》（http：//baike. baidu. com/link？ url =

K8QjgNFZkWLztC6l16mj7F5LNU758D7SbGjNWIM0dGYnmorUxdnhI
ntaaZbEV10viBkASmX0qci5iokbf8F3Ha）。

18. 百度百科：《国务院机构改革》（http：//baike.baidu.com/link？
url＝X76C8ETD7HOR9W_ R0p－R7Bep4EMXhwOHkzDplMCyJj0I_
Im8WOo80oyB_ YU8tnoBmz－yE25kbtPSaGzfQcFnG_ ）。

19. 百度百科：《环境保护部华南环境保护督查中心》，（http：//
baike.baidu.com/link？ url＝gxwU5LhR6acanvH0tLiLjbBTWI2_ Qer-
dAlINWvs4gpl9IQDqvkFzLsBvVJvcZ7EHqfWLQ4O0－jbRSlmO4j Ae-
mq）。

20. 常纪文：《环保大部制改革：现状问题借鉴与方案建议》（ht-
tp：//green.sina.com.cn/2015－09－15/doc－ifxhupin3573713.
shtml）。

21. 中国行业研究网：《污染地图显示湘赣等11省份耕地遭镉污染》
（http：//www.chinairn.com/news/20130614/164255488.html）。

22. 新华网：《环保执法"猫鼠一家"源于执法不透明》（http：//
news.xinhuanet.com/comments/2014－ 12/02/c_ 1113482419.
htm）。

23. 中国环保在线：《奈何以罚款惧之？污染环境"以罚代刑"当休
矣》（http：//www.hbzhan.com/news/Detail/93958.html）。

24. 人民网：《湖北最大污染环境入刑案宣判 曾致500多群众上访》
（http：//env.people.com.cn/n/2015/0210/c1010－26537331.ht-
ml）。

25. 新华网：《政务微信崛起：地方传统媒体转型的挑战与机》（http：//
news.xinhuanet.com/newmedia/2015－06/10/c_ 134313854.htm）。

26. 法帮网：《完善宪法监督：完善全国人大及其常委会宪法监督制度
健全宪法解释程序机制》（http：//www.fabang.com/a/20141029/
679656.html）。

27. 360百科：《马伯里诉麦迪逊案》（http：//baike.so.com/doc/
1132973－1198559.html）。

28. 山东三农网：《江西乐安河流域遭污染 村民人均获赔不到1元》

（http：//www. shandongsannong. com/content － 163933083780. htm）。

29. 牛晓波、杨磊：《环保总局第三张牌修法问责"保护伞"》（http：//
www. southcn. com/finance/financenews/chanye/200702270223. htm）。

30. 百度百科：《台州血铅事件》（http：//baike. baidu. com/link？
url ＝ aXVZ＿ E61WLY＿ LCXaPhrhJ29jya7WmMQ5PDIuUP7C5SS
wab7spjT＿ fGyf1bX8VbtfxbiHjS4UrXipBCktLEcnq）。

31. 北纬网：《昆明处理"牛奶河"污染事件　5 名政府官员被问责》
（http：//news. beiww. com/2013/0522/article＿ 120822. html）。

32. 360 百科：《公共物品》（http：//baike. so. com/doc/612425 － 648439.
html）。

33. 央视国际：《英国运往中国垃圾数量 8 年增长 158 倍》（http：//
news. cctv. com/financial/20070122/100018. shtml）。

34. 中国产业洞察网：《全球大约70％的电子产品以垃圾的形式流入
中国》 （http：//www. 51report. com/news/hot/2013/3023274. ht-
ml）。

35. 中国网·福建：《环保部：省以下环保机构实行垂直管理》（ht-
tp：//fj. china. com. cn/2016 － 02/14/content＿ 16859664. htm）。

36. 章轲：《环保"大部制"设想与争议：三个"统管"部门》（huan-
bao. bjx. com. cn/news/20150617/631254. shtml）。

37. 张航：《"地方保护"仍是环境维权瓶颈》（news. xinhuanet. com/
edu/2015 － 03/27/c＿ 1114790752. htm）。

附　录

已发表关于我国环境治理中的政府环境责任的论文[*]

农村环境污染治理模式的选择与治理体系的构建

肖萍[1]，朱国华[2]

（1. 南昌大学 立法研究中心，江西南昌 330020；

2. 南昌大学 法学院，江西南昌 330031）

[摘要] 当前，我国农村环境污染治理采取的是政府一元治理模式。由于农村环境污染点多面广，政府一元治理模式收效甚微。西方治理理论在治理实践中成效显著，我国宪法也赋予了农村基层组织自治权。因此，政府可以村委会为农村环境污染综合治理主体，吸纳村民、村经济体、企业与社会团体等治理主体参加，形成多元治理模式，并在此基础上构建农村环境污染治理体系。

　*　我国环境治理中的政府环境责任研究是从整体的角度研究环境治理中的政府环境责任问题（包括城镇与农村）。但在城乡二元化结构与农村拥有基层自治权的背景下，农村环境治理与城镇环境治理有一定的区别与个性特征：农村更注重的是村委会自治权的发挥、第三方治理企业的介入与契约化治理理念的运用。笔者有幸参与了肖萍导师主持的中国法学会 2013 年度部级法学课题 "城乡一体化的农村污染防治制度研究"［CLS（2013）C52］，并结合笔者毕业论文的选题，发表了三篇农村环境治理方面的论文，其中关涉到农村环境多元治理模式、契约化治理模式，并在政府环境责任方面突出政府的行政契约责任。为了不破坏本书的整体性，现将这三篇关于农村环境治理方面的论文作为附录一并出版，以为读者提供延伸阅读。这三篇论文系与导师共同发表。作为本书附录已得到导师许可，在此向肖萍导师表示诚挚的感谢。

[**关键词**] 农村环境污染；治理模式；治理体系

目前，我国正经历着世界上规模最大的城镇化进程。城镇化的同时，遭遇了诸如生态环境恶化、自然资源短缺等一系列问题。大批农民涌入城市，将城市生活方式带入农村，造成农村生活垃圾污染与生活废水污染与城市的趋同；农村劳动力减少、农地减少、农产品需求增多，农业生产方式发生巨大转变，农业生产污染加重；大批污染企业向农村转移，农村工业污染日益严重。十八届三中全会提出推进国家治理体系和治理能力现代化的改革总目标，标志着我国国家治理理念的转变。政府一元治理模式无法有效解决农村环境污染问题，因此，必须引入多元治理模式，并构建新的农村环境污染治理体系。

一 公共治理模式与治理体系的含义

（一）公共治理模式

为了解决公地悲剧、囚徒困境及集体行动逻辑等公共事物治理的问题，曾产生过利维坦式的政府一元治理模式与私有化的市场一元治理模式。但随着政府失灵与市场失灵的出现，上述治理模式难以为继。20 世纪 70 年代以来，西方开展了"新公共管理运动"，以企业家政府为特色的新公共管理理论成为主导范式。此后，针对新公共管理理论出现的问题，美国公共行政学家罗伯特·B. 登哈特等学者提出了新公共服务理论。20 世纪 90 年代后，公共治理理论对新公共管理理论与新公共服务理论进行整合与发展，形成了以埃莉诺·奥斯特罗姆多中心治理理论以及以 Rhodes 和 Pierre 等为代表的网络治理理论。上述公共治理理论均以多元主体为特征，被学术界统称为多元治理理论。多元治理理论是目前最流行的公共治理理论，并在西方国家广泛应用于实践，形成了多元治理模式。

（二）治理体系

治理体系是十八届三中全会后形成的新表述。到目前为止，学术界对治理体系的界定与内容尚未形成通说。俞可平认为："国家治理体系就是规范社会权力运行和维护公共秩序的一系列制度和程序。"

他认为，国家治理体系包括政府治理、市场治理和社会治理三个次级体系和治理主体、治理机制和治理效果三大要素。[①] 江必新认为："国家治理体系是党领导人民管理国家的制度体系，包括经济、政治、文化、社会、生态文明和党的建设等各领域的体制、机制和法律法规安排，也就是一整套紧密相连、相互协调的国家制度。"[②] 丁志刚在对将治理体系等同于制度体系的界定方法进行批判的基础上，提出："任何类型的国家治理都是由治理主体、治理客体、治理目标、治理方式等要素构成的完整体系，即国家治理体系。"[③] 陶希东认为，将治理体系分为经济治理、政治治理、文化治理、社会治理、生态治理是一种各自为政的部门化思路，根据全球治理思想的精髓、世界发达国家治理实践与中国国情，治理体系应当包括五大基本内容：治理结构体系、治理功能体系、治理制度体系、治理方法体系、治理运行体系。[④]

从上述学者对治理体系的界定看，大部分学者将其等同于制度，虽然片面，但同时也说明治理制度体系在治理体系中的重要地位。治理体系可以按治理客体划分为经济治理、政治治理、文化治理、社会治理与生态治理；也可以按治理主体划分为政府治理、市场治理与社会治理；也可以按内容划分为治理结构体系、治理功能体系、治理制度体系、治理方法体系与治理运行体系。从公共事物治理的实践意义的角度讲，按治理内容划分更为合理。因此，陶希东对治理体系的界定更为可取。

（三）治理模式与治理体系的关系

治理模式是由治理主体、治理主体权责、治理主体间的相互关系所构成的模式，目前公共事物的治理模式主要有政府一元治理模式、

---

① 俞可平：《国家治理体系的内涵本质》，《理论导报》2014 年第 4 期。

② 江必新：《推进国家治理体系和治理能力现代化》，《光明日报》2013 年 11 月 15 日第 1 版。

③ 丁志刚：《如何理解国家治理与国家治理体系》，《学术界》2014 年第 2 期。

④ 陶希东：《国家治理体系应包括五大基本内容》，《学习时报》2013 年 12 月 30 日第 6 版。

市场一元治理模式和多元治理模式。治理模式主要解决的是"谁来治理"的问题，并在此基础上研究治理主体的权责划分与相互关系。治理体系必须首先解决"谁来治理"，才能解决"怎样治理"的问题。所以，治理模式决定治理体系，治理模式是治理体系的前提与基础，有什么样的治理模式就有什么样的治理体系。从另一个角度讲，治理体系又是治理模式的细化与延伸。仅仅研究治理模式，而不研究治理体系，治理模式就不具有可操作性，无法解决"怎样治理"的问题。治理体系在治理模式的基础上，对治理功能、治理制度、治理方法与治理运行进行微观探讨，最终使治理模式所承载的治理理念得以落实。因此，要解决公共事物的治理问题，治理模式的选择是前提，治理体系的构建是关键。

二　农村环境污染治理模式及其选择

（一）环境污染治理模式的种类

目前环境污染治理模式主要有以下几类：

环境污染政府一元治理模式，是政府作为环境污染治理的唯一合法治理主体，拥有治理环境污染的所有权力，承担环境污染治理的全部责任，其通过出台各种规范性文件，以法律手段和行政手段为主，自上而下对环境污染进行治理所形成的模式。政府权力的无限性、干预的直接性与行政性是此种治理模式的特征。政府一元治理模式的优势在于政府拥有协调配置治理资源的权威，能够快速应对各类突发环境事件，能够直接对企业、社会团体和个人的环境行为进行干预和引导。其不足之处在于：下级政府或政府部门对上级政府或政府部门常常隐瞒治理信息，造成环境治理信息不完全；政府财政难以承担高昂的治理成本；造成其他主体对政府治理主体的依赖，影响其他主体治理能力的发挥。

环境污染市场一元治理模式，是指通过将环境公共物品私有化，让拥有环境公共物品的市场主体对自己名下的环境公共物品拥有环境治理的所有权力，承担环境治理的全部责任，通过市场的价格机制、竞争机制、技术创新机制等对环境污染进行治理所形成的模式。环境的私有性、治理的市场性是此种治理模式的主要特征。市场一元治理模式的优势在于：能够调动市场主体的治理资金，通过市场竞争机制、价格机制与技术创新机制提高治理效率与环境服务，促进环境资源的节约使用。其不足在于：一是只有部分环境公共物品可以私有化，无法对所有的环境公共物品实现治理；二是难以克服"搭便车"行为；三是市场治理主体是"经济人"，不会接受一些难以产生效益的环境治理项目，在一些可以产生效益的环境治理项目中，为了获取利益的最大化，往往会弄虚作假；四是部分环境的公共物品利益相关者人员众多，提高了磋商的交易成本。

环境污染多元治理模式，是指政府、市场与社会多元主体基于共同的环境污染治理目标进行权责分配，采取管制、分工、合作、协商等方式持续互动对环境污染进行治理所形成的模式。这种多元治理模式根据各主体在治理中的地位不同，又可以分为政府为主导的多元治理模式、市场为主导的多元治理模式、社会为主导的多元治理模式。治理主体的多元性、治理方式的合作性与网络状治理结构是环境污染多元治理模式的主要特征。其优势在于：一是集政府、市场与社会主体之力，合力治理环境污染；二是治理成本分担，降低政府的财政压力；三是在跨区域环境治理方面，农村偏远环境污染治理方面具有独到的优势；四是能够实现治理主体之间全面的相互监督，并在此基础上实现对污染者监督的全面覆盖。这种治理模式的不足之处在于：一是治理权力交叠，易造成权力冲突；二是各治理主体环境治理目标不尽相同，环境治理的共同目标的达成要经历反复磋商；三是多元主体间权责边界不清，往往难以明确责任主体。

（二）农村环境污染治理模式的选择

1. 当前农村环境污染政府一元治理模式的弊端

目前我国农村环境污染治理模式是政府一元治理模式，是典型的利维坦式的治理模式。利维坦的方式要取得成功，必须建立在信息完全、监督能力强、制裁可靠有效、行政成本为零等基础上。[①] 现实是

---

① ［美］埃莉诺·奥斯特罗姆：《公共事物的治理之道》，余逊达、陈旭东译，上海三联书店 2000 年版，第 22—27 页。

农村地区普遍偏远，在信息、监督、制裁、行政成本上都存在短板，农村环境污染政府一元治理模式难以实现。除上述问题外，农村环境污染政府一元治理模式还存在以下弊端：

第一，在制度设计上歧视农村环境污染治理。我国"在环境治理问题上，农村与城市被放在同一框架体系下进行立法设计。然而，国家在环境污染治理的现实制度选择中受城乡二元化制度的影响，优先将立法资源、资金投入和机构设置等向城市倾斜，即在制度设计上把农村环境污染的治理排在了国家整体环境序列的末端"①。

第二，农村环境污染治理主体缺位。"虽然我国已经形成了一个以《环境保护法》为核心的环境法律体系，但是……地方政府更是把主要精力投入到发展经济、吸引投资上，无暇顾及环境保护和对污染的治理。另一方面，村民委员会这一建立在农村广大土地上的村民自治组织并没有真正发挥自治功能……这种'政府不愿管，村委会管不了'的局面，造成治理主体的缺位，使得农村环境污染的治理成了一个没有实体支撑的制度空壳。"②

第三，农村环境污染治理投入不足。"受城乡二元化制度的影响，资金投入被政策性地倾斜到了城市环境的改善当中，农村环境污染的治理被荒废也就成为必然。"③

第四，政府环境问责不力。虽然权力机关、司法机关、上级政府和行政监察机关可以对政府进行环境问责，但事实上大部分政府环境责任并未被问责，有的虽被问责，但"中国因环境问责的官员主要是一些'小人物'"，"这表明很大程度上，政府的环境保护责任仍然停留在口号上和法律中"④。农村环境污染以面源污染为主，很难进行统计与监督，很少出现较大影响的环境事件，这就造成政府、社会及

---

① 肖萍：《论我国农村环境污染的治理及立法完善》，《江西社会科学》2011年第6期。

② 同上。

③ 同上。

④ 肖萍：《环境保护问责机制研究》，《南昌大学学报》（人文社会科学版）2010年第4期。

媒体对农村环境污染问题的普遍忽视，农村环境污染的政府问责更加困难。

第五，城市环境治理模式与农村环境治理模式不兼容。"农村环境治理模式与城市环境治理模式之间的不兼容性，决定了农村环境污染治理难以有效展开。这种不兼容主要体现在两个方面：一是农村环境污染类型与城市环境治理模式的不兼容，二是城市环境治理模式与农村社会体系的不兼容。"①

2. 市场一元治理模式在农村环境污染治理方面根本行不通

排除了政府一元治理模式，那么，市场一元治理模式在农村环境污染治理中是否可行？首先，农村普遍实行的是集体所有制，表面上看，可以将治理的全部权力赋予农村集体经济组织，实现农村环境公共事物的"私有化"，但农村集体经济组织的集体所有权是虚置的，农村联产承包责任制将大部分集体所有的土地、水体等资源的使用权赋予农户，将农户的污染责任的板子打在集体身上，存在制度上的困难。其次，水流、空气等污染具有跨境转移的特征，根本无法通过"私有化"的方式进行解决。最后，垃圾与生活污水等问题，如果不通过集中处理等手段处理，而是将其"私有化"给村集体解决，村村建垃圾处理场、村村上污水处理设施，将会降低集约处理效益，加大环境治理成本，村集体也无力承担。

3. 多元治理模式：农村环境污染治理模式的必然选择

通过对政府一元治理模式与市场一元治理模式的排除，农村环境污染治理必然选择多元治理模式。

首先，在城镇化进程中城市不断扩大，城市污染日益严重，政府不可能在农村环境污染治理上投入大量人、财、物，农村环境污染的问题等不到政府的救命稻草，即便政府投入，也只能是杯水车薪，农村环境污染治理必须主要依靠基层自治来解决，并在此基础上吸纳政府、企业、社会团体等治理主体积极参与，通过多元治理所形成的合

---

① 肖萍：《论我国农村环境污染的治理及立法完善》，《江西社会科学》2011 年第 6 期。

力，解决农村环境污染治理的人、财、物和技术的投入问题。

其次，农村污染以面源为主，政府的监管难度大、成本高，必须主要依靠农村基层自治主体，通过农村环境污染技术服务机构，实现农村面源污染物的减量化、资源化与无害化，从而降低农民生产成本，提高生产效益。要调动农民面源污染治理的积极性，这就需要政府引导、技术服务机构支持、基层自治组织监管、农户落实的多元互动。

最后，农民环境意识差，农村基层组织政府依赖性强，因此必须由政府进行动员、指导、宣教，社会团体有效介入，技术服务机构大力推广清洁生产技术，行业协会对协会成员的生产行为进行管理等方式，激活基层自治主体的自治功能，提升农民的环境意识，这就需要多元共治。

因为村委会拥有基层自治权；农村宗法与道德约束力较强；城镇化进程中农村经济实力、信息化程度、交通状况、农民文化水平等都得到了很大提升，所以农村环境污染多元治理的困难并不太大，多元治理模式不仅是农村环境污染治理的必然选择，同时也切实可行。

（三）农村环境污染多元治理模式的障碍

在选择农村环境污染多元治理模式的同时，也要看到此种模式的推行可能遇到的诸多障碍，并尽力在治理模式的推行与治理体系的构建中予以重视和解决。

第一，在法律障碍方面，主要是《村民委员会组织法》规定的村委会职责是"引导"村民合理利用自然资源，保护和改善生态环境，未规定在村委会下设立专门的生态环境治理委员会，且生态环境治理未列入法定的村民会议讨论决定事项和法定的公开事项，本村以外人员在本村从事经营活动的，未授予村民资格，从而无法与本村村民在环境污染治理上形成有效的博弈。

第二，在行政权障碍方面，村委会的自治权发挥不佳，实质上已成为政府管理村民的"一级政府"。《村民委员会组织法》虽规定乡镇政府对村委会自治进行指导、支持和帮助并不得干预自治事项，但乡镇政府通过对计划生育、征地拆迁、财政转移支付等事项的行政管理与村委会形成实质上的领导与被领导的关系，村委会对乡镇政府过分依赖，影响其环境污染自主治理权的行使。另外，《村民委员会组织法》也未将县政府、县政府下属工作部门列入禁止干预自治权的范围之内，无法有效制止政府及相关部门对村自治权的干预。

第三，在经济障碍方面，农村污染治理方面需要大量投入，而政府往往将大量的环境保护资金投到城市，农村的环境保护投入较少。农村自主治理环境时，主要靠自筹资金解决。经济条件好的村，可能在环保投入方面不存在问题，但经济条件差的村，环保资金要向村民筹资的难度相当大。

第四，在文化障碍方面，虽然村民在城镇化进程中接触到了城市文明，但环保意识和大局观念不足。农民普遍缺乏对环境污染危害的认识，缺乏治理环境的动力。农民大局观念不足造成对环保规则的违背及自筹资金的困难。

三　农村环境污染治理体系的构建

确立了农村环境污染多元治理模式，农村环境污染治理体系中的治理结构体系、治理功能体系、治理制度体系、治理方法体系与治理运行体系就必须以此为基础进行构建，将多元治理模式贯彻其中。由于农村环境污染治理体系的构建内容繁多，限于篇幅，仅就该治理体系中的几个要点——治理结构体系、治理制度体系与治理方法体系进行论述。

（一）治理结构体系

治理结构体系是治理主体、治理主体权责分配与治理主体间关系所形成的体系。

1. 治理主体

根据多元治理模式的要求，农村环境污染治理主体包括政府（包括政府相关部门）、农村基层自治组织、村民、农村经济体（包括规模化种养户、乡镇企业、乡村工业企业等）、社会团体（环保组织、行业协会、社会慈善机构、媒体等）、环保产品生产企业及环保技术服务机构、银行及信用社、保险机构和风险管理中介组织等。

2. 治理主体的权责

政府在农村环境污染治理中的主要职权包括以下几个方面：一是通过体制内与体制外的多元主体参与，出台各种规范性文件，为农村环境污染治理提供一般性规则；二是制定农村环境污染治理远景目标及规划；三是通过法律手段与行政手段对农村环境污染进行管制；四是通过行政指导、环保宣教、组织观摩等手段启动农村环境污染治理；五是通过行政奖励、财政补贴、税收优惠、政策性贷款等方式激励农村环境污染治理；六是为农村环境治理主体提供纠纷解决机制与法律救济；七是在乡镇和符合条件的村投资配备环境污染治理设备与设施；八是搭建环境污染治理平台，统计各治理主体治理信息并进行信息公开，并在此基础上开展协商与合作。在治理责任方面，政府应当承担辖区内农村环境污染治理不善及农村环境污染突发事件的责任。

村委会是农村环境污染综合治理主体，主要职权包括以下几个方面：一是负责组织村民及本村经济体制订本村环境治理村规民约；二是代表村民与村经济体、社会团体等签订环境合作治理协议；三是负责村规民约与环境合作治理协议的执行；四是负责协助政府执行农村环境污染治理法律、法规、规章与政策；五是负责筹集、管理、使用治理资金，提供与本村村情相适应的环境治理设备与设施；六是落实本村日常环保宣教与动员工作，推广农村环境治理技术与产品；七是开展环境治理评比，奖优罚劣；八是搭建环境污染治理平台，统计各治理主体治理信息并进行信息公开，并在此基础上开展协商与合作；九是提供村级环境治理纠纷解决机制。在治理责任方面，村委会要承担本村环境治理不善与环境污染突发事件的责任。

村民及农村经济体拥有以下权利：一是参加村规民约与合作治理协议的协商与表决；二是监督各治理主体并举报违法、违反村规民约与合作治理协议的行为；三是启动本村环境污染治理协商程序；四是就环境纠纷诉诸纠纷解决机制与法律救济；五是就自身的环境治理成就接受表彰与奖励，并可享受各项财政补贴、税收优惠与政策性贷款等。村民及农村经济体就自身的环境违法、违反村规民约、违反合作治理协议的行为承担责任。

就其他治理主体而言，环保组织负责农村环保宣教、调查、建议、监督、检举及环保公益诉讼；行业协会负责对其成员环境行为的指导与监督；社会慈善机构负责为农村提供善款；媒体负责对农村环境问题进行舆论监督；环保产品生产企业与技术服务机构负责依约提供合格的农村环境治理产品与技术服务；银行及信用社负责向符合条件的农村环境治理主体发放政府性贷款；保险机构负责为村集体及农村经济体提供环境污染强制险产品和商业险产品并及时理赔；风险管理中介组织负责为村集体及农村经济体提供环境风险管理咨询、协助制定环境风险管理方案、监督环境风险管理方案的执行、代为申请保险理赔、提供保险方面的法律服务。上述治理主体通过政府环境污染治理平台、农村环境污染治理平台与其他治理主体展开协商与合作。

3. 治理主体间的关系

治理主体间既有自上而下的管理关系，也有平权的协商合作关系。政府在执法时与其他治理主体形成自上而下的管理与服务关系；村委会在协助政府执法与执行村规民约时，与村民和村经济体形成自上而下的管理与服务关系。在涉及政府一般规则的制定、自治主体特殊规则的制定、合作治理协议的磋商等内容时，各治理主体之间形成平权的协商合作关系。

（二）治理制度体系

治理制度体系解决的是"如何保障治理结构有效运转"的问题，包括法制、激励和协作三大基本制度。

1. 健全农村环境污染治理方面的法律和制度

（1）制定专项《农村环境与资源保护法》。鉴于农村环境污染类型、经济体制、文化背景、社会结构与城市不同，不应与城市在同一个框架下进行环境立法，而应当建立专项的农村环境保护立法。在立法内容上，要注意明晰各治理主体的职权职责，并明确规定村委会环境治理的基层自治权；在环境污染防治制度上，要对现有的污染防治规划制度、环境影响评价制度、"三同时"制度、排污收费制度、污染物总量控制制度、排污许可制度、限期治理制度、清洁生产制度、纠纷解决与救济制度等进行调适，使其适应我国农村环境污染治理。

（2）修改《村民委员会组织法》。一是要明确村委会职责不是"引导"，而是确立其环境污染综合治理主体的地位；二是要在村委会下面设立专门的生态环境治理委员会；三是要赋予本村村民之外的经济体以村民身份参与治理的权利；四是将生态环境治理列入法定村民会议讨论决定事项；五是要将生态环境治理事项列为法定的公开事项；六是要明确禁止任何政府及政府部门对村生态环境基层自治权的干涉。

（3）建立《环境与资源保护教育法》。农村环境污染问题严重与村民环境意识弱、生活习惯与生产习惯差有很大关系，因此，要加强环境与资源保护教育。我国目前尚未制定相关立法，但美国、巴西有《国家环境教育法》、日本有《增进环保热情及推进环境教育法》、菲律宾有《国家环境意识与环境教育法》、韩国有《环境教育振兴法》。① 因此，我们应当尽快制定《环境与资源保护教育法》。

（4）建立农村环境污染风险管理制度。目前在污染风险管理方面城镇尚未完全建立，农村更是零的状态，因此，应当尽快立法，建立环境污染强制责任险及多样化的污染保险险种，构建污染风险管理制度，明确由中介组织提供污染风险管理服务。

（5）完善纠纷解决制度。在农村环境污染治理方面，要建立两个层面的纠纷解决制度：一是政府层面的纠纷解决机制，主要负责解决环境违法引起的纠纷、村委会违反村规民约与合作治理协议引发的纠纷、不服村委会纠纷解决方案引发的纠纷、村与本村之外的主体之间的环境治理纠纷。二是基层自治组织层面的纠纷解决机制，主要负责解决本村各治理主体之间引发的纠纷以及对村委会环境治理工作质疑引发的纠纷。

（6）建立农产品、畜禽产品、水产品可追溯制度。通过可追溯制度的执行，以抽检的方式对超标产品进行追查，并通过召回、禁售、取消环境标志、罚款等手段对违法种养户进行处罚，实现对农药、化

---

① 王民：《环境教育法的国际比较与分析》，《环境教育》2010 年第 4 期。

肥、除草剂、药品、饲料等使用的控制。

（7）实行联保联控制度。对种植户与养殖户实行十户至十五户的联保，只要一户的产品出现问题，其他保证人连坐受罚，从而在联保户之间形成互相监督，控制农药、化肥、除草剂、药品、饲料等的使用。

（8）建立自然资源修复制度。由村委会承担其集体所有的或集体管理的自然资源环境污染修复责任，在未修复达标前，限制其产品在市场上流通。

2. 建立农村污染治理激励机制

（1）建立两个层面的奖励制度。一是在政府的层面，对治理表现出色的村委会给予物质奖励和表彰；二是在基层自治组织层面，根据评比对环境治理表现出色的村民、村经济体、村民小组或联保户给予物质奖励和表彰。

（2）建立环境基层自治评价制度。即由专门的社会中介组织对各村基层自治进行评价，对达到基层自治标准的（包括制度完善标准、民主决策标准、信息公开标准、治理能力标准等），享受政府财政拨款、税收优惠、政策性贷款，社会慈善机构也可以参照上述标准的达标情况，决定是否向该村提供善款。

（3）完善举报制度。一是要对举报者严格保密；二是实行举报奖励提成制，将奖励的提成设定在罚款数额的50%以上；三是通过举报的高额提成，促成举报达人的形成与举报团体化、专业化发展。

3. 建立农村污染治理协作制度

首先，要建立政府层面的跨部门跨区域协作制度，实现联合决策、联合执法。其次，要建立多元主体协作制度，利用政府环境污染治理平台与基层组织环境污染治理平台，实现多元主体间的信息沟通、协商合作。最后，要就协作的发起、协作方式、协作程序、协作决议的形成与执行、协作时限、协作纠纷解决等问题予以规制。

（三）治理方法体系

治理方法体系解决的是靠什么手段治理的问题，主要治理手段包括法律、行政、经济、道德、教育手段。

1. 法律手段

第一，要将农村环境污染治理结构体系、治理制度体系、治理方法体系等上升为法律、法规，实现有法可依。第二，要严格农村环境执法，及时查处环境违法行为。第三，要通过对守法行为的奖励与违法行为的惩处，教育村民及村经济体严格守法。第四，要增强农村环境执法的回应性与透明性，接受其他治理主体的监督。第五，要建立有效的行政不作为、乱作为的责任追究机制，确保执法人员严格执法。第六，要建立环境立法责任制度，对立法不作为、立法过错承担立法责任。

2. 行政手段

一是要加大对农村环境保护行政人、财、物上的投入，在乡镇一级设立农村环境综合性执法机构；二是要在行政决策中吸收多元主体参与决策，确保决策的科学化、民主化；三是要在行政执法中加强与村民自治组织的协作，以村委会进行综合监管为主，及时查处行政违法行为，并建立行政执法的限期处理与信息公开制度，做到及时回应；四是要实现行政的软法之治，加强行政指导、行政合同在环境行政中的比重。

3. 经济手段

环境治理的经济手段主要有庇古手段（税费、补贴、押金退款）和科斯手段（自愿协商与排污许可证交易）。① 符合农村的环境污染治理的主要是庇古手段的税费、补贴和科斯手段的自愿协商，另外还可以增加贷款方面的手段。（1）通过排污收费制度与污染税制度将生产者的负外部效应内部化；（2）为采取治理措施的生产者提供财政补贴或低息免息贷款；（3）对治理出色的主体给予税费方面的减免或者发放奖金；（4）排污费按一定比例留存给集体，由村民自治组织专款专用，用于本村污染的治理；（5）村委会通过向村民及村经济体筹款、免息贷款、接受捐赠、申请政府财政拨款等方式筹集治

① 杨俊辉：《浅议环境经济手段在我国的应用》，《西安邮电学院学报》2004 年第 1 期。

理资金用于村环境污染治理。

4. 道德手段

基层自治组织要制定环境文明行为规范，提高村民环境道德素质，利用宗族势力与熟人社会的道德制约作用，规范农村环境治理主体的生产方式与生活方式。

5. 教育手段

要出台《环境与资源保护教育法》，用法律的形式将环境教育的实施主体、实施方法、实施频率、实施程序、经费、法律责任等规范下来。在环境教育方面要提高多元主体中的基层自治组织与社会团体参与环境教育的积极性，并对其开展环境教育的行为予以资金上的支持。

在城镇化进程中，农村环境污染问题日益严重，政府一元治理模式难以有效解决农村环境污染问题，只有选择多元治理模式，并以此为基础设计农村环境污染治理体系，才能有效解决农村环境污染问题。本文粗略地探讨了农村环境污染多元治理模式及治理体系的几个要点，以期引发学者们对农村环境污染治理模式及治理体系的进一步探讨，为农村环境污染治理实践提供借鉴。

（原载：《南昌大学学报》（人文社会科学版）2014 年第 4 期）

农村面源污染治理契约体系研究

肖萍[1]，朱国华[2]

（1. 南昌大学立法研究中心，江西南昌，330047；

2. 南昌大学法学院，江西南昌，330031）

[摘要] 农村面源污染契约化管理模式建立在环境多元治理与村务契约化管理理论基础之上，是农村面源污染治理的新模式。农村面源污染治理契约体系是农村面源污染契约化管理的核心内容，因此，应当对其基本框架和实施机制开展研究。农村面源污染治理契约体系的基本框架是在对农村环境治理契约进行一级分类和二级分类的基础上形成的，包括一级分类项目下的农村环境行政契约、农村环境公约与农村环境民事契约和二级分类项目下的各具体契约。我国目前的农村面源污染契约治理试点取得了一定的成效，但也存在诸多问题。要解决这些问题，就必须从立法保障、多元协商、多元监督、契约生成、利益驱动、责任追究六个方面建立实施机制，从而确保农村面源污染治理契约体系的顺利实施，最终实现农村面源污染的全面治理。

[关键词] 农村面源污染治理契约体系；契约化管理；农村环境行政契约；农村环境公约；农村环境民事契约；实施机制

农村面源污染对水污染的贡献率远超工业和城镇，成为水污染的主要来源。目前我国农村面源污染治理制度存在缺陷、治理主体缺位、治理资金短缺、治理技术缺乏，要解决上述"四缺"问题，必须探索新的治理模式。十八届三中全会提出"促进群众在基层公共事务和公益事业中依法自我管理、自我服务、自我教育、自我监督"，"建立吸引社会资本投入生态环境保护的市场化机制，推行环境污染第三方治理"。另外，村务契约化管理在赤峰市、潍坊市坊子区、夏邑县、镇安县、垦利县等地获得巨大成功。因此，我们可以在农村基层自治基础上，引入环境第三方治理，借助村务契约化管理的基本框架，形成农村面源污染契约化管理模式，通过契约解决农村面源污染问题。

农村面源污染治理契约体系是农村面源污染契约化管理的核心内容，对农村面源污染治理契约体系开展研究，有助于将农村面源污染契约化管理研究从理论探讨阶段推进到实务操作层面，使农村面源污染契约化管理模式得到推广与实施。

一　契约化管理——农村面源污染治理新模式

在环境污染治理方面存在着政府治理、市场治理、社会治理和多元治理等诸多模式。如果单纯依靠政府、市场、社会当中某一方面的力量，都不会取得较好的治理效果。环境污染多元治理模式是指"政府、市场与社会多元主体基于共同的环境污染治理目标进行权责分配，采取管制、分工、合作、协商等方式持续互动对环境污染进行治理所形成的模式"[①]，它吸收了政府治理、市场治理和社会治理的优秀成果，是目前环境污染治理的最佳模式。在环境污染多元治理中，各治理主体之间只是依法协商，就分工与合作事宜形成决策或会议精神，但未形成契约的，属于松散型多元治理；依法协商形成契约的，属于紧密型环境污染多元治理；依照法律并依照契约化管理程序就分工与合作形成契约的，属于规范型环境污染多元治理，是环境污染多元治理的最高形态，我们可以将其称为环境污染契约化管理。

农村面源污染契约化管理是环境污染多元治理的最高形态在农村的运用，又是村务契约化管理的一项重要内容。"村务契约化管理，是把法学和经济学中的契约理论引入村级事务管理中，把村级事务按照一定的程序，通过合同、协议等法律文本，明确村级组织与村民之间、村民与村民之间以及村内与村外之间的权利义务和责任，进而形成一个双向制约、平等互利、公开透明的管理平台，加强农村民主管

[①]　肖萍、朱国华：《农村环境污染治理模式的选择与治理体系的构建》，《南昌大学学报》（人文社会科学版）2014年第4期。

理监督，完善村民自治，创新农村治理模式。"① 如前文所述，我国村务契约化管理在一些地方取得了巨大成功。环境污染治理是村务的一种，因此农村面源污染也可以借助村务契约化管理平台实现良好的治理。

农村面源污染契约化管理作为一种新型治理模式，可以将农村环境法律具体化为可操作的契约权利与义务，并可通过契约创新填补治理制度空白；可以将契约主体转化为治理主体，有效实现多元共治与无缝隙监督；可以通过环境服务公司的专业化融资与专业化治理解决治理资金短缺与治理技术缺乏问题，因此可以有效解决前文所述的"四缺"问题，实现农村面源污染的高效治理。

二　农村面源污染治理契约体系的基本框架

农村面源污染治理契约体系是政府、村委会、村民、承包户、村经济体、环境服务公司等治理主体，依照法律和契约化管理程序制定的农村面源污染治理契约，按一定的标准分类排列而形成的相互关联的整体，其基本框架如图1所示：

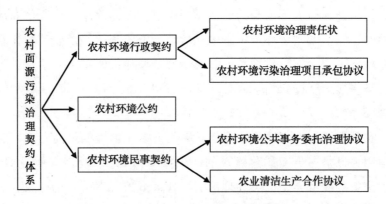

图1　农村面源污染治理契约体系基本框架

---

①　蔡常青：《村务契约化管理：中国乡村治理模式的重大创新——以阿鲁科尔沁旗村务契约化管理探索为例》，《南方论丛》2010 年第 1 期。

（一）一级分类

依照契约的制定、履行、变更和解除的协商方式对农村面源污染治理契约进行一级分类，可分为农村环境行政契约、农村环境公约、农村环境民事契约。

农村环境行政契约指行政主体为了实现农村环境行政管理目标，维护与增进农村环境公益，与相对人之间经过协商一致达成的协议。农村环境行政契约的制定、履行、变更和解除的协商方式虽基于行政主体与行政相对人的合意，但行政主体有行政优益权，行政机关有选择合同相对人的权利，对合同履行享有监督权、指挥权，并享有单方变更权和解除权。

农村环境公约又称农村环境村规民约，是村民群众依据党的方针政策和国家法律法规，结合本村实际，为保护本村环境而制定的规范村民、承包户、村经济体生产和生活行为的一种自治性的规章制度。农村环境公约的制定、履行、变更和解除的协商方式是民主协商，它是大多数人的合意，并非完全合意。

农村环境民事契约是村委会、承包户、村经济体、环境服务公司之间就具体的农村环境治理事项签订的平权民事契约。农村环境民事契约的制定、履行、变更和解除的协商建立在自愿、公平、等价有偿、诚实信用原则的基础上，是完全合意，不存在少数服从多数的情况，更不存在优益权。

（二）二级分类

1. 农村环境行政契约的二级分类

首先，应当明确乡镇政府为农村环境行政契约的行政主体签约方。乡镇政府是农村的直接管理方，根据《环境保护法》乡镇政府应当对本行政区域的环境质量负责，因此应由乡镇政府作为行政主体签约方。其次，乡镇政府通过与不同的行政相对人签订农村环境行政契约管理农村环境。农村环境治理责任状是乡镇政府与村委会签订的旨在明确村委会农村环境治理责任、生态补偿发放标准与发放办法、行政奖励标准与考评办法的行政契约。农村环境污染治理项目承包协议是乡镇政府与村委会、环境服务公司三方签订的委托环境服务公司对本乡镇行政区域的农村环境污染开展专业化连片治理的行政契约。

2. 农村环境民事契约的二级分类

农村环境民事契约可依农村面源污染治理事项的性质进行二级分类，分为农村环境公共事务委托治理协议与农业清洁生产合作协议。农村面源污染治理事项中包括公共事务和私域事务两种，公共事务并非某个村民、承包户、村经济体的事务，因此必须由村委会与环境服务公司签订农村环境公共事务委托治理协议。农业生产属于承包户、村经济体的私域事务，因此承包户、村经济体可以自行决定由自己实施清洁生产还是通过与环境服务公司签订农业清洁生产合作协议开展清洁生产。

农村环境公共事务委托治理协议是村委会委托环境服务公司治理公共区域垃圾和污水、开展清洁生产监督和土壤修复所签订的协议，其主要内容包括公共区域垃圾和污水委托治理、清洁生产委托监督和土壤修复三个方面。

农业清洁生产合作协议是承包户、村经济体与环境服务公司自愿协商签订的旨在通过开展农业清洁生产治理农业面源污染的协议，包括三种合作方式：松散型合作方式中环境服务公司只对承包户和村经济体进行清洁生产技术服务；半松散型合作中环境服务公司除提供清洁生产技术服务之外，还包括代理申请农产品标识、代理农产品市场推广等衍生服务；紧密型合作中环境服务公司取得经营权，承包户、村经济体将土地和生产资料租赁或入股到环境服务公司，环境服务公司自主开展清洁生产与生态农业。

三　农村面源污染契约治理的现状与问题

（一）农村面源污染契约治理的现状

2009 年环保部、财政部、国家发改委《关于实行"以奖促治"加快解决突出的农村环境问题的实施方案》要求"建立农村环境综合整治目标责任制，通过签订责任书等形式，明确具体承担单位的任务和要求"。因此，一些地方建立了农村环境连片治理示范区，通过层层签订责任状的方式治理污染。从治理效果来看，政府财政支持力度较大的示范区的农村环境基本上都得到了较好的治理，但一旦政府财政不再支持，许多治理项目和设施往往就会被闲置。

与政府投入形成鲜明对比的是，一些地方通过委托专业的环境服务公司开展治理却取得了较好的成效。比如，湖南省某地由环境服务公司通过投资大型有机肥项目以及病死猪处理站对大型规模猪场污染进行治理，通过小型沼气池、污水处理站、有机肥加工场对中型规模猪场进行治理，通过有机肥设备、粪污收集管网、污水处理的光生物反应成套设备设施、小型沼气系统、污水深度净化设施等对散户生猪养殖污染进行治理，实现对猪场废水、粪便全部资源化利用，污水经治理后达到综合一级排放标准。① 环江县 2005 年委托中科院地理所环境修复中心治理土壤重金属污染，截至 2012 年 6 月，已成功修复 1280 亩重金属污染农田。② 吴江市东之田木农业生态园通过租赁土地与吸引农民入社的方式发展生态农业，不使用化肥和农药，农产品达到无公害标准，减少了对水、土、空气的污染，保护了生态环境，同时农业经济效益却比传统方式提高 4—5 倍，农民收入大幅增加。③ 在定安全县 10 个镇中，定城镇、雷鸣镇已经开始委托公司管理运营垃圾的收集转运。定安县城市管理局副局长麦勋章说："由公司来经营，人员比较专业，管理也比较规范。"④

除村委会环境治理责任状和委托环境服务公司治理外，有的村通过农村环境公约实现良好的治理。郭集盘塘村村规民约实施后，村组干部带头遵守，村民们开始慢慢地接受了这些"约束"。⑤ 石人村根

---

① 黄滔：《以合同环境服务创新推动农村畜禽养殖面源污染治理》，《环境保护》2013 年第 21 期。

② 江苏省农业环境监测与保护站：《国内土壤污染修复的案例》（http://www.js12316.com/folder7/2012/06/2012 - 06 - 112165.html）。

③ 吴江市老区开发促进会、扶贫开发协会：《坚持种养结合实现良性循环——吴江市东之田木农业生态园的调查》，《上海农村经济》2008 年第 5 期。

④ 敖坤、杨金运、党朝峰：《治理海南农村垃圾围村要打组合拳》，《南国都市报》2014 年 3 月 20 日。

⑤ 柏乃宝、周雷森：《"村规民约"塑乡村新貌》，《扬州日报》2012 年 11 月 6 日第 4 版。

据习俗与村民反复协商制定环境村规民约，一天一鸣锣告示、一月一张榜公示，村民均自愿遵守，收到极好的效果。①

（二）存在的问题

虽然一些地方的农村面源污染契约治理取得一定的成绩，但这种"运动式"为主的治理存在着诸多的问题，主要表现在以下几个方面：

1. 政府投入大，社会资本参与不足。当前各省通过层层签订农村环境治理责任状推行的农村环境连片治理，政府投入非常大（博兴县预计总投资 1.13 亿元)②，而且仅在示范区投入，虽然前期治理效果较好，但一旦政府不再投入，许多治理设施设备就会被闲置。2008年海南省琼海实施"农业固态废物综合处置示范项目"，但运行几年后，一些示范点"财政不支持，单靠村民自己交钱，这么好的模式就这样推行不下去了"③。目前大部分示范区的治理项目都是由政府投入，少部分示范区虽引入社会资本，但社会资本所占比例较少。比如眉县，"社会资本估计占不到三分之一"④。

2. 未形成完善的契约体系，治理范围比较窄。在治理区域范围上目前多集中在示范区，并未得到普及；在治理事项范围上，目前大部分集中在垃圾和污水治理上，并未涉及农村环境治理的全部事项。之所以出现治理范围狭窄的情况，是因为治理契约类型单一，无法适应复杂多样的治理事项，无法吸引多元主体参与治理，在高投入的示范区可行，低投入区域却难以为继。归根结底，还是因为契约体系不完善，不具有治理事项上、治理主体上、治理区域上的普遍性。

---

① 陈华英、郑大中：《自立村规民约保护生态环境——石人村民签名宣誓建设生态家园》，《上饶日报》2010 年 5 月 11 日第 2 版。

② 裴庆力、魏海峰：《博兴投入亿元推进乡村环境连片综合整治》，《滨州日报》2014年 11 月 18 日第 2 版。

③ 敖坤、杨金运：《突围"垃圾围村"要打"组合拳"》，《南国都市报》2014 年 3 月20 日第 4 版。

④ 《农村环境污染治理更需要智慧》（http://www.21use.com/news/201409/22/4479.html）。

3. 契约的生成仍以政府推动为主，缺乏农村基层自治生成渠道。农村面源污染治理契约生成依赖于农村基层自治，具体而言就是依赖农村面源污染契约化管理程序。缺乏契约化管理程序，许多契约就无法通过农村自治产生，只能依赖政府推动。政府推动主导治理契约的生成会造成行政色彩浓厚、生成进度迟缓和"一刀切"现象，难以及时生成民主、系统、科学、合理的契约体系。

4. 缺乏利益驱动机制，环境增益者动力不足。虽然《环境保护法》规定了生态补偿与行政奖励的内容，但在行政法规和部门规章的层面，农村环境治理的生态补偿与行政奖励仍是一片空白。缺乏生态补偿与行政奖励，会造成农村环境增益者参与治理的动力不足。

四 农村面源污染治理契约体系的实施机制

要解决目前农村面源污染契约治理中存在的问题，落实农村面源污染治理契约体系，就必须从以下几个方面建立实施机制：

（一）立法保障机制

我国尚无农村面源污染治理契约体系方面的立法，十八届三中全会确立的吸纳社会资本投入、环境第三方治理与村民自治要在农村环境治理方面得以实施，就必须借助立法手段，建立立法保障机制，对农村面源污染治理契约体系中的各契约类型、农村面源污染契约化管理程序、环境服务公司参与农村环境治理、农村环境治理投融资、农村环境生态补偿与行政奖励、农村环境监测与评价等内容作出规定。

（二）多元协商机制

应当建立乡镇政府、村委会两个协商平台，乡镇政府协商平台负责农村环境行政契约的制定、履行、变更、终止过程中的协商和争议和解，负责村规民约争议、农村环境公共事务委托治理协议争议调解；村委会协商平台负责农村环境公约和农村环境公共事务委托治理协议的制定、履行、变更、终止过程中的协商和争议和解，负责协助环境服务公司与承包户、村经济体就农业清洁生产合作协议的制定、履行、变更、终止进行协商并就其争议进行调解。

（三）多元监督机制

要建立农村环境治理信息公开制度，各级政府、村委会和环境服务公司都应当按照法定和约定的信息公开范围公开治理信息，以便接受各治理主体、利益相关者和社会公众的监督。乡镇政府要对农村环境行政契约履行情况加强监督，并建立农村环境公约、农村环境公共事务委托治理协议合法性审查与备案制度。村委会要依照农村环境公约对村民、承包户、村经济体的环境行为进行监督，要对农村环境民事契约的履行进行监督。各治理主体之间应相互监督，并接受利益相关者及社会公众的监督。最后，应当加强民营农村环境监测站建设，对农村水质和大气开展实时监测，对土壤、农产品开展定期抽样监测。民营农村环境监测站实行收费监测，其监测结果作为评定生态补偿与行政奖励，无公害农产品、有机农产品、绿色食品以及各环境契约履行情况的重要依据。

（四）契约生成机制

在农村面源污染治理契约的生成方面，政府仅负责农村环境行政契约的生成，对农村环境公约、农村环境民事契约的生成可以给予行政指导，但不能越俎代庖。农村要按照《村民委员会组织法》的规定，制定农村契约化管理程序，解决农村环境公约、农村环境民事契约生成的程序问题。农村环境公约和农村环境公共事务委托治理协议属于公共事务，必须依照《村民委员会组织法》之规定表决通过，农业清洁生产合作协议则应由环境服务公司在村委会的协助下与承包户和村经济体充分协商签订。

（五）利益驱动机制

农业生产垃圾和污水的资源化利用率较高，如果能够抓好资源化利用这一环节，其治理收益就会远远大于治理成本。在治理收益的变现方面，行政手段并不理想，而市场手段则是最佳选择。因此必须建立利益驱动机制，吸引市场主体参加农村环境治理，实现治理收益的变现。首先，应当建立生态补偿与行政奖励制度，使从事农业清洁生产和生态农业的生产者，农村污染的治理者获得增益性生态补偿与行政奖励。其次，应当通过治理契约的设计，使参与治理的民事契约各方都能从治理收益变现中依照契约获得较高的收益。最后，应当通过财政、税收、政策性贷款等手段激励环境服务公司、承包户、村经济体积极开展污染治理、清洁生产和生态农业。

（六）责任追究机制

村集体经济组织和环境服务公司均属于企业，因此乡镇政府在追究农村环境治理责任时，应当依照农村环境行政契约对村委会或/及环境服务公司作出契约惩罚，而不是直接惩罚村民、承包户和村经济体（当然，契约惩罚不能代替行政处罚或刑事处罚。行政处罚和刑事处罚除处罚村委会、环境服务公司之外，还可处罚直接责任人和责任企业）。村委会有权根据农村环境公约对本村村民、承包户与村经济体进行惩罚。农村环境民事契约当事人对违约方都可依契约追究对方的违约责任。违约责任的追究应当以协商与调解为主，协商与调解不成，可提起诉讼。

农村面源污染契约化管理是解决我国农村面源污染问题的理想模式，但学界对农村面源污染契约化管理研究并不充分，对农村面源污染治理契约体系研究更是处于零的状态。希望学界能够展开充分调研，开展更加深入的实证研究。

（原载：《江西农业科学》2015 年第 12 期）

农村环境污染第三方治理契约研究

肖萍[1]，朱国华[2]

（1. 南昌大学立法研究中心，江西南昌，330047；

2. 南昌大学法学院，江西南昌，330031）

[**摘要**]　农村环境污染第三方治理是解决农村环境法律制度缺失、资金技术缺乏、治理主体缺位问题的重要途径。我国农业企业化程度、农村环境治理增益性、治理绩效可考评性为农村开展环境污染第三方治理提供了条件。农村环境污染第三方治理由四方契约主体通过八种契约实施。但要扫除执行障碍，还必须有实施机制予以配套。

[**关键词**]　农村环境污染；第三方治理；契约

2013 年党的十八届三中全会首次提出环境污染第三方治理，2015 年 1 月国务院办公厅发布《关于推行环境污染第三方治理的意见》。该意见虽未涉及农村环境污染第三方治理，但北京、福建、河北、安徽、甘肃的实施意见已将农村环境纳入第三方治理。与各地实践创新相比，我国学界对农村环境污染第三方治理却未及时开展研究。农村环境污染第三方治理属契约治理，因此应对农村环境污染第三方治理契约主体、种类与实施机制进行探讨，为农村环境污染第三方治理改革提供参考。

一　农村环境污染第三方治理的必要性与可行性

（一）必要性

我国在环境治理方面"受城乡二元化制度的影响，优先将立法资源、资金投入和机构设置等向城市倾斜"①，造成我国农村环境治理

①　肖萍：《论我国农村环境污染的治理及立法完善》，《江西社会科学》2011 年第 6 期。

法律制度缺失、资金技术缺乏、治理主体缺位。目前，我国 9 成农村无人治理，农村污水处理率不到 10%，生活垃圾处理率仅为 1/3 左右，农业源污染已占总排放量的"半壁江山"。① 而引入第三方治理，则可有效解决上述"三缺"问题。

1. 农村环境污染第三方治理契约可弥补法律制度缺失

我国农村环保法律规范分散在以城镇与工业环保为导向的法律当中，存在立法滞后与实效性不强问题。而农村环境污染第三方治理契约"能帮助各治理主体根据实际情况，将不能及时立法又急切需要应对的环境事项，合理灵活地确定到契约中"②，从而有效解决立法滞后问题；能将比较原则的法律规定，因时制宜、因地制宜、因事制宜地转化为可操作性强的契约权利与义务，有效增强农村环保法律实效性。

2. 第三方治理机构能为农村环境治理提供资金与技术

根据《2014 年中国环境状况公报》，2014 年全国农村投入环境卫生资金为 169.9 亿元，而 2014 年全国工业污染治理项目、"三同时"项目、城市环境基础设施建设项目投资总额为 9575.5 亿元，农村环保投入畸低。但政府环保资金短缺，不可能向农村投入大量资金，农村环境治理投入只能通过第三方解决。第三方治理机构在为农村环境治理带来资金的同时，也为农村带来先进的清洁生产、循环经济、生态农业等技术。

3. 第三方治理介入可形成农村环境多元共治局面

环保部《农村环境质量综合评估技术指南》编制组介绍，"目前，我国绝大多数农村的环境监管处于空白状态"③。由于缺乏政府管制，负有治理责任的村委会、村经济体、农户等也多不主动治理。

---

① 网易新闻：《环保部：十三五期间完成 13 万个建制村环境整治》（http://news.163.com/15/1026/18/B6SGGQ9B00014JB5.html）。

② 吴惟予、肖萍：《契约管理：中国农村环境治理的有效模式》，《农村经济》2015 年第 4 期。

③ 新浪财经：《农村环境整治 7 年耗资 315 亿 脏乱差仍未改观》（http://finance.sina.com.cn/china/hgjj/20151026/174423582677.shtml）。

而第三方治理介入，则可在不增设环保机构情况下，通过契约明确各方治理责任，充分发挥各主体作用，形成多元共治局面。

（二）可行性

1. 农业企业化程度已具备开展环境污染第三方治理的条件

我国已开展农村生活污染第三方治理，农村工矿业污染第三方治理又与工业相同。所以，其可行性就看农业。农业企业化程度不高，第三方治理企业的客户就是分散的承包户，交易成本就会很高。但从20世纪90年代起，一些地方就开始土地承包权与经营权分置改革，[①]2005年农业部出台《农村土地承包经营权流转管理办法》，2014年中共中央办公厅、国务院办公厅印发《关于引导农村土地经营权有序流转发展农业适度规模经营的意见》。截至2014年年底，"全国经营面积50亩以上的经营大户达318万户，家庭农场87.7万家，专业合作社128.9万家，龙头企业12万家，农业社会化服务组织115万个"[②]，农业企业化程度已具备开展第三方治理的条件。

2. 农村环境污染第三方治理增益性高于城镇与工业

治理增益性是各主体参与第三方治理的根本动力。对第三方治理企业而言，农村工矿业治理增益性与工业相同，而其他方面则优于城镇与工业：农村生活垃圾和城郊村污水可借助城镇设施处理，其他村污水可使用生物与物理净化等低成本技术处理；只需技术指导与监督就可实现农药、化肥污染达标排放；农业生产废物循环利用率远高于工业；第三方治理企业还可通过衍生服务获得收益，第三方治理企业在农村投入小、收益大。对农村而言，农村生活污染与农村工矿业污染治理增益性和城镇与工业相同，但农业治理增益性大于工业：第三方治理可降低农药、化肥等生产成本并实现废物循环利用；能通过申请无公害农产品、有机农产品、绿色食品认证与农产品可追溯体系实

---

① 王立彬：《农村土地"三权分离"概念首发过程亲历》，《中国记者》2015年第6期。

② 新华网：《中国农业加速"企业化经营"》（http：//news. xinhuanet. com/politics/2015－06/08/c_ 1115546898. htm）。

现产品增值；能获得奖励、生态补偿、财税、金融支持。因此，农村环境污染第三方治理增益性较高，更具可行性。

3. 农村环境污染第三方治理绩效具有可考评性

农村环境监测结果是考评治理绩效的重要依据。2009 年环境保护部发布了《全国农村环境监测工作指导意见》，提出建立农村环境监测制度和监测技术体系。2011 年每个试点村监测经费约 7000 元，[①]监测成本并不高。环保部起草了政府向社会购买环境监测服务的指导意见，[②]农村环境监测将通过社会投资，形成全面覆盖，治理绩效将有据可查。

二　农村环境污染第三方治理的契约主体

《关于推行环境污染第三方治理的意见》将环境污染第三方治理界定为"排污者通过缴纳或按合同约定支付费用，委托环境服务公司进行污染治理的新模式"。环境监测改革的趋势是政府购买，安徽、青海的实施意见已将其纳入第三方治理；农村面源污染居多，连片治理才能收到成效，而连片治理只能由政府招标；目前政府与村委会普遍签订农村生活污染治理责任状，如扩大到整个农村环境治理，并增加村委会协助第三方治理的责任，第三方治理就能得到村委会协助而顺利开展。据此，政府、村委会、环境监测机构均应包含在契约主体当中。因此，农村环境污染第三方治理是指政府通过责任状明确村委会治理责任，通过招标委托第三方治理企业开展农村环境连片治理，通过购买监测服务考评治理绩效；并由承担治理责任的农村主体与该中标企业签订委托治理合同治理农村污染的新模式。农村环境污染第三方治理契约主体及相互关系如图 1 所示。

（1）政府。政府方契约主体应由乡镇政府担任：（1）乡镇政府

---

① 陆泗进、何立环：《浅谈我国农村环境监测》，《环境监测管理与技术》2013 年第 5 期。

② 王尔德：《国家将规范环境污染第三方治理　推进政府向社会购买环境监测服务》，《21 世纪经济报道》2014 年 11 月 4 日第 23 版。

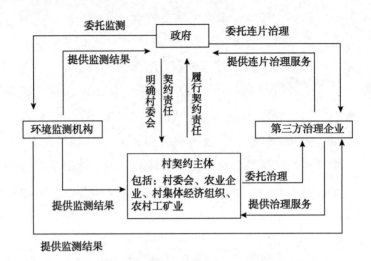

图1　农村环境污染第三方治理契约主体及相互关系

依《环境保护法》对环境质量负责，距农村最近并与村委会关系密切，便于契约执行调查与监督；（2）农村环境宜连片治理，县为单位连片负担太大，乡镇为单位则适中；（3）农村环境治理涉及环保、农业、林业等多个部门，不宜由单个部门签约，乡镇政府签约更适宜。但环境监测应由县政府委托，以避免乡镇政府影响环境监测数据真实性。

（2）村契约主体。村契约主体包括村委会、农业企业、村集体经济组织、村工矿企业。村委会要与乡镇政府签订责任状，承担村污染治理、协助第三方治理与环境监测、代表农户委托第三方治理生活污染等责任。但生产污染治理属村经济体自主经营权，村委会无权代表其委托，只能动员其签约。农业生产污染治理增益性较强，生产者一般会委托第三方治理。第三方治理企业直接与农业企业签约以便开展个性化服务。但承包户则由村集体经济组织代表其签约，以实现统一磋商、统一签约、统一服务，降低交易成本。村工矿企业签约意愿不强，政府可通过监管倒逼其参加第三方治理或自行治理。

（3）第三方治理企业。第三方企业与乡镇政府签约后，还应与村委会、农业企业、村集体经济组织、村工矿企业磋商，通过增益性动员对方签约。在农村环境治理中，第三方治理企业更像先进生产技术推广者，不像污染治理者：它向农村推广生态农业、循环利用、节水农业、无土栽培、测土施肥、灯光诱杀、抗虫良种等技术；更像"送钱人"，不像"收费人"：它可代理村经济体申请奖励、补偿、财税、金融支持；可代理申请产品认证并建立农产品可追溯体系，实现产品增值。

（4）环境监测机构。我国农村环境监测站多由政府投资，事业单位运营。环境监测事业单位效率低下、机构臃肿、技术革新缓慢、财政投入大。而县政府向第三方购买农村环境监测服务，则可以较低投入迅速完成农村环境监测全面覆盖。环境监测机构的主要功能是出具监测结果，为治理绩效考评、政府查处环境违法、契约主体相互监督提供监测数据。

三 农村环境污染第三方治理的契约种类

农村环境污染第三方治理是由政府、村契约主体、第三方治理企业、环境监测机构签订行政契约与民事契约实施。行政契约包括农村环境治理责任状、农村环境连片治理承包合同、农村环境监测委托合同三种；民事契约包括农村生活污染委托治理协议、农业企业清洁生产服务协议、承包户清洁生产服务协议、农村工矿业清洁生产服务协议、农村土壤修复协议五种，如图2所示。

（一）行政契约

行政契约是行政机关为了维护与增进公益，实现管理目标，与行政相对人协商达成的协议。第三方治理行政契约可将利好政策转化为契约权利，激发各方治理热情；可在法律责任难以追究时适用违约制裁，弥补法律制裁不足；可细化绩效考评等级与奖惩，激励与鞭策治理主体。

1. 农村环境治理责任状

目前农村环境治理责任状偏重农村环卫，生产污染涉及不多，并普遍存在奖惩缺失情况。根据《村民委员会组织法》，村委会有"保护和改善生态环境"职责。因此，责任状不能仅规定村委会环卫责任，而应全面规定其环境责任。责任状应根据乡镇政府生产污染减排

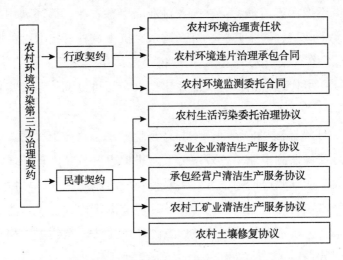

图2 农村环境污染第三方治理契约种类

与生活污染治理目标制定绩效考评等级并匹配奖惩。责任状还应规定村委会协助第三方治理企业与环境监测机构开展业务、代表农户与第三方治理企业签约治理生活污染、监督环境违法并协助查处等义务。

2. 农村环境连片治理承包合同

村委会在签订责任状后，乡镇政府应与村委会协商招标方案向社会招标，组织村委会选择中标企业，并由乡镇政府与第三方治理企业签订连片治理承包合同。承包合同应规定第三方治理企业获得财税、金融、审批等方面支持的权利；代理农村经济体申请奖励、补偿、财政与金融支持，代理申请产品认证与农产品可追溯体系建设服务的权利；申请政府会同监测机构定点检测并查处环境违法的权利。政府则拥有监督第三方治理企业合同履行的权利；根据监测结果、现场随机抽检结果对第三方治理企业进行绩效考评的权利。承包合同详细规定乡镇政府与各村生产污染减排目标、生活污染治理目标，并据此规定第三方治理企业绩效考评与奖惩。

3. 农村环境监测委托合同

环境监测机构与县政府签订监测委托合同后，负责该县农村水与空气，村工矿业污水、废气和规模化养殖污水实时监测，土壤定期抽样监测。此外，还应协助政府及相关部门随机抽检，为第三方治理企业、村委会、村经济体提供实时监测数据与定点检测服务，为申请产品认证、奖励、补偿、财税与金融支持出具监测结果。环境监测机构要向政府、村委会、第三方治理企业出具年度监测结果作为绩效考评依据。环境监测机构享有获得财税、金融、审批等支持的权利。县政府监督并考评环境监测机构，并依据考评结果付费与奖惩。

（二）民事契约

农村环境污染第三方治理民事契约是第三方治理企业与村委会、村经济体之间签订的契约。民事契约通过治理增益性将契约各方联系在一起，通过合作共赢共建"美丽乡村"。

1. 农村生活污染委托治理协议

目前许多地方已开展农村生活垃圾第三方治理，有些还开展了污水第三方治理。经济条件较好的政府甚至还为农村生活污染治理付费，而经济条件较差的则多由村委会或农户付费。政府付费违反了环保法"损害担责"原则，故应由村委会代表农户签约并代收治理费用。第三方治理企业可利用城镇处理设施对垃圾循环利用与处理；近郊村污水可并入城镇管网，较远的村可由村委会与第三方治理企业协商方案并经村民会议表决，由村委会或第三方治理企业投建污水处理设施，由第三方治理企业运营；或由村委会运营，第三方治理企业指导并监督。生产污水能通过该设施处理的，可收费处理。

2. 农业企业清洁生产服务协议

第三方治理企业可为农业企业提供三种服务模式：（1）技术服务模式。第三方治理企业负责清洁生产和污染治理技术指导与监督，生产者自行投资、自行治理，处理不了的交第三方治理企业集中处理。（2）投资服务模式。第三方治理企业投建清洁生产与污染治理设施，第三方治理企业提供指导与监督，生产者自行治理，处理不了的交第三方治理企业集中处理。（3）生产合作服务模式。第三方治理企业与农业企业联营、合并成立公司，第三方治理企业直接参与农业生产解决污染问题。上述模式中，第三方治理企业均可提供代理申请产品认证、奖励、补偿、财税、金融支持、农产品可追溯体系建设等衍生服务。

3. 承包经营户清洁生产服务协议

村集体经济组织拥有土地所有权，对土地承担治理责任。因此，村集体经济组织可代表承包户签订服务协议。承包户委托第三方治理属自主经营权范畴，故应由村集体经济组织与第三方治理企业共同动员其签约，如不同意签约则自行治理污染。承包户可选择农业企业清洁生产服务协议中的前两种服务模式；选择生产合作服务模式的，则应签订农业企业清洁生产服务协议。

4. 农村工矿业清洁生产服务协议

村工矿业污染第三方治理服务模式有：（1）集中处理模式。村工矿企业将污染物交第三方治理企业集中处理污染。（2）委托运营模式。村工矿企业将自建治污设施委托第三方运营。（3）投建运营模式。村工矿企业未建治污设施的，可由第三方治理企业投建运营。（4）业务指导模式。第三方治理企业提供清洁生产与污染治理技术服务并负责监督，村工矿企业自行治理污染。但治污设施可由村工矿企业也可由第三方治理企业投建。

5. 农村土壤修复协议

当前我国土壤修复主要由政府出资，财政支出大、修复进度慢。村集体经济组织拥有土地所有权，应由村集体经济组织与第三方治理企业签订土壤修复协议。村集体经济组织负责向污染者索赔，用于土壤修复；无污染者、污染者赔偿不足的，才由政府出资修复。村集体经济组织与第三方治理企业还可自行出资、联合出资、向社会融资开展土壤修复。第三方治理企业出资修复的，村集体经济组织可给予其一定年限的土地经营权。土壤修复出色的，政府还应给予奖励。

四 农村环境污染第三方治理的契约实施机制

农村环境污染第三方治理虽具必要性与可行性，但契约实施仍存在诸多障碍，这些障碍须通过实施机制解决。

（一）立法保障机制

我国农村环保立法缺乏农村生活污染与种植业污染行政处罚规定，对规模化养殖污染的处罚规定也缺乏可操作性。另外，环境污染第三方治理属新生事物，第三方治理企业行政处罚措施缺乏。因此应完善行政处罚立法，通过行政处罚倒逼排污者参加第三方治理或自行治理，并规范第三方治理企业治理行为。此外，第三方治理企业与环境监测机构良莠不齐，立法还应对其准入与退出、运营监管、社会监督、信息公开、诚信机制进行规制。

（二）利益驱动机制

各契约主体参加第三方治理的根本动力是治理增益，而这一增益依赖政府支持。政府应通过奖励、补偿、财税、金融、审批、产品认证与农产品可追溯体系建设支持提供增益。目前政府多通过政策提供支持。政策规定过于原则，缺乏可操作性与统一标准。因此，应尽快制定法律，确保治理增益顺利实现，充分调动各主体治理积极性。

（三）行政协调机制

农村环境污染第三方治理涉及环保、农业、林业、住建、财政、税务等多个部门职责，应由县政府协调各部门与各乡镇政府，加强组织领导，健全工作机制，强化部门与乡镇政府间协同与配合。县政府要建立由各部门、各乡镇政府代表组成的农村环境污染第三方治理工作领导小组，负责政策方案制定实施、经验总结、问题解决、制度完善。

（四）责任追究机制

县级政府应依《环境保护法》第26条规定，将农村环境保护目标完成情况纳入对农村环境治理负有监管职责的部门及负责人和乡镇政府及负责人的考核内容，并依《环境保护法》第68条规定追究行政责任。政府应当充分利用环境监测数据和契约主体与民众举报发现线索，加大农村环境违法打击力度，及时追究违法者法律责任；对环境监测机构弄虚作假的，除依法处罚外，还应依《环境保护法》第65条追究连带责任。

（五）信息公开机制

政府与相关部门要主动公开相关法律与政策，第三方治理招标方案与中标企业，农村环境监测结果，各部门及乡镇政府、第三方治理企业、环境监测机构、村委会绩效考评结果，农村环境违法查处结果等信息，并依法依申请公开相关信息。第三方治理企业、环境监测机构、村委会、村集体经济组织也应在各自职责范围内向利益相关者公开契约执行信息。只有信息公开透明，才能及时发现第三方治理中的违法违约并及时制裁。

农村环境污染第三方治理是环境污染第三方治理的重要组成部分，但政府却普遍忽视。农村环境污染第三方治理增益性高于城镇与工业，更容易推广。因此，政府应积极出台法律与政策，完善农村环境污染第三方治理契约体系，健全实施机制，确保农村环境污染第三方治理顺利进行。

（原载：《农村经济》2016 年第 4 期）

后　记

　　本书是在我的博士学位论文基础之上修改而成的。本书能顺利完成，首先要感谢我的导师肖萍教授。我对环境治理中的政府环境责任问题研究的兴趣始于导师的课题，也在跟随导师进行课题调研的过程中感受到政府环境责任问题的重要性与研究的必要性。在研究的过程中，导师给我创造了许多到政府、环保部门、人大调研的机会，并通过人大代表的身份帮助我对南昌大学前湖校区的空气污染问题开展跟踪监督，解决了前湖校区困扰已久的空气污染问题。此外，在论文的选题、开题、写作等方面，导师均给了我不厌其烦的指导。导师的治学严谨与一丝不苟的态度令我感念终生。另外，本书在出版过程中，得到江西理工大学文法学院王世进教授的大力支持。此书为江西理工大学资助出版，在此深表感谢。

　　目前，我国环保机构省以下垂直管理改革已进入试点阶段。但本次改革比较重视政府内部环境职责再分配，而在环境治理理念的贯彻与环境法律责任的设计与追究等方面关注不足。环保机构省以下垂直管理改革正是环境治理理念嵌入的最佳契机，也是政府环境责任制度建设的转折点。因此，希望学界能够把握好这一契机，加强对环保机构省以下垂直管理改革方面的理论研究，以助推环保机构省以下垂直管理改革，健全和完善我国政府环境责任制度。